FRIEDERIKE SCHULENBURG

Minderjährige als Täter von Kraftfahrzeug-Diebstahl und Kraftfahrzeug-Mißbrauch

Schriften zum Strafrecht

Band 17

Minderjährige als Täter von Kraftfahrzeug-Diebstahl und Kraftfahrzeug-Mißbrauch

Eine kriminologische Untersuchung und zugleich eine kritische Betrachtung der bisherigen Rechtsprechung

Von

Dr. Friederike Schulenburg

DUNCKER & HUMBLOT / BERLIN

Gedruckt mit Unterstützung der
Ernst Reuter-Gesellschaft der Förderer und Freunde
der Freien Universität Berlin e.V.

Alle Rechte vorbehalten
© 1973 Duncker & Humblot, Berlin 41
Gedruckt 1973 bei Buchdruckerei Bruno Luck, Berlin 65
Printed in Germany
ISBN 3 428 02891 0

Inhaltsverzeichnis

Einleitung

I. Zweck und Aufbau der Darstellung 9

II. Methode und Material der Untersuchung 11

Erster Teil

Das äußere Tat- und Täterbild

A. *Strafrechtliche Bewertung von Diebstahl und unbefugtem Gebrauch eines Kraftfahrzeuges* 19
   1. Die Entwicklung der Rechtsprechung 19
   2. Kritik der herrschenden Rechtsprechung 20
   3. Die Kraftfahrzeug-Entwendung als juristische Sammelerscheinung 23
   4. Verurteilung nach Alter und Delikt 26

B. *Die kriminologischen Erscheinungsformen* 30
   I. Die Tatausführung im allgemeinen 32
      1. Die äußere Tatsituation 32
      2. Die innere Tatsituation 34
   II. Die Einteilung der Erscheinungsformen 34
      1. Das Kraftfahrzeug als Fahrobjekt 34
      2. Das Kraftfahrzeug als Vermögensobjekt 36
      3. Verhältnis der Erscheinungsformen zueinander 38
   III. Die Erscheinungsformen im Basisjahr 38
      1. Gruppenzugehörigkeit und Alter 39
      2. Vorherige einschlägige strafbare Handlungen 40
      3. Erneute einschlägige Straffälligkeit 45
      4. Verhältnis von einschlägiger Vor- und Nachtat 48
      5. Tatobjekt 52
      6. Beteiligungsformen 54

    7. Gerichtliche Maßnahmen 56
    8. Zwischenergebnis I 64

IV. Die Lebensbewährung 66
    1. Einteilung der Bewährungsstufen 67
    2. Gesamtübersicht 69
    3. Altersstruktur 72
    4. Straftaten im Bewährungszeitraum 76
    5. Deliktsarten bei der Ausgangstat 85
    6. Frühkriminalität 86
    7. Fahrobjekt 93
    8. Begehungsweise 100
    9. Gerichtliche Maßnahmen 108
    10. Zwischenergebnis II 114

Zweiter Teil

Der Sozialbereich

I. Einleitung 116

II. Familiäre Verhältnisse 118
    1. Unvollständige Familien 118
    2. Wirtschaftliche und soziale Lage der Eltern 127
    3. Besonderheiten in der Erziehung 134
    4. Die Familiengemeinschaft 141

III. Geistig-kulturelle Einflüsse 143
    1. Schulausbildung 143
    2. Der Beruf 147
    3. Motivationslage 159

IV. Zwischenergebnis III 162

Schlußbemerkung 164

Zusammenfassung der wichtigsten Ergebnisse 165

Literaturverzeichnis 166

Abkürzungen

a.a.O.	am angegebenen Ort
AG	Amtsgericht
Arbeitslosigkeit	Arbeitslosigkeit und Berufsnot der Jugend herausgegeben vom Deutschen Gewerkschaftsbund, Bundesvorstand, Düsseldorf; erarbeitet von der sozialwissenschaftlichen Arbeitsgemeinschaft zur Erforschung von Jugendfragen unter der wissenschaftlichen Leitung von Helmut Schelsky, II. Band, Köln 1952
BKA	Bundeskriminalamt
Diebstahl, Einbruch, Raub	Diebstahl, Einbruch und Raub, Arbeitstagung im Bundeskriminalamt Wiesbaden vom 21. April 1958 über die Bekämpfung von Diebstahl, Einbruch und Raub, herausgegeben vom Bundeskriminalamt Wiesbaden 1958
ebd.	ebenda
Forschungsberichte	Forschungsberichte zur forensischen Psychologie herausgegeben von Gustav Nass, Heft 5, Berlin 1968
HdK	Handwörterbuch der Kriminologie herausgegeben von Alexander Elster und Heinrich Lingemann, 1. Band 1933, 2. Band 1936, Berlin-Leipzig
JGG	Jugendgerichtsgesetz
Krim.Abh.Exner	Kriminalistische Abhandlungen herausgegeben von Franz Exner, Leipzig
LKA	Landeskriminalamt
StA	Staatsanwaltschaft

Einleitung

I. Zweck und Aufbau der Darstellung

Betrachtet man die Kriminalitätsstatistiken, so fällt auf, daß innerhalb der Vermögensstrafen bei Jugendlichen und Heranwachsenden der Kfz-Diebstahl und der Kfz-Gebrauchsdiebstahl — insbesondere in Großstädten — über dem Durchschnitt ihrer Gesamtkriminalität liegt[1] und auch einen höheren Wert als die übrigen Diebstahlsarten aufweist[2]. Dies belegt vor allem die Entwicklung der Diebstahlskriminalität im allgemeinen und der des Kraftfahrzeuges als Tatobjekt. Hatten sich einfacher und schwerer Diebstahl von 1954 bis 1959 um 37,4 Prozent vermehrt, so war im Jahre 1959 der Höchststand der Kfz-Diebstähle bei einer Zunahme um 314,4 Prozent zu verzeichnen[3]. Danach nahmen sie zwar nur noch leicht zu und gingen sogar kurzfristig in den Jahren 1960 bis 1967 zurück[4]. Trotzdem steht diese Diebstahlsform weiterhin an der Spitze. Berücksichtigt man, daß Diebstahl die Grundlage der Schwer- und Dauerkriminalität bildet[5], müssen diese Feststellungen bedenklich stimmen.

In der vorliegenden Arbeit wird daher versucht, Kenntnisse darüber zu gewinnen, wie dieses Phänomen der Jugendkriminalität zu erklären und zu bewerten ist. Es soll untersucht werden, ob die Grenze, welche die Rechtsprechung[6] durch die weite Fassung des Zueignungsbegriffs in den §§ 242 ff. StGB zu Lasten des unbefugten Gebrauchs (§ 248 b StGB) zieht, der Artung der Täter unter kriminologischen Aspekten gerecht wird. Dies hat seit der Geltung des Ersten Gesetzes zur Reform des Strafrechts vom 25. Juni 1969[7] besondere Aktualität erlangt. Denn nunmehr fällt die Entwendung eines Kraftfahrzeuges unter das Regel-

---

[1] nach den Statistiken des BKA und LKA: um 60 Prozent.
[2] ebd.: um 55 Prozent.
[3] BKA, 1959, S. 34.
[4] Vgl. BKA für die Jahre 1960—1967: S. 30, S. 34, S. 33 und 75, S. 63 f., S. 65 f., S. 61 f., S. 115 f.; ferner Angaben bei: *Schmidt*, Wolfgang in: Deutsches Autorecht 1966, S. 124—128, S. 124; *Händel* in: Zeitschrift für das Versicherungswesen (ZfVW) 1968, S. 600—602, S. 602; OLG Köln in: VersR 1965, S. 1006—1068, S. 1068.
[5] *Mezger*, S. 74.
[6] Grundlegend: RGSt 64, 259 f.; BGHSt 5, 205 ff.
[7] BGBl. I, S. 645.

beispiel[8] eines erschwerten Diebstahlfalles nach § 242 Absatz 1 Nr. 2 StGB. Durch diese erhöhte Strafdrohung verstärkt sich das Unwerturteil über diese Taten und damit ihre Täter.

Setzt sich die bisherige Entwicklung in diesem Bereich fort — wofür die neuesten Statistiken der Polizei sprechen — führt dies zwangsläufig zu einer Vermehrung der — statistisch erfaßten — Schwerkriminalität. Daher stellt sich dieser Untersuchung die weitere Aufgabe, die Eigenarten der jungen Menschen zu erkennen, die in der heutigen Kultur- und Wirtschaftsordnung zum Rechtsbrecher werden. Es sollen die Ursachen, die sie treiben, erforscht werden, damit durch gezielte Maßnahmen diese Kriminalitätserscheinung erfolgreich bekämpft werden kann. Den Ausgangspunkt bildet auch hierbei das geltende Strafrecht.

Da sich das Material ausschließlich auf die durch Berliner Gerichte verurteilten Minderjährigen stützt, erhebt diese Untersuchung selbstverständlich nicht den Anspruch, in allen ihren Schlußfolgerungen allgemein für die jungen Täter von Kraftfahrzeugdiebstahl und Kraftfahrzeugmißbrauch im weitesten Sinne zu gelten. Es ist durchaus denkbar, daß sich in anderen Großstädten, aber insbesondere in kleineren Gemeinden oder gar auf dem Lande andere Formen herausbilden, die auch die Rückfallkriminalität des straffällig Gewordenen bestimmen. Allgemein gültige Ergebnisse zur Kraftfahrzeug-Entwendung Minderjähriger werden sich nur gewinnen lassen, wenn örtlich begrenzte Untersuchungen durchgeführt werden, die einheitliche Kriterien berücksichtigen.

Bisher erschienene Arbeiten — eine für den Verurteiltenjahrgang 1954 in Hamburg[9], die andere für durch Kieler Gerichte im Jahre 1959 Verurteilte[10] — können für die vorliegende Untersuchung nur bedingt herangezogen werden. Beide bleiben in den Anfängen des Täterstrafrechts stehen. Sie beschäftigen sich hauptsächlich mit der Tatsituation, ohne jedoch auf die spätere Entwicklung ihrer Probanden einzugehen. Soweit der Hamburger Autor festzustellen versucht, ob die 1954 Verurteilten sich noch im Jahre 1956 straffrei führten, ist ein zweijähriger Beobachtungszeitraum für ein zuverlässiges Ergebnis aber zu kurz.

---

[8] „2. Eine Sache stiehlt, die durch ... Schutzvorrichtungen gegen Wegnahme besonders gesichert ist, ..."; siehe auch: *Börtzeler* in: NJW 1971, S. 682 ff., S. 682.

[9] *von See,* Otto: Fahrrad- und Autodiebstahl sowie mißbräuchliche Fahrzeugbenutzung bei Jugendlichen und Heranwachsenden nach den Akten der Hamburger Jugendgerichtshilfe aus dem Jahre 1954, Diss., Hamburg 1957.

[10] *Schmidt,* Manfred: Diebstahl und unbefugter Gebrauch von Kraftfahrzeugen in kriminologischer und strafrechtlicher Betrachtung, Diss., Kiel 1967.

Die Arbeit gliedert sich in zwei Hauptteile: Zunächst wird dargelegt werden, nach welchen Merkmalen die Rechtsprechung den Kraftfahrzeugdiebstahl und den unbefugten Gebrauch beurteilt. Daran schließt sich der Versuch, die kriminologischen Erscheinungsformen herauszuschälen. Ein Überblick über einige Daten, die geeignet sind, das untersuchte Material zu kennzeichnen, soll den Rahmen für die Aufzeichnung des weiteren Verhaltens der Probanden nach ihrer Ausgangsverurteilung schaffen. Hier wird versucht werden, die Ursachen aufzudecken, die zu der negativen Entwicklung der jungen Menschen beigetragen haben. Dafür wird ihr jeweiliger Anteil an bestimmten Merkmalen ermittelt. Im zweiten Teil werden einige als kriminologisch bedeutsame Faktoren überprüft und den Erhebungen des öfteren ähnliche Arbeiten gegenübergestellt.

II. Methode und Material der Untersuchung

Die Ermittlungen wurden als Reihenuntersuchungen[11] durchgeführt. Allen Tätern ist gemeinsam, daß sie ein Kraftfahrzeug unbefugt wegnahmen und zur Tatzeit noch minderjährig waren. Nicht berücksichtigt wurden diejenigen, die aus einem Kraftfahrzeug Sachen entwendeten, da es bei ihnen nicht Tatobjekt, sondern Tatort ist.

Die Untersuchungen beschränken sich nicht auf Jugendliche, sondern wurden auf die Heranwachsenden ausgedehnt. Nach der Statistik sind beide Altersstufen an dem Delikt etwa gleich stark beteiligt[12]. Weiterhin schien ihre Einbeziehung auch deshalb angebracht, weil ihre Beurteilung für die Frage, ob es sich bei der Tat um eine „typisch jugendliche" im Sinne der zweiten Alternative des § 105 JGG handelt, von besonderer Bedeutung ist. Denn eine Straftat, die sich eng verbunden mit der geistigen und sittlichen Heranreifung eines jungen Menschen zeigt, hat eine völlig andere Bedeutung als eine äußerlich gleiche Tat, die vornehmlich auf einer intensiven kriminellen Neigung beruht[13].

Der Begriff „Kraftfahrzeug" ist im weitestgehenden Sinne, nämlich als sämtliche „mit Motorkraft zu Lande bewegten Fahrzeuge"[14] zu verstehen und umfaßt auch Mopeds, Kleinkrafträder, Motorroller und ähnliche. Nicht hierher gehören demnach Fahrräder oder andere nicht mit Motorkraft betriebene Fortbewegungsmittel, da sie bereits einen ganz anderen Täterkreis anziehen dürften als denjenigen, der sich für Motorfahrzeuge interessiert.

---
[11] Vgl. dazu: *Exner*, S. 12.
[12] Heranwachsende um 30 Prozent; Jugendliche fast 30 Prozent.
[13] *Exner*, S. 154.
[14] Legaldefinition in § 248 b Abs. 5 StGB sowie § 4 StVZO.

Für die Tat wurde die Bezeichnung „Kraftfahrzeug-Entwendung" gewählt, um damit sowohl den Diebstahl nach § 242 StGB als auch die unbefugte Benutzung des § 248 b StGB zu erfassen — eine Lösung, wie sie auch in den „Allgemeinen Bedingungen für die Kraftfahrzeugversicherung" — AKB — von 1940[15] vorgenommen wird.

Um sicherzustellen, daß das bearbeitete Material beanspruchen darf, repräsentativ[16] für den Täter einer Kraftfahrzeug-Entwendung zu sein, wurden sämtliche Gerichtsakten eines Jahres zur Grundlage dieser Untersuchung gewählt. Zum Ausgangspunkt sind die im Jahre 1960 bei den Ermittlungsbehörden der Berliner Justiz anhängig gewesenen Verfahren bestimmt worden. Die ihnen zugrundeliegenden Taten wurden in der Regel Ende 1959 bis Ende 1960 begangen. Die letzten Verurteilungen erfolgten Anfang 1961.

Der Jahrgang 1960 erscheint aus verschiedenen Gründen für die Ziele dieser Arbeit besonders geeignet. Einmal ist bis einschließlich 1960 ein stetiges Ansteigen der Kraftfahrzeug-Entwendungen zu verzeichnen, dem ein leichter Rückgang von 1960 bis 1967 folgt[17]. Insbesondere Ende der Fünfziger Jahre nimmt dieses Delikt schlagartig zu, so daß es seither die beherrschende Form der Diebstahlskriminalität Minderjähriger darstellt.

Zum andern ist das Alter eines Menschen für Art und Ausmaß seiner Straffälligkeit maßgebend[18]. Daher mußte für die Untersuchung ein Zeitraum gewählt werden, der weit genug zurückliegt, um eine zuverlässige Beurteilung späterer Bewährung oder Nichtbewährung zu ermöglichen. Heute kann als gesichert angesehen werden, daß die Persönlichkeitsentwicklung eines Menschen zwischen dem 25. und 30. Lebensjahr zu ihrem Abschluß gelangt[19]. In diesen zehn bis fünfzehn Jahren nach Eintritt der gesetzlichen Strafmündigkeit ist ein sehr starkes Schwanken der Straffälligkeit festzustellen[20]. Für eine einigermaßen zuverlässige Beurteilung Minderjähriger müßte daher der Beobachtungszeitraum auf zehn Jahre ausgedehnt werden. Die jüngsten Probanden haben dann gerade das 24. Lebensjahr vollendet, die ältesten das dreißigste überschritten.

---

[15] § 12 der „Allgemeinen Bedingungen für die Kraftfahrzeugversicherung" vom 31. Juli 1940, Reichsanzeiger 187/40 i. d. F. vom 1. Oktober 1965, Bundesanzeiger Nr. 172 vom 14. September 1965.
[16] *Exner*, S. 12 f.
[17] Siehe Anm. 4.
[18] Dazu ausführlich: *Exner*, S. 36; *Schlöter*, S. 64.
[19] *Exner*, S. 148; *Mezger*, S. 121; *Schaffstein*, S. 5; *Sauer*, Kriminalsoziologie, S. 379 und Kriminologie, S. 85; *Silbereisen*, S. 11; *Sydow*, S. 17; *Wend*, S. 42; *Behrens*, S. 2; *Eggenweiler*, S. 113.
[20] *Exner*, S. 148; *Silberstein*, S. 11.

II. Methode und Material der Untersuchung

Von einem noch länger zurückliegenden Zeitraum auszugehen, erschien nicht ratsam. Denn angesichts der kurzen Tilgungsfristen und der Möglichkeit im Jugendstrafrecht, den Strafmakel frühzeitig zu beseitigen[21], besteht die Gefahr, daß der Strafregisterauszug die tatsächlichen Vorgänge nicht mehr vollständig und damit unrichtig wiedergibt. Man könnte erwägen, kürzere Fristen für eine Nachuntersuchung zu wählen, die den Vorschriften der §§ 95 ff. JGG angepaßt wären. Diese sind aber untauglich, weil bei einer zweijährigen Nachuntersuchung sich die meisten Täter noch in der Pubertät mit ihren hinlänglich bekannten Schwierigkeiten befinden. Auch ein fünfjähriger Zeitraum läßt nur bedingt allgemeine Schlußfolgerungen zu, weil die Täter zu dieser Zeit erst kurz vor oder nach ihrer Volljährigkeit stehen, ihre Entwicklung aber noch nicht zum Abschluß gekommen ist.

Es wurde der gesamte Ermittlungsjahrgang 1960 erfaßt, um so ein möglichst auslesefreies Material[22] zu erhalten. Das Bemühen um lückenlose Heranziehung aller im Basiszeitraum begangenen und bei den Berliner Gerichten anhängig gewordenen Verfahren von Kraftfahrzeug-Entwendungen begegnete allerdings Schwierigkeiten.

Eine statistische Erfassung der hier zu behandelnden Gruppen seitens der Ermittlungsorgane oder der Gerichte ist nicht erfolgt. Zwar werden die Delikte nach § 248 b StGB gesondert geführt, nicht aber Kraftfahrzeug-Diebstähle von den allgemeinen Diebstahlsdelikten getrennt[23]. Da die hier untersuchte Altersgruppe hauptsächlich Diebstähle begeht[24], hätten ohnehin fast sämtliche bei den Berliner Justizbehörden befindlichen Akten eingesehen werden müssen, um die Begehungsart festzustellen.

Dank des freundlichen Entgegenkommens insbesondere des Herrn Generalstaatsanwaltes bei dem Landgericht Berlin und des Herrn Amtsgerichtsdirektors des Amtsgerichts Tiergarten konnten die in dem jeweiligen Zuständigkeitsbereich[25] befindlichen Akten des Untersuchungsjahrganges eingesehen werden.

Um sicherzugehen, daß sämtliche Täter des Ermittlungsjahrganges berücksichtigt wurden, sind anschließend die Register der Geschäfts-

---

[21] §§ 95 ff. JGG: 5—9 Jahre bei Jugendstrafen, § 95; bei Bewährung nur 2 Jahre, § 96; noch kürzer in den Ausnahmefällen des § 97 Abs. 2.
[22] *Exner*, S. 13.
[23] So auch: *Händel*, S. 600; *Geerds*, S. 106.
[24] *Exner*, S. 150; *Fuhlendorf*, S. 59; *Eggenweiler*, S. 93; *Schulz, Joachim*, S. 110.
[25] Vgl. §§ 82 Abs. 1, 110 JGG und Anm. 1 zu § 110 bei *Dalcke - Fuhrmann - Schäfer*; sowie §§ 4 a, 5 Abs. 1 Strafvollstreckungsverordnung i. d. F. vom 1. Dezember 1958, Bundesanzeiger Nr. 240; bei der StA wurden über 3 000, beim AG über 8 000 Akten durchgesehen.

stellen überprüft worden. Die darin als „ausgegeben" vermerkten Akten wurden bei den entsprechenden Dezernaten eingesehen. Sechs Akten waren nicht auffindbar beziehungsweise an Behörden außerhalb Berlins versandt. Es ist nicht anzunehmen, daß diese sechs Vorgänge Kraftfahrzeug-Entwendungen behandelten. Sie wurden ausgeschieden, zumal auch ihre geringe Anzahl keine Auswirkungen auf die Ergebnisse der Untersuchung haben könnte.

An Hand dieses Aktenmaterials wurden 786 Täter ermittelt. Gegen einige liefen im Ausgangsjahr bereits mehrere Verfahren. Sie sind nur als ein Fall oder ein Täter gezählt worden. Eine Unterscheidung zwischen Versuch und Vollendung wurde nicht getroffen[26].

Unberücksichtigt mußten auch die nach § 45 JGG eingestellten Verfahren bleiben. Bei ihnen fehlten meistens die benötigten Angaben oder sie waren so dürftig, daß sie für eine zuverlässige Aussage nicht ausreichten. Da außerdem in der Hauptverhandlung das Schwergewicht auf die Verwarnung des Täters gelegt wird, konnten auch die sonst möglich gewesenen Ergänzungen oder Korrekturen nicht nachgeholt werden. Schließlich war zu bedenken, daß bei Heranwachsenden die Vorschrift des § 45 JGG keine Anwendung findet[27]. Die gleichmäßige Behandlung beider Altersgruppen hätte daher zwangsläufig eingeschränkt werden müssen.

Von sämtlichen Tätern wurden Strafregisterauszüge angefordert und unbeschränkte Auskunft erteilt. Dabei entfielen auf das in Berlin ansässige und für alle außerhalb des Geltungsbereiches des Grundgesetzes geborene Personen zuständige[28] Bundesstrafregister 229 Fälle. Das Strafregister in Berlin, das auch die in Ost-Berlin geborenen Täter führt[29], bearbeitete 596 Auskunftsersuchen. Aus dem übrigen Bundesgebiet mußten 11 Auskünfte eingeholt werden. Dies bereitete zwar teilweise einige Schwierigkeiten, indem die ersuchten Register eine Auskunft ablehnten oder Sonderverpflichtungen forderten. Durch Genehmigung der entsprechenden Ministerien und Abgabe der geforderten Erklärungen konnten aber schließlich sämtliche Strafregisterauszüge beschafft werden.

Nach deren Auswertung war es dank der Genehmigung des Polizeipräsidenten in Berlin und der großzügigen Unterstützung seitens der

---

[26] in Übereinstimmung mit den Richtlinien für die Führung der Polizeilichen Kriminalstatistik; Abschnitt I b) 2 der Richtlinien für die Berliner Kriminalstatistik vom 3. Dezember 1962.
[27] Siehe § 109 JGG, wonach § 45 JGG ausgeschlossen ist.
[28] § 1 Abs. 2 Strafregisterverordnung i. d. F. vom 11. Juni 1957, BGBl. I, 600 sowie Anm. 1 und 2 zu § 1 bei *Dalcke - Fuhrmann - Schäfer*.
[29] § 1 Abs. 1 Strafregisterverordnung sowie *Dalcke - Fuhrmann - Schäfer*, Anm. 1 und 2 zu § 1.

II. Methode und Material der Untersuchung

Berliner Kriminalpolizei möglich, die bei dieser Behörde befindlichen Unterlagen einzusehen. Darin wurden fast sämtliche Täter wiedergefunden. In nur sieben Fällen waren keine Unterlagen vorhanden.

Diesen Unterlagen kommt deshalb besondere Bedeutung zu, weil in ihnen vor allem bereits gelöschte oder getilgte Verurteilungen ermittelt werden konnten. Gerade für den Zeitraum von zehn Jahren nach der in Frage stehenden Verurteilung und insbesondere im Jugendstrafrecht mit seinen verkürzten Tilgungsfristen ist diese Tatsache sehr wertvoll für eine vollständige Beurteilung der Täterpersönlichkeit. Somit sind die Bedenken wegen eventuell getilgter Strafen für diese Arbeit nicht relevant geworden.

Weiterhin enthalten sie wertvolle Hinweise sowohl auf das „kriminelle Verhalten" vor Eintritt der Strafmündigkeit als auch auf spätere Auffälligkeiten, die — sei es mangels Strafantrags, Beweises oder weil nur eine Ordnungswidrigkeit darstellend — nicht zu einer Verurteilung führten. Für die Gesamtbeurteilung einer Person, vor allem bei der nach den Strafregisterauszügen zweifelhaften Zuordnung zu einer bestimmten Bewährungskategorie, boten diese Angaben eine ergiebige Ergänzung. Sie ermöglichten somit gleichzeitig — mit der von der Sache her gebotenen Einschränkung —, den einzelnen Täter „von der Wiege" an etwa zweieinhalb bis drei Jahrzehnte und in Ausnahmefällen noch länger zu verfolgen. Dies ist insofern von Bedeutung, als sich die Persönlichkeit eines Verbrechers erst im Laufe der Jahre durch seine Straftaten offenbart. Es kann daher mit großer Wahrscheinlichkeit angenommen werden, daß das wiedergegebene Bild der kriminellen Gesamtpersönlichkeit ziemlich vollständig ist.

Darüber hinaus wurde festgestellt, daß einige Täter seit ihrer Basisverurteilung verstorben waren. Von den Strafregistern wurde dies nur in zwei Fällen mitgeteilt. Tatsächlich aber mußten 19 als verstorben ausgesondert werden.

Soweit keine Unterlagen ermittelt werden konnten oder Auffälligkeiten nicht registriert worden waren, wurde das Einwohnermeldeamt in Berlin um Auskunft gebeten, ob sich diese Personen noch in Berlin aufhalten oder wohin sie sich abgemeldet hatten.

Durch die freundliche Unterstützung des Leiters des Einwohnermeldeamtes in Berlin wurden 353 Personen überprüft. Davon konnten 14 nicht ermittelt werden. Sie wurden sicherheitshalber ebenfalls ausgeschieden, da sie bei ihrer Verurteilung 1960/61 ihren Wohnsitz im Ostteil der Stadt hatten. Das könnte dafür sprechen, daß sie nach dem Bau der Mauer dort verblieben und daher im Bundesgebiet nicht wieder straffällig wurden oder in Erscheinung traten. Verurteilungen durch Gerichte der „DDR" werden seit etwa dieser Zeit ohnehin nicht mehr an bundesdeutsche Strafregister übermittelt. Ihre zuverlässige Beurteilung war daher schon aus diesem Grunde nicht möglich, abgesehen von der inzwischen eingetretenen Auseinanderentwicklung der in beiden Gebieten geltenden Rechtsauffassung.

Die Hypothese, daß dieser Personenkreis durch Flucht und ohne in Berlin zur Anmeldung gelangt zu sein, sich doch im Bundesgebiet aufhält, hätte sich nur — wenn überhaupt — in langwieriger Sucharbeit nachprüfen lassen. Davon wurde Abstand genommen, zumal ihr Anteil an der Gesamttäterzahl nicht ganz zwei Prozent beträgt.

Weitere 49 Probanden waren inzwischen ins übrige Bundesgebiet verzogen. Die jetzt zuständigen Kriminalpolizeibehörden wurden in sämtlichen Fällen um Auskunft gebeten, ob und welche Erkenntnisse über diese Personen vorliegen. In einigen Fällen wurde eine Auskunft unter Berufung auf in diesen Ländern geltende Vorschriften verweigert, obwohl wiederum andere im gleichen Bundesland ihre Unterstützung nicht versagten. Bis auf fünf Ausnahmen konnten schließlich über die Staatsanwaltschaften oder die Amtsgerichte die erbetenen Angaben erlangt werden. Die verbleibende Anzahl ist so gering und daher bedeutungslos, so daß ihr „Verlust" keine nachteiligen Auswirkungen auf die Arbeit hat.

Nachdem die strafrechtliche und ordnungspolizeiliche Lebensführung in der oben beschriebenen Weise ermittelt worden war, wurde versucht, die Namen in den Akten der Sozialen Gerichtshilfe — SGH — aufzufinden. Weil die zum Verurteilungszeitpunkt Minderjährigen inzwischen alle volljährig geworden sind, bestand die Möglichkeit, daß sie in deren Akten geführt würden. Denn diejenigen der Jugendgerichtshilfe waren nach Auskunft des Leiters des Landesjugendamtes mit Volljährigkeit an die SGH übergeben worden.

Die SGH als Hilfsmittel der Justiz und gleichzeitig Fürsorgeeinrichtung[30] führt in ihren Unterlagen in oft weiterem Umfang als es in den Strafakten geschieht, Angaben über Herkunft, Erziehung, beruflichen Werdegang, Familiensituation, begangene Straftaten und mitunter psychologische oder medizinische Gutachten.

Durch diese Angaben soll ergänzend untersucht werden, inwieweit sich insbesondere die persönlichen Verhältnisse des Täters geändert haben. Zum andern aber dienten sie zur Ergänzung der strafrechtlichen Unterlagen sowie denen der Jugendgerichtshilfe — JGH. Zwar schreibt das Jugendgerichtsgesetz — JGG — in § 38 Absatz 3 die Teilnahme der JGH am Verfahren zwingend vor. Trotzdem wurden nicht in sämtlichen Strafakten ihre Berichte vorgefunden. Über die Gründe hierfür können nur Vermutungen angestellt werden. Nach zehn Jahren ist eine ein-

---

[30] Amtsblatt für Berlin, 14. Jahrgang Nr. 1 vom 3. Januar 1964, S. 8.

II. Methode und Material der Untersuchung

deutige Klärung des Sachverhaltes nicht mehr möglich. Außerdem enthielten die Berichte vor allem in den Fällen, wo es sich um Ersttäter handelte, recht dürftige, fast überhaupt nicht brauchbare Auskünfte.

Dankenswerterweise unterstützte der Leiter in der Zentrale der SGH bei dem Senator für Arbeit, Gesundheit und Soziales die Ermittlung der jetzt dezentralisiert bei den einzelnen Bezirken lagernden Akten durch die in der Zentrale geführte Kartei und seinen persönlichen Einsatz für das Vorhaben bei den Bezirken. Es konnten auf diese Weise 537 Namen festgestellt werden. Davon waren 20 Akten zentral gelagert, alle übrigen in den zwölf West-Berliner Bezirken verteilt. In die Akten mußte daher in dem jeweils zuständigen Bezirk eingesehen werden. Der Bezirk Steglitz verweigerte die Akteneinsicht, Tiergarten gewährte sie nach anfänglicher Weigerung. Sämtliche anderen zehn Bezirke förderten durch ihr Verständnis und jede ihnen mögliche Hilfeleistung die Untersuchung, so daß sogar Akten, die sich heute zwar nicht bei der SGH, aber bei anderen Fürsorgebehörden befinden, herbeigeschafft wurden und somit dazu beitrugen, das einzelne Persönlichkeitsbild zu vervollständigen. Der die Akteneinsicht verweigernde Bezirk Steglitz erteilte schließlich Aktenauskunft, so daß auch von den dort sich aufhaltenden über 30 Personen die wichtigsten Daten eingeholt werden konnten und damit ihre Beurteilung — mit den sich aus diesem Verfahren ergebenden Vorbehalten — möglich wurde.

Es verbleiben 218 Personen, von denen weder Akten bei der SGH, anderen Fürsorgeeinrichtungen oder der JGH vorhanden waren. Sie sind, da die Aufbewahrungsfristen abgelaufen waren, vernichtet worden.

Für sie wurden nochmals die in den Zuständigkeiten des Amtsgerichts und der Staatsanwaltschaft befindlichen Akten herausgesucht, um gegebenenfalls darin enthaltene Vollstreckungshefte einzusehen. Auf diese Weise war es möglich, bis auf zwölf Probanden Aussagen über ihre persönlichen Verhältnisse zu erhalten. Das bedeutet allerdings nicht, daß sämtliche Fälle vollständig aufgeklärt werden konnten.

Um nicht eine scheinbare Vollständigkeit auf Kosten der Richtigkeit herbeizuführen, wurde auf Angaben verzichtet, wenn die Möglichkeit bestand, daß sie zu Irrtümern hätten Anlaß geben können. Deshalb werden einige sonst in vergleichbaren Arbeiten übliche Merkmale fehlen oder in ihrem Aussagegehalt eingeschränkt sein. Diese Fehlerquellen, die lediglich in einzelnen Teilen der Untersuchung Bedeutung haben, werden an Ort und Stelle erwähnt werden.

Insgesamt wurden für die Untersuchung 753 Strafakten, Strafregisterauszüge und 748 kriminalpolizeiliche Unterlagen sowie 745 Akten der SGH/JGH ausgewertet.

Wegen der teilweise aufgetretenen Schwierigkeiten[31] bei der Beschaffung des Materials, welche hauptsächlich auf der unterschiedlichen Auslegung von Rechtsvorschriften und der Ermessensausübung beruhen, ist es im Interesse derartiger Arbeiten erforderlich, hier endlich eine eindeutige gesetzliche Klärung herbeizuführen. Denn durch diese unterschiedliche Handhabung wird der Aussagegehalt der Untersuchungen zwangsläufig eingeschränkt oder ihre Durchführung völlig verhindert.

---

[31] über die auch von anderen berichtet wird: z. B. *Stüttgen,* S. 12 f.

Erster Teil

Das äußere Tat- und Täterbild

A. Strafrechtliche Bewertung von Diebstahl und unbefugtem Gebrauch eines Kraftfahrzeuges

1. *Die Entwicklung der Rechtsprechung*

Durch die Notverordnung vom 20. Oktober 1932[32], welcher die in das StGB übernommene Vorschrift des § 248 b folgt, wurde eine weitere Ausnahme des im geltenden Recht straflosen „Gebrauchsdiebstahls"[33] geschaffen. Bis dahin konnte derjenige, der ein Fahrzeug unbefugt benutzte und es nach Beendigung seiner Fahrt an beliebiger Stelle abstellte, strafrechtlich kaum erfaßt werden[34]. Die Rechtsprechung versuchte zwar, durch die Bestrafung wegen Diebstahls oder Unterschlagung des Kraftstoffes diese Lücke zu füllen[35], doch befriedigte die Lösung nicht. Denn nunmehr benutzten die Täter Benzin, das sie eigens zu diesem Zweck erworben hatten. Eine Verurteilung war somit nicht möglich.

Die weitere starke Zunahme derartiger Delikte[36] und die von den damals des Fahrens oft unkundigen Tätern[37] ausgehenden Gefahren für die öffentliche Sicherheit erzwangen einen Ausweg. Ihn meinte das Reichsgericht darin gefunden zu haben, daß es den Zueignungsbegriff der §§ 242 ff. StGB extensiv auslegte[38]. So handelte der Täter auch dann in Zueignungsabsicht, wenn er das Fahrzeug in der Absicht benutzte, sich seiner nach Beendigung der Fahrt in der Weise zu entäußern, daß er es „dem Zugriff Dritter preisgab" und weder voraussah oder gewollt hatte, daß der Berechtigte sein Fahrzeug zurückbekam[39].

---

[32] RGBl. I, 496.
[33] Weitere Ausnahme: § 290 StGB.
[34] Nach *Osterkorn*, S. 36 konnten nur 20 Prozent der ermittelten Täter verurteilt werden.
[35] *Osterkorn*, S. 36; *Noetzel*, S. 27; *Rohling* in: DJ 1938, S. 301—303.
[36] Vgl. Angaben bei: *Osterkorn*, S. 36 und *Wensky*, S. 412.
[37] *Noetzel*, S. 26.
[38] RGSt vom 30. Juni 1930 in: Band 64, 259 f.
[39] RGSt 64, 259 f., 260.

1. Teil: Das äußere Tat- und Täterbild

Diese Konstruktion führte schließlich dazu, auch diejenigen nach § 242 StGB zu verurteilen, die das Fahrzeug in der Nähe des Wegnahmeortes stehen ließen[40] oder aber während der Fahrt gestellt wurden und denen ihre Angabe, sie haben das Fahrzeug an den Wegnahmeort zurückbringen wollen, nicht geglaubt wurde[41]. Sie versagte aber dann, wenn der Täter das Fahrzeug wieder unmittelbar an seinen ehemaligen Standort zurückstellte. Hier sollte die Notverordnung von 1932 Abhilfe schaffen. Obgleich es jetzt nach dieser Vorschrift möglich war, sämtliche Arten der unbefugten Fahrzeugbenutzung strafrechtlich zu ahnden, änderte das Reichsgericht seine Rechtsprechung nicht[42]. Es hielt auch in der Folgezeit an dem vorher entwickelten Zueignungsbegriff fest und verurteilte die Täter weiterhin wegen Diebstahls. Untergerichte versuchten eine Änderung zu erreichen[43]. Ihre Entscheidungen wurden aufgehoben[44]. Das Reichsgericht hat bis zu seiner Auflösung wiederholt seine ursprüngliche Meinung bestätigt[45].

Nach Einfügung des § 248 b in das StGB führte der BGH[46] die reichsgerichtliche Rechtsprechung unter Bezugnahme auf dessen Grundsatzentscheidung von 1930 fort. Ihr ist bis auf den heutigen Tag die Rechtsprechung überwiegend gefolgt[47]. In Lehre und Schrifttum wird diese Ansicht größtenteils abgelehnt[48].

2. Kritik der herrschenden Rechtsprechung

a) Aus historischer Sicht

Bei genauerer Betrachtung der gegenwärtigen Rechtsprechung fällt auf, daß die reichsgerichtliche Grundsatzentscheidung nur unvollstän-

---

[40] RGSt vom 23. September 1935 in: JW 1935, S. 3388 f., S. 3389 unter Bezugnahme auf RGSt 64, 259 f.

[41] *Osterkorn*, S. 36; *Noetzel*, S. 26 f.

[42] RGSt vom 20. August 1935 in: JW 1935, S. 3387 f.; vom 23. September 1935 in: JW 1935, S. 3388 f.; vom 7. Juli 1941 in: HRR 1942, Nr. 423.

[43] AG Nürnberg vom 11. Oktober 1937 — Ds 113/37 — in der Besprechung von *Rohling* in: DJ 1938, S. 301 ff.

[44] LG Nürnberg-Fürth vom 2. Dezember 1937 — Ns 686/37 — in der Besprechung von *Rohling* in: DJ 1938, S. 301 ff., S. 302 unter Bezugnahme auf RGSt vom 23. September 1935 in: JW 1935, S. 3387 ff., S. 3388.

[45] Siehe Anm. 42.

[46] BGHSt vom 29. November 1953 in: NJW 1953, S. 1880 = BGHSt 5, 205 ff., S. 206.

[47] OLG Hamburg in: MDR 1970, S. 1027 unter Bezugnahme auf BGHSt 18, S. 66 = MDR 1963, S. 324 m. w. Nachw. sowie Angaben bei: *Schönke - Schröder*, § 242 Rdn. 55.

[48] *Schönke - Schröder*, § 242 Rdn. 55; *Peters*, S. 25; *Dallinger - Lackner*, Kommentar, § 105, Rdn. 27; *Mayer*, Hellmuth, S. 72; *Middendorff*, Kriminologische Reisebilder, S. 67; *Schmidt*, Manfred, S. 141 ff.; *Wersdörfer* in: NJW 1958, S. 1031 f., S. 1031; *Bellon*, S. 88.

dig zitiert wird. Das Reichsgericht begründet die Zueignungsabsicht des Täters damit, daß er bei der Wegnahme des Kraftfahrzeugs „nicht gewollt oder vorausgesehen" habe, daß der Berechtigte seinen Wagen zurückerhalte. Das Reichsgericht sah daher den „dauernden" Entzug der Herrschaft des Berechtigten über sein Eigentum und damit die Zueignungsabsicht nicht nur darin, daß der Täter beabsichtigt, das Fahrzeug preiszugeben, sondern in dem zusätzlichen Umstand, daß er eine Wiedererlangung durch den Berechtigten nicht will oder mit ihr nicht rechnet. Dieser entscheidende zweite Halbsatz wird nirgends erwähnt. Die heutigen Urteilsbegründungen beschränken sich darauf, daß das Fahrzeug „dem Zugriff Dritter preisgegeben" und es „dem Zufall" überlassen werde, ob es der Berechtigte zurückerhalte. Diese Annahme ist aber unrichtig. Der Berechtigte erhält im allgemeinen sein Fahrzeug binnen kurzer Frist zurück[49]. Das ist auch dem Täter bekannt und im übrigen richtet sich sein Wille regelmäßig nur auf die vorübergehende Benutzung des Kraftfahrzeuges. Es entfällt somit der bewußt auf Dauer angelegte Eigentumsentzug, wie ihn das Reichsgericht als Voraussetzung für die Zueignungsabsicht forderte. Die gegenwärtige Rechtsprechung hat das nicht zur Kenntnis genommen.

Zum andern sollte die damalige Rechtsprechung nicht nur die vor 1930 fehlende Möglichkeit, gegen diesen Täterkreis einzuschreiten, ersetzen, sondern sie hatte ihre Bedeutung auch danach nicht ganz verloren, weil auf Grund der Versicherungsbedingungen streitig blieb, ob der Versicherungsfall auch bei der unbefugten Benutzung des Kraftfahrzeugs eintrat[50]. Diese Unklarheit wurde erst durch die „Allgemeinen Bedingungen für die Kraftfahrzeugversicherung" beseitigt[51].

Heute ist dieser Schutzzweck genauso überholt wie die vor 1932 fehlende Möglichkeit, die Kraftfahrzeug-Entwendung zu bestrafen. Für die 1930 und auch später noch teilweise gerechtfertigte Hilfskonstruktion besteht jedenfalls jetzt keine Veranlassung mehr.

---

[49] Nach Auskunft der Kriminalpolizei in Berlin werden nur 0,02 % aller als „abhanden" gekommen gemeldeten Fahrzeuge nicht wieder aufgefunden. Etwas höher liegen die Zahlen in anderen Großstädten, so daß die geringe Verlustquote auf die geographische und politische Situation (bei Durchfahrt über die Interzonenautobahn Kontrolle der Kraftfahrzeugpapiere) zurückzuführen sein dürfte. Rund 10 % lauten die Angaben bei: *Lindner*, S. 54 für Nordrhein-Westfalen-Ruhrgebiet; *Weinzierl*, S. 47 für München; *Geerds*, S. 107 Anm. 17 stellte für Schleswig-Holstein fest, daß 2 Fahrzeuge zwischen 1 und 3 Tagen fehlten; so auch *Wensky*, S. 414; ferner: *Rudolphi* in: GA 1965, S. 51; *Schönke - Schröder*, § 242 Rdn. 55; *Wersdörfer* in: NJW 1958, S. 1032; *Schmidt*, Manfred, S. 144; *Schaudwet* in: JR 1965, S. 415 m. w. Nachw. auch aus der schweizer und österreichischen Rechtsprechung.

[50] *Piewitz*, § 12 Anm. 2 b.

[51] § 12 Abs. 1 Nr. 1 b; siehe auch: *Fromm*, § 12 Anm. 5; *Stiefel - Wussow*, § 12 Anm. 13.

Eine weitere Unrichtigkeit der herrschenden Rechtsprechung ergibt sich daraus, daß die Grundsatzentscheidung des Bundesgerichtshofes nicht die reine Ingebrauchnahme eines Kraftfahrzeuges, sondern den Diebstahl von Fahrzeugbestandteilen und -zubehör betrifft. Die Täter fuhren die Wagen (23 Stück) regelmäßig erst an einen abgelegenen Platz, um sie dann ungestört zu demontieren.

b) nach der strafrechtlichen Systematik

Keine besonderen Schwierigkeiten bereitet regelmäßig die Beurteilung des für die Wegnahme nach § 242 StGB notwendigen Gewahrsamsbruches. Die öfter dazu angestellten Erörterungen sind mehr theoretischer Natur[52]. Problematischer allerdings ist die Entscheidung der Frage, ob die Wegnahme in Zueignungsabsicht erfolgte. Diese erfordert, daß der Täter beabsichtigt, den Berechtigten dauernd von seiner Verfügung über das Fahrzeug auszuschließen und sie an dessen Stelle auszuüben. Dagegen genügt es nicht, wenn er die Herrschaft des Berechtigten nur vorübergehend zurückdrängen will[53].

Wer ein von ihm unbefugt benutztes Fahrzeug an ihm genehmer Stelle zurückläßt, zeigt gerade dadurch, daß er es dem Berechtigten nicht endgültig entziehen will. Dies trachtet die Rechtsprechung zu widerlegen, indem sie die reichsgerichtliche Hilfskonstruktion noch weiter ausdehnt. Die „dauernd beabsichtigte Entziehung" sei deshalb gegeben, weil die Rückgabe an den Berechtigten „dem Zufall" überlassen bleibe und der Täter dies auch in Kauf genommen habe.

Das ist aber eine unhaltbare Unterstellung, die seinem tatsächlichen Willen nicht gerecht wird. Er rechnet damit, daß das Fahrzeug in kurzer Zeit aufgefunden wird und — da er keine Veränderungen an ihm vorgenommen hat — der Eigentümer ermittelt wird und es zurückerhält[54]. Außerdem hängt es meist von Zufällen ab, ob der Täter das Fahrzeug entsprechend seiner Absicht wieder an den Wegnahmeort abstellt. Oft reicht der Brennstoffvorrat nicht für die geplante Spazierfahrt. Tanken erscheint nicht ratsam wegen der Gefahr, dabei gestellt zu werden, oder entfällt, weil keine Tankstelle in der Nähe, beziehungsweise geschlossen ist; die Fahrlust hat inzwischen nachgelassen, der Täter ist zu Hause angelangt und befürchtet, in eine Verkehrskontrolle zu geraten. In vielen anderen Fällen wird die Rückkehr aus Angst vor Entdeckung unterbleiben oder, weil der ursprüngliche Standort überhaupt unbekannt ist.

---

[52] u. a. *Schmidt*, Manfred, S. 119 ff.
[53] Für alle: *Frank*, § 242 Anm. VII 2 a.
[54] Vgl. Anm. 49.

A. Strafrechtliche Bewertung

Nicht zu übersehen ist die grundverschiedene Willensrichtung, je nachdem ob sich der Täter das Fahrzeug aneignen oder mit ihm nur eine „Spritztour" unternehmen will[55]. Dies wird, abgesehen von dem oben Ausgeführten, auch dadurch deutlich erkennbar, daß man sein Verhältnis zum fremden Eigentum betrachtet. Der Dieb mißachtet es[56]. Anders zeigt sich der Autobenutzer: in der Regel geht er bereits sorgfältig mit dem Fahrzeug um, indem er es nur selten aufbricht, Beschädigungen zu vermeiden sucht und somit auch die Schädigung des Eigentümers verhindert. Weiter entwendet er weder Teile des Kraftfahrzeugs noch nimmt er — von Ausnahmefällen abgesehen — Gegenstände aus dessen Inneren mit. Die überwiegende Anzahl der „Schwarzfahrer" erstrebt nur, den Berechtigten zeitweise von seiner Herrschaft über das Fahrzeug auszuschließen. Es mangelt daher den meisten von ihnen an der von der Rechtsprechung unterstellten Zueignungsabsicht. Ist die Zueignung nicht beabsichtigt, fehlt es an einem für die Anwendung des § 242 StGB erforderlichen Tatbestandsmerkmal.

3. Die Kraftfahrzeug-Entwendung als juristische Sammelerscheinung

Da das Grundmaterial die Gerichtsakten bilden, werden zunächst die sich aus der Sicht der Rechtsprechung ergebenden Erscheinungsformen der Tat untersucht werden. Die nachfolgende Gliederung beginnt mit den nach § 242 StGB Verurteilten.

a) Diebstahl

Er zeigt sich in drei reinen und fünf gemischten Formen. Einmal behält der Täter das Fahrzeug. Es kommt ihm auf den mit dem dauernden Besitz verbundenen Sachwert an. Er versucht, es unkenntlich zu machen, indem er das Nummernschild auswechselt, die Fahrgestell- und Motornummer abändert und die Kraftfahrzeug-Papiere entsprechend fälscht. Ein übriges bewirkt das Überspritzen mit einer anderen Farbe und der Austausch der Innenausstattung — bei Krädern und ähnlichen Kleinfahrzeugen meistens der Sitzbank.

Diesem Täter nach außen hin ähnlich verhält sich derjenige, dem es auf die Verwertung des Fahrzeugs durch Verkauf ankommt. Im Untersuchungsmaterial ist er aber nicht vertreten. Nach den Erfahrungen der Berliner Kriminalpolizei wird dies in Form des Autodiebstahls im allgemeinen nur von Erwachsenen begangen, die oft über Kraftfahr-

---

[55] So wie hier: *Schönke - Schröder*, § 242 Rdn. 51; *Rudolphi* in: GA 1965, S. 50 f.; *Noetzel*, S. 14; AG Nürnberg in: DJ 1938, S. 301.
[56] Vgl. auch *Mayer*, Hellmuth, S. 72; *Munkwitz - Neulandt*, S. 563.

zeug-Werkstätten mit den erforderlichen Einrichtungen verfügen. Ihre große Zeit hatten die in der Regel in Banden arbeitenden Täter gegen Ende der zwanziger Jahre[57]. Sie konnten als gewerbsmäßige Diebe angesehen werden, wovon die „Berliner Autodiebstahlsaktiengesellschaft" mit dem Firmennamen „BAUDIAG"[58] als beredtes Beispiel gelten mag. Heute tauchen in Berlin „Schieberbanden" nur noch selten auf[59].

Diebe sind auch diejenigen, welche mit oder ohne Gewalt in das Fahrzeug eindringen, um aus seinem Innern etwas mitzunehmen oder aber an Ort und Stelle Teile zu demontieren[60]. Sie wurden in die vorliegende Untersuchung nicht einbezogen, weil für sie das Fahren keine Bedeutung hat, sondern das Kraftfahrzeug nur als Tatort anzusehen ist.

Weiterhin sind hier die Vergnügungsfahrten zu nennen, bei denen das Fahrzeug an beliebiger Stelle ausgesetzt wird. Oft wird in Verbindung mit der „Spritztour" ein weiteres Vermögensdelikt begangen. An der Spitze steht dabei der Diebstahl aus Zigarettenautomaten. Ab und zu ist auch ein Einbruch in einen Kiosk zu verzeichnen. Nicht immer läßt sich in diesen Fällen eindeutig klären, ob der anschließende Diebstahl von Anfang an geplant war, indem die Täter sich nur das Fahrzeug beschafften, um diese weiteren Delikte bequem begehen zu können oder, wofür sehr viel spricht und was an späterer Stelle noch ausführlich zu behandeln sein wird, ihnen erst während der Fahrt mit dem entwendeten Kraftfahrzeug der Gedanke kam, nun auch zu rauchen oder aus einem Verkaufsstand Würstchen und Trinkbares zu entwenden oder in Ausnahmefällen gar noch ein Büro „aufzusuchen".

Einzig dann, wenn bei einer Verurteilung wegen Serieneinbrüchen gelegentlich auch das eine oder andere Mal ein Auto benutzt wurde, die Verurteilung aber nur wegen Serieneinbrüchen erfolgte[61], wurden diese Täter hier nicht erfaßt. Der Unterschied zu der vorher genannten Gruppe liegt darin, daß bei ihnen die Täter nach einem vorgefaßten Plan — Einbrüche zu begehen — handelten und das Fahrzeug nur als Transportmittel zum und/oder vom Tatort dienen sollte.

b) Kraftfahrzeug-Mißbrauch und -Diebstahl

Während sämtliche vorstehend aufgeführten Tathandlungen nach § 242 StGB beurteilt werden, sind bei den folgenden die Ansichten

---

[57] Siehe bei: *Osterkorn*, S. 38 f.
[58] Zitiert bei: *Eggenweiler*, S. 113.
[59] *Wensky*, S. 415.
[60] i. d. R. Diebstahl von Autospiegeln, -antennen, Radkappen, Sitzbänken, Lenker, Lampen u. ä.
[61] Im übrigen ist diese Ausführungsart auch nur vier Mal Verfahrensgegenstand in dem untersuchten Material gewesen. In sämtlichen Fällen waren die erwachsenen Mittäter führend beteiligt.

uneinheitlich. Wird der Täter noch während der Benutzung angetroffen, und läßt er sich dahingehend ein, er habe das Fahrzeug an den Wegnahmeort zurückbringen wollen, so erachtet ein Teil der Rechtsprechung das als Schutzbehauptung[62] und verurteilt ihn wegen eines Diebstahls. Der andere folgt der behaupteten Absicht und bestraft ihn wegen einer unbefugten Benutzung nach § 248 b StGB.

Änlich unterschiedlich lauten die Urteile dann, wenn das Fahrzeug nicht direkt an den Wegnahmeort, sondern in seine unmittelbare Nähe gestellt wurde. Nach der einen Ansicht befindet sich der Wagen noch im „Machtbereich" des Berechtigten[63]; die andere erachtet das Verhältnis von Wegnahme- zu Abstellort als bedeutungslos[64] und damit die Zueignung des Fahrzeugs mit seiner Wegnahme vom ursprünglichen Standort als vollendet. Dementsprechend lautet das Urteil einmal auf unbefugte Benutzung, das andere Mal auf Diebstahl.

Unproblematisch ist dagegen der Fall, daß Wegnahme- und Abstellort sich decken. Die Bestrafung erfolgt wegen unbefugter Benutzung. Heute wird die Ansicht, die Täter nach § 242 StGB zu bestrafen, wenn sie das Fahrzeug in beschädigtem Zustand zurückbrachten[65], nicht mehr vertreten.

c) Die übrigen Formen der Kraftfahrzeug-Entwendung

Nach vorstehend Erörtertem scheiden schließlich die Kraftfahrzeug-Entwendungen aus, die rechtlich nicht unter die Diebstahlsvorschriften einschließlich § 248 b StGB zu zählen sind. Nicht untersucht wurden demnach die Fälle, in denen der Täter das Kraftfahrzeug unterschlägt, veruntreut, sich in betrügerischer Weise seinen Besitz verschafft oder ihn durch Erpressung erlangt. Ebenfalls nicht hierher gehören die Raubarten, bei denen der Täter seinem Opfer das Taxi wegnimmt, um damit selbst zu fahren und die Gebühren abzukassieren[66]. Im übrigen konnte eine derartige Tat in dem ausgewerteten Aktenmaterial auch nicht festgestellt werden. Die Gründe, daß diese Erscheinung jetzt wohl als „ausgestorben" zu gelten hat, dürften in der heute üblichen Kennzeichnung der Taxis, der engen persönlichen Verbindung der Fahrer untereinander durch Funk, dem verstärkten nächtlichen Polizeieinsatz sowie der wahrscheinlich recht geringen Aussicht auf Gewinn liegen.

---

[62] *Seibert,* Claus in: NJW 1958, S. 1222 zur BGH-Rechtsprechung.
[63] *Rohling* in: DJ 1938, S. 302.
[64] Vgl. *Seibert,* Claus in: NJW 1958, S. 1222.
[65] *Rilk* in: JW 1935, S. 3388.
[66] *Osterkorn,* S. 40; *Wensky,* S. 415 unter Bezugnahme auf *Remmert* in: Die Polizei 1935, S. 295.

1. Teil: Das äußere Tat- und Täterbild

4. Verurteilung nach Alter und Delikt

a) §§ 242, 248 b StGB gesamt

Die folgende Zusammenstellung gibt einen Überblick über das Verhältnis der Verurteilungen wegen Diebstahls und unbefugten Gebrauchs eines Kraftfahrzeuges[67].

181 Täter wurden nach § 248 b StGB, 572 als Diebe[68] verurteilt. Interessant erscheint dazu die Polizeistatistik: 94 bis 97 Prozent aller Ermittlungsverfahren werden bei ihr als „unbefugte Benutzung" geführt[69]. Die Gerichte aber haben etwa 70 Prozent dieser Fälle als Diebstahl bewertet. Insgesamt begingen somit nach der Rechtsprechung rund 75 Prozent aller wegen Kraftfahrzeug-Entwendung abgeurteilten Minderjährigen einen Kraftfahrzeugdiebstahl. Nur ein Viertel der Täter benutzte das Fahrzeug zum Fahren im Sinne von § 248 b StGB.

b) Altersaufbau

Die Gliederung nach dem Alter[70] der Jugendlichen und Heranwachsenden veranschaulicht, in welchen Altersphasen ihre Neigung, Kraftfahrzeuge zu entwenden, am stärksten ausgeprägt ist.

Alter	248 b	242	gesamt
14	2	9	11
14 $1/2$	3	21	24
15	6	33	39
15 $1/2$	14	37	51
16	13	46	59
16 $1/2$	21	53	74
17	17	58	75
17 $1/2$	22	66	88
18	19	60	79
18 $1/2$	12	58	70
19	8	43	51
19 $1/2$	20	41	61
20	8	23	31
20 $1/2$	16	24	40
gesamt	181	572	753

[67] Die Angaben erfolgen in absoluten Zahlen und/oder Prozenten, da dies exakter als die Darstellung in Kurven ist, bei denen Verzerrungen dadurch eintreten können, daß die Abstände der Abzissen und Ordinaten beliebig gewählt werden können. Außerdem lassen sich auf diese Weise Vergleiche mit anderen Arbeiten leichter durchführen.

[68] § 242 schließt die Verurteilungen nach §§ 243, 244 StGB mit ein.

[69] Nach Angaben der Berliner Kriminalpolizei waren „echte" Diebe: 1959 = 4,1 %; 1960 = 3,5 %; 1961 = 6,1 %; 1962 = 4,9 %.

[70] Zum Zeitpunkt der Tat. Die Altersstufen sind nach oben bzw. unten abgerundet; z. B.: 14 = 14 Jahre und 4 Monate; 15 = 14 Jahre und 11 Monate.

A. Strafrechtliche Bewertung

Die Zahl der hier ermittelten Täter steigt lebhaft bis ins 17 1/2 Jahr, hält sich nach einer geringen Senkung bis zum 19. Lebensjahr noch immer auf etwa gleicher Höhe wie im Alter von 15 1/2 Jahren; noch einmal nimmt sie im 19. Jahr zu, um fast den Tiefstand kurz vor dem Eintritt ins Erwachsenenalter zu erreichen.

Etwas anders verläuft die Linie, wenn man nur die wegen unbefugter Ingebrauchnahme Verurteilten betrachtet. Im Gegensatz zum Diebstahl, der vom 18. Lebensjahr stetig zurückgeht, verläuft der unbefugte Gebrauch in einer Wellenbewegung. Wenn er auch etwas ungleichmäßig steigt und fällt, wird bei ihm ebenfalls im Alter von 17 1/2 Jahren der Gipfel erreicht. Dann aber ist der Abwärtstrend genau so stark bis zum 19. Lebensjahr, wie er von diesem Alter an wieder ansteigt.

Rund 56 Prozent aller Täter waren Jugendliche, 44 Prozent Heranwachsende. Davon wurden bei den Jugendlichen 23 Prozent und bei den Heranwachsenden 25 Prozent wegen unbefugter Benutzung verurteilt. Das leichte Überwiegen der Heranwachsenden bei dieser Verurteilungsart kann einmal daher rühren, daß sie auf Grund ihres Alters bereits Erfahrungen mit den Strafgerichten sammeln konnten und das Fahrzeug tatsächlich zurückbrachten oder aber ihre „Schutzbehauptungen" glaubwürdiger vorzubringen verstanden. Im kriminologischen Teil der Arbeit wird versucht werden, darauf eine Antwort zu geben.

c) Beurteilung nach § 105 JGG

231 Mal haben die Richter bei den Heranwachsenden die Voraussetzungen des § 105 JGG für gegeben erachtet. Doch nur in 23 Fällen wurde die Tat als „typisch jugendliche" im Sinne der zweiten Alternative des § 105 JGG bewertet. Das bedeutet, daß 62,6 Prozent der Heranwachsenden, also auch der nahezu 21jährigen, in ihrer „sittlichen und geistigen Reife" (§ 105 Absatz 1 Nr. 1 JGG) einem noch Jugenlichen gleichstanden. Insgesamt wurde bei 69,6 Prozent dieser Altergruppe Jugendrecht angewandt. Die Anzahl der nach Jugendrecht Verurteilten erhöht sich damit bei den Kraftfahrzeug-Entwendern auf 85,6 Prozent.

Im einzelnen ergibt sich folgendes Bild:

Alter	248 b			242			gesamt		
§ 105:	1	2	ges.	1	2	ges.	1	2	ges.
18	17	2	18	47	2	49	64	3	67
18 1/2	8	—	8	45	5	50	53	5	58
19	5	1	6	34	2	36	39	3	42
19 1/2	8	3	11	24	3	27	32	6	38
20	4	1	5	10	2	12	14	3	17
20 1/2	3	2	5	3	1	4	6	3	9

1. Teil: Das äußere Tat- und Täterbild

Diese Zahlen erscheinen recht aufschlußreich. Einerseits wurden nur 14,4 Prozent als „erwachsen" behandelt. Die weitaus überwiegende Mehrheit erschien den Richtern zum Zeitpunkt der Tat in ihrer emotionalen Entwicklung noch so unfertig, daß sie diese — selbst die nahezu 21jährigen — dem Jugendrecht unterstellten. Andererseits aber wurde die Tat nur in 7 Prozent der Fälle als Jugendverfehlung geahndet.

Nun mag zwar die Behauptung nicht zwingend sein, wer eine Jugendverfehlung begehe, sei in seiner sittlichen und geistigen Reife ebenfalls einem noch 17jährigen gleichzustellen. Denn es ist ohne weiteres denkbar, daß auch ein schon im allgemeinen sittlich und geistig Gefestigter einmal eine Jugendtorheit begeht[71]. Auch der Gesetzgeber hat dies in der Vorschrift des § 105 JGG berücksichtigt. Denn wenn in einer Jugendverfehlung gleichzeitig die Retardierung zum Ausdruck käme, dann wäre, da die erste Alternative Anwendung findet, eine zweite überflüssig[72].

Bedenken gegen eine Trennung von Jugendverfehlung und Retardierung ergeben sich aber dann, wenn ein bestimmtes Delikt in überwältigender Mehrheit von geistig und sittlich retardierten Tätern begangen wird[73]. Sie verstärken sich, wenn die Tat am häufigsten von Jugendlichen und fast überhaupt nicht von Erwachsenen ausgeführt wird. So gesehen zeigt sich bei einer Gegenüberstellung von nach Jugendrecht Verurteilten mit der Gesamttäterzahl ein interessantes Ergebnis:

Alter	248 b		242		gesamt	
	105	ges.	105	ges.	105	ges.
18	18	19	49	60	67	79
18 $1/2$	8	12	50	58	58	70
19	6	8	36	43	42	51
19 $1/2$	11	20	27	41	38	61
20	5	8	12	23	17	31
20 $1/2$	5	16	4	24	9	40
gesamt	53	83	178	249	231	332

Die 18jährigen sind fast sämtlich nach Jugendrecht verurteilt worden und selbst bei den nahezu Erwachsenen von 20 Jahren noch über die Hälfte. Erst im Alter von 20 $1/2$ sinkt der Anteil auf etwa ein Fünftel (22,5 Prozent).

---

[71] *Hinrichsen*, S. 26.
[72] *Dallinger - Lackner*, § 105 Rdn. 35 und 36 Anm. 4.
[73] So auch: *Dallinger - Lackner*, Rechtsprechung, Anm. 31 zu § 105 Abs. 1 Nr. 2; *Munkwitz*, S. 168; *Kühling*, S. 204 f.; *Schmidt*, Manfred, S. 78; *Hinrichsen*, S. 26.

A. Strafrechtliche Bewertung

Unterstützt wird der Eindruck, daß die Kraftfahrzeug-Entwendung hauptsächlich von noch in ihrer geistigen und sittlichen Entwicklung zurückgebliebenen Tätern begangen wird, wenn man die Gesamtzahl der in Berlin verurteilten Heranwachsenden und ihren Anteil an den dem Jugendrecht unterstellten Tätern mit dem hier ermittelten Ergebnis vergleicht. Die vom Landesamt für Statistik herausgegebene Aufstellung[74] trifft zwar keine Unterscheidung zwischen dem Diebstahl im gesamten und seiner einen Sonderform, dem Kraftfahrzeug-Diebstahl, doch wird der unbefugte Gebrauch getrennt geführt.

Danach sind 1960 veurteilt worden:

 nach §§ 242 bis 248 c: 1443 Heranwachsende
 davon nach Jugendrecht: 833 Heranwachsende = 57,8 %

Obwohl bei mehr als der Hälfte aller Heranwachsenden Jugendrecht angewandt wurde, liegt diese Zahl unter derjenigen für den hier untersuchten Täterkreis. Dies zeigt deutlich, daß bei den übrigen Diebstahlsobjekten der Anteil der „jugendlichen Heranwachsenden" wohl unter 50 Prozent betragen muß, da er im Bereich der Kraftfahrzeug-Entwendung so enorm hoch liegt.

Das bestätigt auch ein Vergleich mit anderen Untersuchungen[75]. *Munkwitz* stellte bei den 18 bis 19jährigen 29 Prozent, bei den 19 bis 20jährigen gar noch 16 Prozent und den 20 bis 21jährigen 7 Prozent retardierter Täter fest. Otto *von See* kommt bei seinem Material dagegen auf etwa 50 Prozent. Da er neben Kraftfahrzeug-Benutzern auch die Fahrraddiebe untersuchte, kann die etwas geringere Höhe gegenüber der hier ermittelten Zahl sich daraus ergeben, daß Fahrraddiebe/-benutzer sich aus einem anderen Täterpotential zusammensetzen.

Schließlich scheint auch ein Blick auf die Jungerwachsenen[76] diese Tatsache zu erhärten. Zum Vergleich seien die in Berlin 1960 verurteilten Täter nach der Statistik des Berliner Landesamtes für Statistik[77] wiedergegeben:

Alter	248 b	242
18—21	29	307
21—25	49	184
25—30	18	287
30—40	5	273
40—50	2	240
50—60	1	243
60 u. älter	—	138

---

[74] Sonderhefte: Die rechtskräftig abgeurteilten Personen in Berlin (West).
[75] v. See, S. 25; Munkwitz, S. 168 mit weiteren Nachweisen, die zwischen 5 und 28 Prozent liegen.

Gemeinsam ist beiden Delikten, daß nochmals bei den Jungerwachsenen eine starke Zunahme zu verzeichnen ist. Danach bleibt der Diebstahl etwa konstant. Der unbefugte Gebrauch hört völlig auf. Ein ähnliches Bild vermittelt ein Blick auf die kriminalpolizeilichen Statistiken. Auch dort tritt der Kraftfahrzeug-Diebstahl[78] bei den Erwachsenen nicht mehr auf[79]. Bei den Jugendlichen und Heranwachsenden liegt er aber immer noch erheblich über dem Durchschnitt[80].

Diese nur nach rein juristischen Gesichtspunkten vorgenommene Untersuchung legt den Schluß nahe, daß der Kraftfahrzeug-Diebstahl und der Kraftfahrzeug-Mißbrauch gerade deshalb so häufig von jungen Menschen, die in ihrer sittlichen und geistigen Entwicklung noch nicht ausgereift sind, begangen werden, weil sie ein dieser Entwicklungsstufe eigenes Delikt sind. Ob sich das auch unter kriminologischen Aspekten bestätigt, soll im folgenden ermittelt werden.

B. Die kriminologischen Erscheinungsformen

Aufgabe der Kriminalphänomenologie ist es, die tatsächlichen Erscheinungsformen kriminellen Verhaltens herauszuarbeiten[81]. Die Rechtsprechung zur Kraftfahrzeugentwendung stellt auf den rein äußeren Tatverlauf ab. Sie macht es sich einfach, indem sie die Grenze im wahrsten Sinne des Wortes „sichtbar" zieht: steht das Fahrzeug wieder unmittelbar am Wegnahmeort, wenn es der Täter verläßt, so handele es sich um einen unbefugten Gebrauch. Alle anderen Kraftfahrzeuge gelten in der Regel[82] als gestohlen.

Doch so klar unterscheidbar zeigt sich der Lebenssachverhalt nicht. Er läßt sich vielfach schwer in eine allgemeine, für eine unbestimmte Anzahl von Fällen Geltung beanspruchende Norm pressen. Dies vor allem dann, wenn sich Kriminalitätsformen herausbilden, die zur Zeit der Entstehung einer Vorschrift überhaupt noch nicht vorhanden waren oder an die vom Gesetzgeber nicht gedacht werden konnte, weil sie erst auf Grund einer späteren technischen Entwicklung entstanden sind. Dann werden oft mit dialektischen Spitzfindigkeiten Tatbestandsmerkmale „ausgelegt", ähnliche Entscheidungen gesucht und in Bezug ge-

---

[76] Dazu ausführlich: *Bader*, Soziologie, S. 150; dgl. in: SJZ 1948, S. 669 bis 673; *Mezger*, S. 121; *Sydow*, S. 17.
[77] Sonderheft 90, S. 9 lfd. Nr. 62 und S. 6 lfd. Nr. 58.
[78] §§ 242 ff. StGB und § 248 b StGB werden danach einheitlich gezählt.
[79] BKA 1960, S. 10; siehe auch bei *Schmidt*, Manfred, S. 78.
[80] BKA 1960, S. 13 und 12: 28,7 und 31,7 Prozent; *Schmidt*, Manfred, S. 78.
[81] *Hellmer* in: JZ 1963, S. 193—200, S. 193; *Bader*, Soziologie, S. 5.
[82] Siehe Ausführungen S. 20 ff.

B. Die kriminologischen Erscheinungsformen

nommen sowie darin ausgesprochene „Rechtsgedanken" ausgebaut, wobei zwangsläufig die Vielfalt des Lebens unbeachtet bleibt. Die Kriminologie kann sich aber nicht an theoretisch fixierte Grenzen halten. Für sie mögen sie nur Ausgangspunkt und Anhalt sein[83].

Unter diesem Blickwinkel zeigt sich der Kraftfahrzeug-Diebstahl gar nicht so homogen, wie man es nach den Urteilen der Rechtsprechung vermuten könnte. Innerhalb der „Diebe" gibt es diejenigen, die das Fahrzeug für immer behalten, es ausschlachten oder zum Verkauf verändern wollen. Von diesen unterscheiden sich die anderen, die es für eine — meistens kurze — Spritztour benutzen und alsbald an irgendeinem Ort stehen lassen, ohne sich jemals wieder darum zu kümmern.

Beide Erscheinungen werden von einem unterschiedlichen Willen getragen. Von Anfang an läuft die Absicht des Täters in verschiedene Richtungen. Der erste benutzt, um zu behalten. Der andere will eine Strecke fahren, eine Zeitlang hinter dem Lenkrad sitzen und sich wieder des Fahrzeuges entledigen, wenn „seine Fahrzeit" vorüber ist.

Für eine kriminologische Untersuchung der Erscheinungsformen bietet sich danach an, sie nach dem Willen und der Absicht des Täters aufzugliedern[84]. Allerdings wird sich dies nicht nur nach seinen Behauptungen richten, wenn er sie nach außen in keiner Weise zu erkennen gegeben hat oder, der äußere Tatbestand sogar seinen Erklärungen zuwiderläuft. Dies soll an einem Beispiel verdeutlicht werden:

„ A. wird im Besitz eines seit Tagen als gestohlen gemeldeten Fahrzeuges angetroffen. Kennzeichen und Autopapiere sind nachweislich von ihm geändert. Auf entsprechende Frage erklärt er, er habe gerade das Kraftfahrzeug zur Polizei bringen wollen."

oder:

„B. wird ebenfalls mit einem seit einigen Tagen als abhanden gekommen gemeldeten Pkw angetroffen. Er beteuert, er habe ‚nur mal' damit fahren wollen und hätte ihn bestimmt wieder an den Wegnahmeort gestellt."

Diese und ähnliche Fälle bilden häufig den Inhalt der Strafakten. Hier behauptet zwar der Täter, er habe das Kraftfahrzeug gar nicht behalten, sondern „bestimmt" dem Eigentümer zurückbringen wollen. Dazu jedoch hätte er seit Tagen Zeit gehabt (Fall B) beziehungsweise die Erkennungszeichen nicht zu verändern brauchen (Fall A).

Bei einer Einteilung der Tätergruppen gilt es demnach, die vom Täter geäußerte Absicht, wie sie durch die Art der Tatbegehung erkennbar geworden ist, zu berücksichtigen. Dabei wird sich nicht jeder Einzelfall zweifelsfrei in eine bestimmte Gruppe eingliedern lassen. Denn der

---

[83] So *Exner*, S. 2; *Bader*, Soziologie, S. 7; *Aschaffenburg*, S. 288.
[84] Ähnlich *v. Liszt*, S. 170—213; *Mezger*, S. 162.

durch das Leben geprägte Tatverlauf steht jedem Ordnungsversuch mit Übergängen entgegen.

I. Die Tatausführung im allgemeinen

1. Die äußere Tatsituation

a) Tatzeit

Die meisten Kraftfahrzeuge werden nachts, vor allem nach Mitternacht[85] entwendet. Die Kriminalpolizei vermutet, der Täter wähle diese Zeit, um zu vermeiden, von der Nachtfahndung erfaßt zu werden, weil er doch gerne noch bis zum nächsten Morgen zu fahren wünsche. Das würde aber verhindert, wenn der Eigentümer spät abends von einem Kino-, Theater- oder Freundesbesuch oder einem Abendspaziergang heimkehre und dann das Fehlen seines Fahrzeuges bemerke. Er könnte den Verlust umgehend melden. Die nächtliche Vergnügungsfahrt hätte dann bald ein Ende.

Wenn sicherlich ein Teil tatsächlich mit diesen Überlegungen handelt, so kann mit gleicher Wahrscheinlichkeit festgestellt werden, daß der Weg nach Hause es war, der die Tatzeit bestimmt. Denn zuweilen sollte noch ein Bier getrunken werden, bevor dann der Heimweg angetreten wurde.

b) Tatort

Die Straßen Berlins bilden nachts einen wahren „Autosalon". Jedes Fabrikat in nahezu jeder Ausführung ist vorhanden. Von den in Berlin 1960 zugelassenen über 200 000 Kraftfahrzeugen konnten nur rund 50 Prozent in Garagen, Parkpaletten oder Grundstückseinstellplätzen untergestellt werden[86]. Das bedeutet, daß mindestens 100 000 Fahrzeuge in „Laternengaragen" standen, wobei sich die Zahl noch erhöhen dürfte einerseits durch Gastfahrzeuge und zum anderen durch diejenigen, die mit ihrem Fahrzeug noch unterwegs waren. Schließlich bilden auch die Grundstückseinstellplätze keinen besonders gesicherten Ort, da dies oft nur Parkplätze vor dem Haus sind. Parkpaletten gelten — wie sich in jüngster Zeit herausgestellt hat — wegen ihrer Nichtbewachung als bevorzugter Tatort. Soweit Fahrzeuge aus Garagen entwendet werden, gehören diese fast ausnahmslos zu Tankstellen und Kraftfahrzeug-Werkstätten. Die Täter sind im allgemeinen dort beschäftigt, mit den Örtlichkeiten vertraut und verfügen über einen zweiten Schlüssel. Bei

---

[85] Vgl. für alle: *Meixner* II, S. 34.
[86] Auskunft des Senators für Bau- und Wohnungswesen vom 28. August 1970.

B. Die kriminologischen Erscheinungsformen

dem untersuchten Material ist ein einziges Mal ein Fahrzeug aus einer Privatgarage entwendet worden. Der Täter handelte zusammen mit dem Sohn des Eigentümers.

c) Begehungsweise

Nach Feststellungen der Polizei, die durch andere Untersuchungen bestätigt werden[87], sind die entwendeten Fahrzeuge in den meisten Fällen nicht ordnungsgemäß gesichert. Der Gang durch die Straße, das zufällige Probieren, ob eine Tür nicht abgeschlossen ist oder ein Seitenfenster offensteht, sind in den meisten Fällen dafür ausschlaggebend, daß sich die Täter das entsprechende Fahrzeug wählen. Es kurzzuschließen fällt den technisch aufgeschlossenen Jugendlichen und jungen Männern nicht schwer. Dabei kommt ihnen zu Hilfe, daß die Lenkradsicherung in den wenigsten Fällen eingeschaltet ist. Meistens zieht der Fahrer nur den Zündschlüssel ab und unterläßt es, das Lenkrad bis zum Einrasten zu drehen. In diesen Fällen genügt ein leichter Schwung, um den Sicherungsstift außer Funktion zu setzen.

Die oft zu hörende Behauptung[88], die Täter entwendeten Opel-Fahrzeuge, weil deren Bauart ihrem Geltungsbedürfnis entgegenkomme, ist in Wirklichkeit nur die Folge der schlechten Sicherung dieses Fabrikats. Gerade bei den älteren Modellen waren Zündschloß und Lenkradsicherung getrennt eingebaut und zu bedienen. Für eine wirksame Sicherung mußten zwei Schlüssel verwandt werden, was aus Bequemlichkeit regelmäßig unterblieb. Daß diese Fahrzeuge gleichzeitig repräsentativ wirken, dürfte nur ein angenehmes „Abfallprodukt" gewesen sein. Denn interessanterweise werden mindestens ebenso repräsentative Wagen wie Mercedes kaum entwendet. Nach Feststellungen der Polizei läßt sich deren Sicherung ohne Werkzeug nicht überwinden, so daß in erster Linie die mangelnde Sicherung für die Objektwahl ausschlaggebend ist. Der Grund dafür mag sein, daß sich die Täter, um nicht aufzufallen, in sehr kurzer Zeit[89] den Besitz des Wagens verschaffen müssen.

Mitunter werden Fahrzeuge aber auch gewaltsam geöffnet. Dabei sind am häufigsten die Fälle anzutreffen, in denen der Täter das Seitenfenster mit Hilfe einer Nagelfeile, eines Schraubenziehers oder Drahtes

---

[87] *Lindner*, S. 56 unter Bezugnahme auf *Wensky* und *Osterkorn*, der sogar 70 Prozent ungesicherte Fahrzeuge feststellte; *Schmidt*, Manfred, S. 42; *Bellon*, S. 88.

[88] z. B. *Munkwitz - Neulandt*, S. 558.

[89] nach den Erfahrungen der Kriminalpolizei in Berlin etwa drei bis fünf Minuten; ebenso: *Wensky*, S. 412 und *Schmidt*, Manfred, S. 68 mit weiteren Nachweisen.

aufmacht. Diese Werkzeuge werden zwischen die Gummidichtungen und das Glas geschoben, um damit den Fensterhebel zu betätigen. Anschließend kann so ins Innere gegriffen und die Tür entriegelt werden. Nur sehr selten werden die Fenster eingeschlagen. Das kann einmal daran liegen, daß es zu laute Geräusche verursachen würde. Zum anderen würde durch das beschädigte Fenster zu leicht die Herkunft des Wagens erkannt werden, so daß man ihn dann nicht mehr als seinen eigenen ausgeben könnte.

2. Innere Tatsituation

Zunächst ist festzustellen, daß es ein einziges Motiv für diese Täter nicht gibt, sondern ein ganzes Motivbündel in Frage kommt, worauf noch an anderer Stelle im einzelnen einzugehen sein wird. Hier mag vorerst so viel genügen, daß nebeneinander Fahrlust, Geltungsdrang und Erlebnishunger an vorderster Stelle stehen. Zuweilen war die Ursache reine Bequemlichkeit, weil nämlich der Bus gerade weggefahren war und man keine Lust hatte, den Heimweg zu Fuß anzutreten. Ab und zu kann die Kraftfahrzeug-Entwendung auch als reine Übermutshandlung angesehen werden; ganz selten wollte der Täter einem Bekannten einen Streich spielen und in einem Fall hatte er das Fahrzeug entwendet, um sich an dem Eigentümer für ihm angetanes Unrecht zu rächen.

II. Einteilung der Erscheinungsformen

Ausgehend von den vorstehend getroffenen Unterscheidungen werden zunächst zwei Gruppen gebildet[90]. Die erste will fahren, die zweite ihrem Vermögen Sachwerte zuführen.

1. Das Kraftfahrzeug als Fahrobjekt

Das Hauptkontingent stellen diejenigen, die eine „Biege" fahren wollen. Die einen bringen das Fahrzeug, nachdem sie es in der vorgesehenen Weise benutzten, an den Wegnahmeort zurück. Bei ihnen stimmen Angabe und äußeres Erscheinungsbild überein. Diese Begehungsart wird im folgenden „echter Gebrauch" = „248 b (e)" genannt werden. Von ihnen unterscheiden sich diejenigen, die während einer Spazierfahrt gestellt wurden. Sie erklärten vielfach, sie hätten das Fahrzeug zurückgebracht, wenn ihre Fahrt nicht ein so jähes Ende gefunden hätte. Ihnen kann geglaubt werden oder nicht.

---

[90] Teilweise anders gliedern: *Schmidt,* Manfred, S. 61 ff.; *Munkwitz - Neulandt,* S. 556; *Kosyra - Gühring - Beuter* in: Kriminalistik 1956, S. 43.

B. Die kriminologischen Erscheinungsformen

In dem ermittelten Grundmaterial finden sich beide Varianten. Die Richter verurteilten das eine Mal wegen unbefugten Gebrauchs nach der Vorschrift des § 248 b StGB, das andere Mal meinten sie, einen Lügner vor sich zu haben und entschieden nach § 242 StGB. Äußere Anhaltspunkte, die eine unterschiedliche Bewertung gerechtfertigt hätten, ließ der Tatverlauf nicht erkennen. Die Urteilsbegründungen lauten dem entsprechend:

„ Da dem Angeklagten nicht zu widerlegen ist, daß er das Auto/Moped wieder an den Wegnahmeort zurückstellen wollte ..." = § 248 b StGB.

„ Der Angeklagte hat zwar behauptet, er wollte das Auto/Moped wieder an den Wegnahmeort zurückstellen. Dies muß aber als reine Schutzbehauptung angesehen werden. Das starke Umsichgreifen derartiger Delikte macht es erforderlich ..." = § 242 StGB.

Im ersten Urteil klingt der Grundsatz „in dubio pro reo" an. Das zweite ist vom Abschreckungsgedanken getragen. Beide Erscheinungsformen unterscheiden sich aber kriminologisch überhaupt nicht. Sie werden erst durch die rechtliche Differenzierung ein anderes Delikt. Es erscheint daher gerechtfertigt, beide getrennt und im Vergleich zu behandeln, um festzustellen, ob sich die nach der einen oder anderen Vorschrift Verurteilten auch verschieden in ihrem weiteren Lebensweg verhielten und, wenn ja, ob sich der unbefugte Benutzer dem Verhalten des Diebes anglich oder dessen Weg mit dem des ersteren parallel verlief. Zur Unterscheidung zum echten unbefugten Gebrauch soll diese Art als unechter bezeichnet = „248 b (u)" und der als Dieb verurteilte Benutzer mit „242 (Rpr)" benannt werden, als Zeichen der ihn so kennzeichnenden Gerichte.

Eine weitere Gruppe, bei denen der äußere Tatablauf dem vorstehenden ähnelt, bilden diejenigen, die das Kraftfahrzeug nicht an seinen Wegnahmeort zurückbringen wollen. Sie lassen es entweder nach Beendigung ihrer Fahrt an irgendeinem Ort zurück oder erklären, noch beim Fahren angetroffen:

„Ich wäre damit gefahren, solange ich Lust gehabt hätte. Dann hätte ich das Auto/Moped irgendwo stehengelassen."
„Bis der Sprit alle wäre, hätte ich gefahren."
„Was ich damit wollte, weiß ich nicht. Auf keinen Fall hätte ich ihn behalten."
„Ich hätte mich nicht weiter darum gekümmert."
„Behalten wollte ich es auf keinen Fall."
„Ich wollte nur fahren."
„Es wäre mir egal gewesen, was damit geschehen wäre."
„Ich habe gehofft, daß die Polizei es findet und dem Eigentümer zurückbringt."

Die Gerichte verurteilen sie in der Regel unter Hinweis auf ihre häufigste Motivation

„da der Angeklagte das Auto/Moped seinem Schicksal überließ/überlassen wollte und es ihm somit egal war, ob der Berechtigte wieder zu seinem Eigentum kommt ..."

als Diebe. Sie werden, obwohl der äußere Tatverlauf dem der Gruppe 248 b (u) und 242 (Rpr) teilweise gleicht, in einer Sondergruppe geführt. Denn in ihrer Willensrichtung unterscheiden sie sich von den beiden vorgenannten. Erstere achten das fremde Eigentum stärker, zumindest behaupten sie es. Nach ihren Bekundungen wollen sie dafür sorgen, daß dem Kraftfahrzeug möglichst wenig passiert. Nur „so ein bißchen mal fahren" möchten sie, während es der Berechtigte „ohnehin" nicht benötigt, weil er es ja abgestellt hat. Einen Nachteil soll er nicht erleiden.

Anders ist derjenige zu beurteilen, dem es nach eigenen Angaben „egal" ist, was mit dem unbefugt gebrauchten Kraftfahrzeug geschieht und wie der Berechtigte sein Fahrzeug zurückerhält. Dieser Täter denkt in erster Linie daran zu fahren. Er erscheint somit gedankenloser, egoistischer. Es kann daher möglich sein, daß es sich bei ihm tatsächlich um einen anderen Tätertyp handelt als den ebenfalls wegen Diebstahls Verurteilten aus der Gruppe 248 b (Rpr). Ihn wird sein Merkmal „Schicksal" begleiten. Zur Vereinfachung wird diese Gruppe „242 (Sch)" genannt.

Zu Einordnungsschwierigkeiten führten diejenigen, welche während einer Spritztour gestellt, auf entsprechende Frage keine Erklärung abgaben. Dabei mag dahingestellt sein, ob sie es nicht wollten oder nicht konnten. Sie könnten entweder zu der Gruppe 242 (Rpr) oder aber auch 242 (Sch) gehören. Um nicht das Bild zu verfälschen, werden sie getrennt geführt und jeweils zum Vergleich herangezogen. Ihre Stellung zwischen den Gruppen wird gekennzeichnet, indem sie „242 (n)" benannt werden.

2. *Das Kraftfahrzeug als Vermögensobjekt*

Das Gegenstück zu den Gebrauchs„dieben" bilden die Sachwertdiebe. Nicht der Gebrauchswert des Fahrzeugs, sondern der in ihm verkörperte Sachwert veranlaßt sie zu ihrer Tat.

Einige schaffen das Kraftfahrzeug von seinem Standort an einen anderen Platz in der Absicht, es „auszuschlachten". Das Fahren ist nur Mittel zum Zweck. Die Demontage am Wegnahmeort könnte zu leicht auffallen. Das Risiko, gestellt zu werden, ist zu groß. In einer ruhigen Straße, auf einem abgelegenen Platz oder im Keller läßt sich das Werk besser durchführen. Der Torso eines Mopeds, selten eines Autos, wird zurückgelassen oder — falls es im eigenen Keller oder Hof auseinandergenommen wurde — fortgebracht. Der Rest des einst vollständigen

B. Die kriminologischen Erscheinungsformen

Fahrzeuges wird ebenfalls „dem Schicksal" überlassen, wie es diejenigen der Gruppe 242 (Sch) tun. Dieser Täterkreis hat ebenfalls kein Interesse mehr an dem Fahrzeug, allerdings nicht, weil er nicht mehr fahren mag, sondern weil es ihm von Anfang an nur auf Teile gerade dieses Fahrzeuges ankam. Nicht die Fahrfunktion reizte ihn. Er ist ein „normaler" Dieb, dessen Absicht bei der Wegnahme auf den Besitz der Sache gerichtet ist.

Ihm gleichzustellen ist auch derjenige, der ein Kraftfahrzeug als Ganzes behält und nach außen durch Veränderung der Kennzeichen oder Fahrzeugpapiere dies kundgetan hat. Gleiches muß von dem Kraftfahrzeug-Entwender gesagt werden, der zwar das Fahrzeug nicht selbst behält, es aber „umfrisiert", um es anschließend zu verkaufen.

Allen drei Tätergruppen ist gemeinsam, daß sie die Benutzung des Fahrzeuges nur als Notwendigkeit, als Mittel zum Abtransport des Kraftfahrzeuges selber ansahen. Das Fahren interessierte sie nur in dieser Funktion. Sie werden als „echte Diebe" unter der gemeinsamen Gruppe „242 (e)" zusammengefaßt.

Schwierigkeiten bereitete die Einordnung der Täter, welche schon mehrere Tage oder gar Wochen das entwendete Fahrzeug benutzten und — mit ihm gestellt — dann noch behaupteten:

„ich habe nur so lange fahren wollen, wie ich noch Lust gehabt hätte";
„demnächst hätte ich es bestimmt zurückgestellt";
„ich wollte nur ein wenig fahren, weil mein Moped gerade kaputt ist/ abhanden gekommen ist";
„behalten wollte ich es bestimmt nicht".

Die erklärte Absicht dieser Täter betrifft eindeutig die Benutzung des Fahrzeuges. Da sie an ihm auch keine Veränderungen vorgenommen haben, ist ein äußeres Indiz seiner Zueignung insofern ebenfalls nicht ersichtlich. Allerdings spricht gegen ihre Aussage, sie haben es nicht behalten, sondern „nur mal" mit ihm fahren wollen, der längere Besitzzeitraum. Im Ergebnis handeln auch sie nicht anders als diejenigen, die das Kennzeichen oder die Papiere oder beides ändern. Beide wünschen den fortdauernden Besitz. Der eine will die Entdeckung erschweren, der andere ist unbekümmert oder frech — je nach Ansicht —, indem er nichts unternimmt, um seinen unrechtmäßigen Besitz zu sichern.

Er unterscheidet sich zum Kraftfahrzeug-Benutzer der Gruppen 242 (Sch) und 242 (Rpr) einmal durch das Moment des längerwährenden Besitzes. Vom 242 (Rpr)-Täter außerdem, weil ihn der Berechtigte überhaupt nicht interessiert. In dieser Hinsicht ähnelt er zwar dem nach 242 (Sch) Beurteilten. Ist diesem jedoch anschließend das Fahrzeug „egal", so beginnt bei jenem erst das eigentliche Interesse an ihm.

Manch einer aus dieser Gruppe hatte anfangs das Kraftfahrzeug nur für eine Vergnügungsfahrt benutzt. Als er es nach zwei Tagen noch immer am Abstellort stehen sah, überkam ihn der Wunsch, sich noch einmal ans Steuer oder Lenkrad zu setzen. Anschließend war das Verlangen so stark geworden, daß er es immer bei sich haben wollte, um fahren zu können, wenn ihn danach gelüstete. Gerade die eben geschilderte Variation zeigt, wie fließend die Übergänge sind. Aus dem ursprünglich einmaligen Erlebnis entwickelte sich der Wunsch zum dauerhaften Besitz. Damit lehnt er sich stärker dem echten Diebstahlstäter an und wird somit der Gruppe 242 (e) zugeordnet.

3. Verhältnis der Erscheinungsformen zueinander

Es ergaben sich unter Berücksichtigung von Täterabsicht und äußerlich erkennbarem Tatverlauf folgende Gruppen:

a) Die wegen unbefugten Gebrauchs nach § 248 b StGB Verurteilten gliedern sich in „248 b (e)" und „248 b (u)".

b) Bei den von der Rechtsprechung als Diebe Gekennzeichneten können die Gruppen „242 (Rpr)", „242 (n)", „242 (Sch)" und „242 (e)" unterschieden werden.

Der äußere und innere Verlauf der Taten von 248 b (u) gleicht völlig dem von 242 (Rpr). Beide Gruppen ähneln ihrerseits den unter 242 (Sch) und 242 (n) Erfaßten. Allen vier Gruppen ist gemeinsam, daß sie ein Kraftfahrzeug benutzten und nicht wieder an seinen Wegnahmeort zurückstellten. Sie differieren hauptsächlich in ihrer Willensrichtung, die bei 242 (n) nicht aufklärbar gewesen ist. Die Gruppe der „echten" Diebe in 242 (e) zeigt teilweise eine Verbindung zu den Tätern in 242 (Sch), auf die an gegebener Stelle hingewiesen wird.

III. Die Erscheinungsformen im Basisjahr

Aufgegliedert in Gruppen und nach dem Alter der Täter zum Zeitpunkt der Ausgangsverurteilung soll zunächst ein Überblick der kriminologischen Erscheinungsformen gegeben werden. Eine Aufteilung nach dem Geschlecht erübrigte sich, da nur drei Mädchen an den Taten beteiligt waren[91].

a) Gruppenzugehörigkeit

Zunächst ist festzustellen, daß rund 75 Prozent das entwendete Fahrzeug nur benutzten. Auffällig ist dabei, daß die in kriminologischer Sicht

---

[91] *Fuhlendorf*, S. 49 kommt zu ähnlichem Ergebnis; *von See*, S. 11 stellte bei seinen Probanden überhaupt kein Mädchen fest.

B. Die kriminologischen Erscheinungsformen

gleichartigen Erscheinungsformen 248 b (u) und 242 (Rpr) in fast übereinstimmender Stärke auftreten. Der Anteil derjenigen, die das Kraftfahrzeug wieder dem Berechtigten unmittelbar zugänglich machten, ist auf die Gesamttäterzahl bezogen gering: nur 12,5 Prozent handelten in dieser Weise. Damit entspricht ihr Anteil etwa dem der eindeutigen Sachwertdiebe. Denn von den 183 nach 242 (e) eingeordneten Tätern erklärten 104, sie hätten „nur noch ein wenig" fahren oder das Fahrzeug „gerade" zurückbringen wollen. Äußerliche Veränderungen hatten sie an ihm nicht vorgenommen.

1. Gruppenzugehörigkeit und Alter

Alter	248 b (e)	248 b (u)	242 (Rpr)	242 (n)	242 (Sch)	242 (e)
14	—	2	—	1	3	5
14 ½	2	1	4	—	6	11
15	3	3	5	1	10	17
15 ½	8	6	2	—	24	11
16	6	7	7	1	17	21
16 ½	9	12	5	3	27	18
17	10	7	7	2	27	22
17 ½	15	8	10	3	33	19
18	10	9	6	4	26	24
18 ½	7	5	14	9	23	12
19	3	6	9	7	19	7
19 ½	10	10	7	7	19	8
20	4	4	1	3	17	2
20 ½	7	9	3	3	12	6
gesamt	94	89	80	44	263	183

Die Auswertung der Rechtsprechung ergibt genau das umgekehrte Bild, nämlich 75 Prozent Diebe zu 25 Prozent nach § 248 b StGB Verurteilte. Näher liegen die Angaben der Kriminalpolizei an dem hier gefundenen Ergebnis: Sie stellte 3—6 Prozent „echter" Diebe fest. Wenn man bedenkt, daß bei der ersten Vernehmung unmittelbar nach der Festnahme der Täter noch am stärksten unter dem Eindruck dieses Geschehens steht und daher am ehesten geneigt ist, die Wahrheit zu sagen, während er sich später erkundigt haben könnte, welche Einlassungen für eine günstige rechtliche Beurteilung am geeignetsten sind, dann erscheint die hier vorgenommene Unterteilung dem tatsächlichen Geschehen am nächsten zu kommen.

b) Alter

Die Beteiligung der Jugendlichen und Heranwachsenden an den einzelnen Entwendungsarten ist unterschiedlich:

Form	Jugendliche	%	Heranwachsende	%
248 b (e)	53	56,4	41	43,6
248 b (u)	46	51,6	43	48,4
242 (Rpr)	40	50,0	40	50,0
242 (n)	11	25,0	33	75,0
242 (Sch)	147	55,9	116	44,1
242 (e)	124	67,7	59	32,2
gesamt	421	56,0	332	44,0

An der Spitze liegt bei ersteren der „echte" Diebstahl und entspricht insoweit den bisherigen Beobachtungen[92], wonach dieses Delikt das in der Altersstufe am häufigsten begangene darstellt. Ihm folgen die echten unbefugten Benutzer und die „Aussetzer", was die Vermutung auch ihrer kriminologischen Verwandtschaft nahelegen würde. Allerdings sind die Unterschiede zu 248 b (u) und 242 (Rpr), deren Kurven etwa gleich verlaufen, geringer als der Abstand zu 242 (e). Aus dem Rahmen fällt 242 (n) mit 75 Prozent Heranwachsenden. Auf die einzelnen Jahrgänge abgestellt, läßt sich keine einheitliche Tendenz erkennen. In sämtlichen Formen ergeben sich Schwankungen.

2. *Vorherige einschlägige strafbare Handlungen*

Ähnlichkeiten im Vorleben der den einzelnen Erscheinungsformen zugeordneten Täter könnten darüber Aufschluß geben, inwieweit sich die Deliktsarten gleichen und die von der Rechtsprechung gezogenen Grenzen unter diesem Gesichtspunkt gerechtfertigt sind. Sie mögen aber auch die Frage beantworten, weshalb sich ein Täter in der bestimmten Weise verhielt. Möglich ist nämlich, daß beispielsweise der nach 248 b (e) Handelnde gar nicht so harmlos ist, wie die moralische Wertung[93] vermuten läßt. Denkbar wäre, er habe das Fahrzeug gar nicht aus Rücksichtnahme zurückgestellt, sondern sei in Kenntnis der Folgen für ihn so verfahren. Er erschiene damit gegenüber demjenigen, der angibt, das Fahrzeug „irgendwo" abstellen zu wollen und/oder es sogar getan hat, unter Umständen kaltblütiger, berechnender, und geht anscheinend mit einer ziemlichen Frechheit zu Werke. Ersterer könnte eventuell der

---

[92] Vgl. Anm. 24.
[93] z. B. bei *Wensky*, S. 413.

Raffiniertere sein, der bewußt das Entdeckungsrisiko in Kauf nimmt, um „billiger" verurteilt zu werden. Handelt er tatsächlich mit derartigen Überlegungen, dann muß er wissen, daß das Zurückstellen zu einer Verurteilung nach § 248 b StGB führt, während eine andere Ausführungsart als Diebstahl nach § 242 StGB gewertet wird. So kann die erfolgte einschlägige Vorbelastung einen Hinweis auf seine „Rechtskenntnisse" geben. Allerdings bleibt ungeklärt, ob er sie nicht auch auf andere Art, beispielsweise im Kameradenkreis, erwarb.

Hier leisten ebenfalls die kriminalpolizeilichen Unterlagen wertvolle Hilfe. Die Täter könnten nämlich ihre „Lehre" aus bereits vorliegendem „Verdacht des Kraftfahrzeug-Diebstahls oder unbefugten -Gebrauchs" gezogen haben. Eine derartige Notierung, die — sei es mangels Strafantrages, sei es wegen unzureichender Beweise — nicht zu einer Verurteilung führte, kann aber darauf hindeuten, daß der jetzt abgeurteilte Täter stärker zu kriminellen Handlungen neigt, als sie durch seine Verurteilung deutlich werden.

Gleiche Überlegungen treffen auch auf die Gruppen 248 b (u) und 242 (Rpr) zu, da sie sich von der ersteren nur dadurch unterscheiden, bei gleicher Absicht diese noch nicht verwirklicht zu haben. Es erscheint deshalb auch im Hinblick darauf ratsam, diese drei Gruppen gemeinsam zu behandeln, weil die Rechtsprechung an sie verschiedene Maßstäbe gelegt hat.

Bei der Beurteilung werden sämtliche strafbaren Handlungen erfaßt, gleichgültig, ob sie zu einer Verurteilung führten oder nicht. In den Tabellen wird jedoch eine Trennung vorgenommen werden.

a) Alter		248 b (e)		248 b (u)		242 (Rpr)	
	ges.		ges.		ges.		ges.
14	11	—	—	—	2	—	—
14 $^1/_2$	24	1V	2	1	1	1	4
15	39	2	3	1V	3	—	4
15 $^1/_2$	51	2	8	2V	6	1	2
16	59	1V	6	1V+1	7	1V+1	7
16 $^1/_2$	74	1	9	2	12	—	5
17	10	2	10	1V	7	—	7
17 $^1/_2$	22	3V+2	15	1	8	1V	10
18	79	2V	10	1	9	1V	6
18 $^1/_2$	70	1V	7	1	5	6V+1	14
19	51	—	3	2V	6	4V+2	9
19 $^1/_2$	61	5V	10	3V	10	1V	7
20	31	2V	4	3V	4	—	1
20 $^1/_2$	40	3V	7	1	9	1	3
ges.	753	18V+9	94	13V+8	89	14V+7	80

Der Vergleich zeigt, daß jeder vierte Täter der Gruppen 248 b (u) und 242 (Rpr) schon mindestens einmal einschlägig in Erscheinung getreten ist. Bei den nach 248 b (e) Beurteilten liegt der Anteil um 10 Prozent höher. Fast jeder dritte Täter ist bereits gleichartig auffällig geworden. Sechsmal konnte eine Verurteilung nach § 248 b StGB und zwölfmal wegen Diebstahls festgestellt werden. Die Zahlen bei den beiden anderen Formen lauten: 5 zu 8 — 248 b (u); 3 zu 11 — 242 (Rpr).

Bedenkt man, daß nur etwa 15 Prozent der gemeldeten Fälle aufgeklärt werden konnten[94], so ist die Wahrscheinlichkeit, daß jeder hier verurteilte Täter bereits zuvor ein gleichartiges Delikt begangen hatte, ohne gefaßt zu werden, sehr hoch[95]. Das betrifft insbesondere diejenigen, die das entwendete Fahrzeug unmittelbar an den Wegnahmeort zurückstellten. Auch unter Berücksichtigung der Vorverurteilungen scheinen sie mit größerer Überlegung zu handeln: nur ein Drittel ist nach § 248 b StGB, zwei Drittel sind aber wegen Diebstahls vorbelastet.

Die Gruppen 248 b (u) und 242 (Rpr) sind prozentual geringer als diejenigen von 248 b (e) vorbelastet. Doch kann — die Wahrscheinlichkeit von 6 zu 1 zugrundegelegt — angenommen werden, daß ihnen ebenfalls im allgemeinen die rechtlichen Konsequenzen bekannt sind. Darauf deuten auch die Aussagen einiger Täter hin, die ihre Angaben dadurch zu bekräftigen meinten, daß sie erklärten:

„ich weiß nämlich, wenn ich das nicht getan hätte, wäre ich wegen Diebstahls bestraft worden".

Der Blick auf ihre Vorverurteilungen bestätigte die offenbar einzige Lehre, die sie aus ihnen gezogen hatten.

Weshalb schließlich die Verurteilungen trotz derselben Zahl von Vorbelastungen und gleichgelagertem Tatverlauf rechtlich so verschieden ausfielen, vermag einzig der so urteilende Richter zu begründen. Eigenartigerweise sind bei den wegen unbefugten Gebrauchs Verurteilten zwei Drittel der Vorverurteilungen ein Vergehen nach § 248 b StGB, während die als Diebe Behandelten zu drei Vierteln auch einschlägige Diebstahlsverurteilungen aufzuweisen hatten. Die Vermutung, daß dies ihre erneute 242er-Verurteilung bedingte, ist nicht ganz von der Hand zu weisen[96]. Sie wird bestärkt, wenn man sich die Urteilsbegründungen ansieht, die unter Bezugnahme auf diese „Verwahrlosung" die „schärfere" Maßnahme für gerechtfertigt erachten.

Ergebnis: 248 b (u) und 242 (Rpr) gleichen sich in ihrem Täterpotential mehr, als daß Trennendes feststellbar wäre. Zu 248 b (e) ist ein leichter Unterschied insoweit zu verzeichnen, als diese Gruppe um etwa 10 Prozent stärker einschlägig vorbelastet ist.

---

[94] LKA 1960, S. 29.
[95] Ebenso: *Händel*, S. 600; *Schlöter*, S. 20 m. w. Nachw.
[96] Siehe *Schaudwet* in: JR 1965, S. 415 unter IV., der bei Wiederholungstätern eine Verurteilung nach § 242 StGB für zweckmäßig hält.

B. Die kriminologischen Erscheinungsformen

b) 242 (n), 242 (Sch), 242 (e)

Wenden wir uns den sogenannten „echten" Dieben zu. Da ein erheblicher Teil von ihnen ebenfalls als Motiv die Fahrlust angab[97], könnte ein Vergleich zur Gruppe 242 (Sch) interessant sein. Zwar will auch dieser Täter „nur" fahren. Dadurch, daß er aber das Fahrzeug an beliebiger Stelle aussetzt, entzieht er es dem Berechtigten ebenfalls auf mehr oder minder lange Zeit. So gesehen ähneln sie sich, zumal es beiden in erster Linie um die Benutzung des Fahrzeuges zu gehen scheint. Der Berechtigte kümmert sie nicht. Wenigstens läßt sich Gegenteiliges aus ihren Absichtserklärungen nicht entnehmen. Die gleichzeitige Untersuchung der Gruppe 242 (n) ergibt sich aus ihrer Zwischenstellung[98].

Zunächst fällt auf, daß sich die Vorbelastungsquoten der Gruppen 242 (n) und 242 (Sch) gleichen. Beide weisen ein knappes Drittel auf. Anders die echten Diebe. Nur jeder fünfte trat bei ihnen einschlägig vorher in Erscheinung.

Alter	242 (n)			242 (Sch)		242 (e)	
	ges.		ges.		ges.		ges.
14	11	—	1	1	3	—	5
14 1/2	24	—	—	1V	6	1V+3	11
15	39	—	1	5V	10	1V+2	17
15 1/2	51	—	—	1V+6	24	1V+2	11
16	59	—	1	2V+3	17	1V+3	21
16 1/2	74	—	3	4V+2	27	1	18
17	75	—	2	6V	27	4V+1	22
17 1/2	88	—	3	9V+4	33	3V+3	19
18	79	1V+1	4	2V+1	26	1V+3	24
18 1/2	70	1V+2	9	7V+2	23	1V+2	12
19	51	2V+1	7	2V+3	19	—	7
19 1/2	61	3V+1	7	4V+1	19	1V+1	8
20	31	—	3	6V+3	17	1V	2
20 1/2	40	1V	3	5V+2	12	2V+1	6
ges.	753	8V+5	44	53V+27	263	16V+22	183

Bemerkenswert ist die große Anzahl der Vorverurteilungen oder eingeleiteten Ermittlungsverfahren wegen unbefugten Gebrauchs. Die entsprechenden Zahlen des Diebstahls in Klammern gesetzt, zeigt sich folgendes Bild:

    242 (n):   2V (6V) — 2 (3)
    242 (Sch): 15V (38V) — 5 (22)
    242 (e):   3V (13V) — 5 (17)

---

[97] Siehe B III 1 a.
[98] Siehe B II 1, letzter Absatz.

Danach ist nahezu die Hälfte aller einer gleichartigen Tatbegehung Vorverurteilten der Gruppe 242 (Sch) erstmals wegen unbefugten Gebrauchs abgeurteilt worden, später dann aber wegen Diebstahls. Wie schon bei der Untersuchung der Formen 248 b (e) und 248 b (u) sowie 242 (Rpr) deutlich wurde[99], scheinen auch hier die jeweiligen Vorverurteilungen die Gerichte bei ihrer Bewertung der späteren Taten beeinflußt zu haben. Außerdem läßt die Art der Vorverurteilung auch den Schluß zu, daß ihre Erstverurteilung entweder zu milde war und sie daher zu größerer Rücksichtslosigkeit anspornte oder aber, daß jeder zweite spätere „Dieb" mit der unbefugten Benutzung eines Kraftfahrzeuges beginnt. Letzteres würde die Vermutung weiter erhärten, daß die wegen eines echten unbefugten Gebrauchs Verurteilten keineswegs harmlos, sondern stark rückfallgefährdet sind. Näheren Aufschluß könnte ihre Rückfallstatistik geben.

Bei den nach 242 (n) Eingeordneten beträgt das Verhältnis § 248 b StGB 1 zu 3. Noch geringer ist es beim echten Diebstahl mit weniger als 1 zu 4. Das könnte sich daraus erklären, daß die 242 (e)-Gruppe ohnehin stärker zum dauerhaften Besitz und nicht nur zur nächtlichen Spazierfahrt neigt. Auch dafür dürfte die einschlägige Rückfallstatistik ein Hinweis sein.

c) Verhältnis der Erscheinungsformen zueinander

Übereinstimmungen ergeben sich zwischen den Tätern eines echten unbefugten Gebrauchs — 248 b (e) — und den nach 242 (n) sowie 242 (Sch) Abgeurteilten: etwa jeder dritte Täter war einschlägig aufgefallen. Verbindungen zwischen den Gruppen 248 b (u), 242 (Rpr) und 242 (e) mit jeweils etwa einem Viertel einschlägig Vorbelasteter beantworten aber noch nicht die Frage, ob sich die beiden ersteren kriminologisch als Diebe ausweisen und nur dadurch von letzteren unterscheiden, daß sie sich raffinierter auszureden verstanden. Die Antwort müssen die nachfolgenden Untersuchungen geben.

Läßt man die Ermittlungsverfahren außer Betracht und stellt allein auf die rechtskräftigen Verurteilungen ab, so zeigen sich wiederum Übereinstimmungen zwischen den Gruppen 248 b (e) und 242 (Sch): die Quoten sind nahezu gleich hoch. Die entsprechenden Zahlen lauten: 20,1 Prozent (242 Sch) zu 19,1 Prozent bei 248 b (e). Das deutet ebenfalls darauf hin, daß die Täter, welche wegen eines echten unbefugten Gebrauchs verurteilt wurden, kriminologisch denen gleichen, die das Fahrzeug nach Gebrauch an beliebiger Stelle aussetzen. Ob jedoch die „Diebe" tatsächlich falsch beurteilt wurden oder die anderen eigent-

---

[99] Siehe B III 2, Ergebnis.

B. Die kriminologischen Erscheinungsformen

liche Eigentumstäter sind, kann an dieser Stelle noch nicht entschieden werden. Möglicherweise haben einige der Gruppe 242 (Sch) eine Lehre aus ihrer Vorverurteilung gezogen, indem sie beim zweiten Unternehmen sich nicht mehr dem Risiko der Entdeckung aussetzen wollten oder feststellten, daß die Strafhöhe nach der einen oder anderen Vorschrift kaum verschieden ausfällt, die Chance einer Verurteilung durch Nichtrückgabe des Fahrzeuges zu entgehen, auf diese Weise jedoch wesentlich vergrößert wird.

Die Verurteilungsraten der anderen Tätergruppen schwanken untereinander. Die höchste Belastung findet sich bei denen, die überhaupt nichts äußerten (242 n). Zu 18,2 Prozent waren sie schon einmal verurteilt. Damit kommen sie den nach 248 b (e) Eingestuften recht nahe. Berücksichtigt man allerdings, daß unter ihnen 75 Prozent Heranwachsende sind, so ist die Möglichkeit, sich bereits strafbar gemacht zu haben, größer als in einem früheren Lebensabschnitt. Zum anderen kann in Verbindung mit ihrem Schweigen vermutet werden, daß sie eventuell von der Erfahrung ausgingen, für eine strafrechtliche Beurteilung ihrer Taten sei es ohnehin „nutzlos", irgendeine Erklärung abzugeben[100].

Gefolgt werden sie von der Gruppe 242 (Rpr) mit 17,5 Prozent. Die diesen äußerlich gleichgelagerten unechten Gebrauchstäter weisen 14,5 Prozent Vorverurteilungen aus. Hieraus Schlüsse auf unterschiedliche kriminelle Energien ziehen zu wollen, erscheint bedenklich, wenn man sich vergegenwärtigt, daß eventuell nur die ehrenrührigere Vorverurteilung den Richter trotz gleichem Sachverhalt zu einer Verurteilung nach § 242 StGB veranlaßt haben könnte.

Mit 8,7 Prozent einschlägiger Vorverurteilungen liegen die „echten" Diebe in weitem Abstand zu den übrigen Gruppen. Ihre Sonderstellung scheint sich trotz des oben[101] Gesagten abzuzeichnen.

3. Erneute einschlägige Straffälligkeit

Die spätere kriminelle Laufbahn der Täter könnte weiteren Aufschluß über ihre Eigenarten und damit ihre Zuordnung vermitteln. Denn einerseits hat sich herausgestellt, daß die wegen eines Diebstahls verurteilten Fahrzeugbenutzer häufig wegen unbefugten Gebrauchs vorbelastet sind. Zum andern weisen gerade die als „Diebe" bewerteten die wenigsten einschlägigen Taten auf. Und schließlich sind die als „harmloser" angesehenen echten Gebrauchstäter am intensivsten tätig geworden. Da bekanntlich die stete Begehung einer einzigen Deliktsart, ver-

---
[100] Vgl. Ausführungen zu 248 b (u) und 242 (Rpr) unter B II 1.
[101] Vgl. Ausf. B III 2 c.

1. Teil: Das äußere Tat- und Täterbild

stärkt durch eine jeweils gleichartige Ausführungsweise, als „Spezialistentum", in jungen Jahren entwickelt, mit großer Wahrscheinlichkeit zum Berufsverbrechertum führt[102], läge es nahe, daß die Fahrzeugbenutzer den Kern der Dauerkriminellen stellen.

Die nachfolgende Untersuchung erfaßt sämtliche einschlägigen Auffälligkeiten nach der ersten Verurteilung wegen einer Kraftfahrzeug-Entwendung, um Zufälligkeiten in der Bewertung auszuschließen, die dadurch entstehen könnten, daß bei den jeweiligen Gruppen der prozentuale Altersaufbau unterschiedlich ist[103]. Auf den Gesamtbeobachtungszeitraum bezogen gleicht sich das dann wieder aus.

Alter	248 b (e)	248 b (u)	242 (Rpr)	242 (n)	242 (Sch)	242 (e)
14	—	1	—	—	2	3
14 1/2	1	—	2	—	4	8
15	1	1	2	1	8	7
15 1/2	1	3	4	—	10	5
16	1	2	2	—	9	6
16 1/2	4	5	3	2	9	5
17	3	3	4	—	13	11
17 1/2	5	3	4	1	9	3
18	6	3	1	—	8	5
18 1/2	1	4	6	2	11	4
19	—	2	3	2	7	3
19 1/2	4	5	1	—	7	—
20	1	2	—	1	6	—
20 1/2	1	—	2	1	3	2
gesamt:	29	34	34	10	107	62

a) Erkenntnisse insgesamt

Gering ist die Höhe der Kraftfahrzeug-Entwendungen sowohl bei den echten Gebrauchstätern mit 30,8 Prozent als auch bei den „echten" Dieben mit 34,4 Prozent. Darunter liegen nur noch die schweigsamen Benutzer, welche 22,7 Prozent erneute einschlägige Taten aufweisen. Während sich hiermit bestätigt, daß die Täter der Gruppe 242 (e) am seltensten einschlägig handeln — denn bei den Vortaten wiesen sie ebenfalls die geringste Quote auf — zeigen die Gruppen 242 (n) und 248 b (e) keine derartige Parallele. Beide standen an erster Stelle bei den Vorbelasteten.

Erstaunlich hohe Rückfallzahlen enthält die Gruppe 248 b (u). Mit 38,2 Prozent steht sie den „Aussetzungs"-Dieben, die zu 40,3 Prozent

---

[102] *Frey*, Maßnahmerecht, S. 1; *Mezger*, S. 163; *Silbereisen*, S. 25; *Fuhlendorf*, S. 59; *Osterkorn*, S. 46; *Wend*, S. 9; *Eschenbach*, S. 41.

[103] Beispielsweise sind in der Gruppe 242 (n) überwiegend Heranwachsende. Damit ist bei ihnen naturgemäß eher die Möglichkeit vorhanden, bereits straffälliger geworden zu sein als jüngere Jahrgänge.

B. Die kriminologischen Erscheinungsformen

erneut in Erscheinung traten, fast gleich. Noch um 2 Prozent darüber (42,5 Prozent) liegt 242 (Rpr). Nahezu jeder zweite weist hier eine neue gleichartige Tat auf. Die intensive Handlungsweise der Fahrzeugbenutzer bestätigt sich. Dabei ähneln die nach 248 b (u) Eingeordneten eher denen der Gruppe 242 (Sch) als den 30 Prozent echten Gebrauchstätern. Dazu kommt, daß sie regelmäßig nicht nur einmal, sondern gleich mehrfach nachträglich auffielen. Das kurze Rückfallintervall und ihre Intensität zu gleichartigem Tun ist unverkennbar, so daß ihre Zukunftsprognose schlecht erscheint[104].

b) Verurteilungen

Ein wenig verschiebt sich das Bild, wenn man nur auf die Verurteilungen abstellt, wie es im übrigen in sämtlichen vergleichbaren Arbeiten geschieht.

Alter	248 b (e)	248 b (u)	242 (Rpr)	242 (n)	242 (Sch)	242 (e)
14	—	—	—	—	1	3
14 1/2	1	—	2	—	4	7
15	1	1	2	1	8	6
15 1/2	1	2	4	—	9	5
16	1	2	2	—	8	6
16 1/2	4	5	3	1	7	3
17	3	1	3	—	13	7
17 1/2	4	3	3	1	8	2
18	5	3	1	—	6	2
18 1/2	1	3	6	2	10	4
19	—	1	2	—	7	1
19 1/2	3	4	1	—	6	—
20	1	2	—	1	6	—
20 1/2	—	—	1	—	3	2
gesamt:	25	27	30	6	96	48

Die Gruppe 242 (n) bleibt mit 13,6 Prozent Spezialisten in der Minderheit. Echte Gebrauchstäter und „echte" Diebe nähern sich fast völlig an: beide wurden zu 26 Prozent wegen gleicher Taten nachverurteilt[105]. Ebenso bieten die „Aussetzer" und die nach 242 (Rpr) Verurteilten ein nahezu einheitliches Bild. Bei den ersteren (welche keine „Ausreden" gebrauchten) standen nochmals 36,5 Prozent vor dem Richter; die anderen, denen das Gericht nicht glaubte, sie hätten das Fahrzeug zurückbringen wollen, entwendeten 37,5 Prozent noch mindestens ein weiteres Mal ein Kraftfahrzeug.

---

[104] Vgl. *Exner*, S. 267; *Mezger*, S. 222; *Sydow*, S. 94; *Wend*, S. 9; *Eschenbach*, S. 41.

[105] 26,5 Prozent zu 26,4 Prozent.

1. Teil: Das äußere Tat- und Täterbild

Eine geringfügige Sonderstellung nehmen die unechten Benutzer bei 30,3 Prozent erneuter einschlägiger Verurteilungen ein. Sie stehen mit dieser Häufigkeit von Verurteilungen zwischen 248 b (e) und 242 (e) einerseits sowie 242 (Rpr) und 242 (Sch) andererseits. Daraus ließe sich folgern, daß ein Teil der unechten Benutzer das Fahrzeug tatsächlich zurückstellen wollte und ein wohl gleich starker Teil diese Angaben nur als Schutzbehauptung machte. Denkbar wäre, daß es diejenigen sind, die bereits Vorerkenntnisse aufweisen. Sie könnten aus ihnen die „Lehre" gezogen haben, daß Ehrlichkeit unter Umständen doch nicht geglaubt wird, dagegen eine gute Ausrede zu einer milderen Beurteilung führen kann. Immerhin fällt auf, daß 14,5 Prozent — also rund die Hälfte von ihnen — vorverurteilt sind. Von diesen erfolgten zwei Drittel der Verurteilungen nach § 248 b StGB. Es liegt daher nahe, daß sie bei ihrer erneuten Festnahme die schon einmal „erfolgreichen" Angaben machten.

4. Verhältnis von einschlägiger Vor- und Nachtat

Eine Einzelfalluntersuchung kann Auskunft darüber geben, ob diese Vermutungen zutreffen. Es müßte festgestellt werden, ob die einschlägigen Nachverurteilten mit den einschlägig Vorbelasteten identisch sind.

Soweit es die Verurteilungen in 248 b (u) angeht, kann das eindeutig verneint werden. Nur drei von 89 Tätern sind vor und nach 1960 gerichtlich bestraft worden. Allerdings erhöht sich ihre Zahl, wenn man auch diejenigen berücksichtigt, welche ausschließlich oder teilweise mit der Polizei in Berührung kamen:

weitere vier sind nachverurteilt mit Vorerkenntnis; vier waren vorbelastet und traten erneut in Erscheinung; gegen vier liefen ebenfalls vor und nach 1960 Ermittlungen.

Somit liegen immerhin gegen 17 Prozent der Täter vor und nach ihrer Basisverurteilung einschlägige Erkenntnisse vor. Davon sind 7,8 Prozent (7 Täter) mit einer Vorverurteilung rückfällig geworden. Das ist ein Viertel der später 27 Rückfälligen.

Interessant dürfte in diesem Zusammenhang noch sein, daß die Kraftfahrzeug-Entwendung bei vielen keine einmalige Episode darstellt. Sie „kommen alle immer wieder" — eine Erfahrung der Kriminalpolizei wird bestätigt: 42 Täter sind im gesamten Beobachtungszeitraum[106] mindestens zweimal in Erscheinung getreten. Das sind rund 50 Prozent. In nur zehn Fällen haben die Ermittlungsverfahren zu keiner Verurteilung geführt. 32 sind somit ein weiteres Mal einschlägig verurteilt worden, was bedeutet, daß jeder dritte Täter, der von den

---

[106] in 30 Jahren.

B. Die kriminologischen Erscheinungsformen

Gerichten als „harmlos" eingestuften, mindestens zwei einschlägige Strafen aufzuweisen hat. 13 Täter sind mehr als zweimal verurteilt: davon sieben dreimal; fünf sogar viermal; einer hat sich zum fünfmaligen Spezialisten entwickelt.

Die Linie der rechtlichen Bewertung schwankt in Wellenbewegungen zwischen § 248 b StGB und § 242 StGB. Das spricht nur dafür, daß es „im Grunde" keinen Unterschied bei der unbefugten Benutzung eines Kraftfahrzeuges und einem Kraftfahrzeug-Diebstahl gibt. Denn es mutet doch recht merkwürdig an, daß der Täter einmal „harmlos", bei der nächsten Tat „kriminell" und bei der darauf folgenden wieder „harmlos" sein soll.

Wahrscheinlicher ist, daß ein Richter ihm glaubte, das andere Mal ein anderer oder der gleiche nicht und so weiter. Eindeutig klären lassen sich die Gründe für diese Erscheinung nicht. Denn die Urteile sind oft recht dürftig gehalten und spiegeln letztlich das Bemühen des Richters wider, seinen Eindruck (oder auch sein Vorurteil) mit den herrschenden Rechtsprechungsgrundsätzen in Einklang zu bringen.

Nachfolgend wird versucht festzustellen, worin das Trennende und Übereinstimmende zwischen den „echten" Dieben und den echten Gebrauchstätern besteht, um weitere Zuordnungshinweise zu erhalten. Beide Gruppen wiesen die gleiche Rückfallquote im Spezialistentum auf. Allerdings hatten die echten Gebrauchstäter eine häufigere Vorbelastung. Auch hier stellt sich wieder die Frage, ob es sich dabei um dieselben oder verschiedene Täter handelt.

Nach den gerichtlichen Verurteilungen kann dies auch bei 248 b (e) eindeutig verneint werden:

Zwei von 94 Tätern wurden sowohl vor als auch nach ihrer Ausgangsverurteilung gerichtlich bestraft; ebenso gering ist die Zahl derer, die Vorverurteilungen und nachträgliche Auffälligkeiten oder umgekehrt zu verzeichnen haben.

Insgesamt belaufen sie sich auf 8,5 Prozent. Von den 42 mehrfach Auffälligen — rund 45 Prozent — sind nur sieben nicht einschlägig verurteilt. Fast 40 Prozent haben also im Laufe ihres Lebens mindestens zweimal wegen einschlägiger Taten vor Gericht gestanden. Die Rückfallintensität beträgt: sechzehn mehr als zweimal; vier mehr als dreimal, einer ist sechsmal verurteilt worden. Zählt man die mehrfach Auffälligen noch hinzu, so wird ihre viermalige Feststellung zur Regel. Der Wechsel zwischen einer Verurteilung nach § 248 b StGB und § 242 StGB tritt hier ebenfalls auf.

Mit 48 Prozent sind die „echten" Diebe um 4 Prozent häufiger als die echten Gebrauchstäter in Erscheinung getreten. Die Zahl der mehr als zweimal Verurteilten liegt bei 15,2 Prozent geringfügig unter denen der Gruppe 248 b (e). Das bedeutet, daß die „echten" Diebe zwar häufiger als die echten Gebrauchstäter auffällig werden, aber weniger Spezialisten ausbilden. Bemerkenswerterweise stellen davon diejenigen, die angaben, „nur ein wenig zu fahren" sei ihre Absicht gewesen, allein 10,9 Prozent, so daß auf alle übrigen nur 4 Prozent entfallen. Mit 43,2 Prozent mehrfach Auffälligen deckt sich diese Untergruppe mit den entsprechenden Zahlen der echten Gebrauchstäter.

Zu erwähnen wäre noch, daß die Verurteilungsrate von 242 (e) gegenüber der Gruppe 248 b (e) mit 37,2 Prozent an Wiederholern nur 31 Prozent beträgt, obwohl sie häufiger als jene in Erscheinung traten. Dies ist insofern bedeutsam, als beide Gruppen im Besitz des Fahrzeuges (beziehungsweise bei seinem Zurückstellen) angetroffen wurden. Da nach § 248 b StGB nur auf Antrag verurteilt werden kann, ein solcher dagegen bei § 242 StGB nicht erforderlich ist, scheint die oft aufgestellte Behauptung des mangelnden Strafantrages[107] nicht zuzutreffen. Das bestätigt im übrigen auch die Auskunft der Kriminalpolizei, die „sicherheitshalber" den Geschädigten zur Stellung eines entsprechenden Antrages auffordert.

Nachdem sich weitere Trennungslinien zwischen den „echten" Dieben und den echten Gebrauchstätern abgezeichnet haben, sollen die übrigen Fahrzeug-Benutzer daraufhin untersucht werden, ob sich bei ihnen Merkmale für die eine oder andere Richtung nachweisen lassen.

Genau 50 Prozent der Gruppe 242 (Rpr) sind einschlägig auffällig geworden:

37,5 Prozent von ihnen wurden mindestens zweimal verurteilt; 20 Prozent sämtlicher Täter sogar mehr als dreimal; davon haben drei vier, einer fünf und ein weiterer schließlich sechs einschlägige Veurteilungen zu verzeichnen.

Rechnet man noch die Taten ohne Verurteilung hinzu, so sind auch in dieser Gruppe die meisten Täter drei und mehrmals wegen eines Kraftfahrzeug-Deliktes notiert worden. Diese Gruppe weist den höchsten Anteil an einschlägig Verurteilten und intensiv handelnden Spezialisten auf: gegenüber den „echten" Dieben heben sie sich mit 6 Prozent mehrfacher einschlägiger Rückfallverurteilungen ab. Zu den echten Gebrauchstätern besteht dagegen nur ein Unterschied von 1,5 Prozent. Auch bei den mehr als dreifachen Verurteilungen liegen sie näher bei letzteren als den 242 (e)-Tätern.

53,6 Prozent der „Aussetzer" traten noch mindestens ein zweites Mal in Erscheinung. In 91 Fällen kam es zur weiteren Verurteilung, was mit 3 Prozent häufiger als bei den „echten" Dieben und 1.4 Prozent geringer als den echten Gebrauchstätern erfolgte. Auch bei ihnen sind die

---

[107] daß man anders die Kraftfahrzeug-Diebe und unbefugten Benutzer eines Kraftfahrzeuges nicht belangen könne; vgl. *Seibert*, S. 1222; *Wersdörfer*, S. 1031; *Schmidt*, Manfred, S. 156 f. mit weiteren Nachweisen.

B. Die kriminologischen Erscheinungsformen

Spezialisten zu fast 20 Prozent (19,4) drei und mehrmals verurteilt worden. Die Zahl der intensiv Handelnden stimmt bedenklich:

elf haben vier; neun sogar fünf; drei schließlich sechs und einer sieben Verurteilungen gleicher Art.

Bei ihnen scheint das Spezialistentum am stärksten ausgebildet zu sein. Ein Blick auf die kriminalpolizeilichen Unterlagen bestätigt die Tendenz: nahezu sämtliche Wiederholungstäter sind drei- und mehrfach in Erscheinung getreten.

Mit der Wiederholungsquote von 45 Prozent liegt die Gruppe 242 (n) auf fast gleicher Höhe wie die echten Gebrauchstäter. Ebenfalls ähnlich sind die Zahlen für den mehr als zweifachen Rückfall: hier 18,2 Prozent zu 17 Prozent bei 248 b (e).

Die mehrfachen Verurteilungen insgesamt betragen 29,6 Prozent und gleichen damit eher denen der Gruppe 242 (e) mit 31,7 Prozent als denjenigen der echten Gebrauchstäter (36 Prozent), obwohl sie geringfügig öfter gestellt wurden als diese. Das deutet erneut darauf hin, daß es bei den Taten nicht am Strafantrag gemangelt haben kann. Dann ist aber die Hilfsbegründung der Rechtsprechung zur Stützung ihrer Verurteilung aus § 242 StGB[108] nicht gerechtfertigt.

Zusammenfassung:

1. 48 Prozent aller Täter sind mehr als zweimal einschlägig in Erscheinung getreten. Berücksichtigt man die geringe Aufklärungsquote von nur 15 Prozent bei diesem Delikt, so stellt die Kraftfahrzeug-Entwendung wahrscheinlich bei keinem einzigen ein einmaliges Ereignis dar.
2. Am intensivsten wurden die „Aussetzer" (242 Sch) tätig. Die wenigsten einschlägigen Erkenntnisse weisen die echten Gebrauchstäter (248 b e) auf.
3. Deutlich unterscheiden sich die „echten" Diebe von sämtlichen Benutzern. Ihre Rückfallintensität ist sowohl nach der Häufigkeit als auch den Intervallen gering. Oft liegen Jahre zwischen den einzelnen Taten, während bei den Kraftfahrzeug-Benutzern manchmal gleich im selben Jahr mehrere Verurteilungen oder Ermittlungsverfahren festzustellen sind.
4. Dies wird bestätigt durch die Verurteilungsquote: 31,7 Prozent (242 e) zu 37,2 Prozent (248 b e) und 34,9 Prozent (248 b u; 242 Rpr; 242 Sch; 242 n).
5. Unterschiede zwischen den äußerlich gleichartigen Erscheinungsformen der Gruppen 248 b(u) und 242 (Rpr) ergeben sich einmal bei der Gesamtwiederholungsrate: 242 (Rpr) ist mit rund drei Prozent mehr belastet; zum anderen bei den intensiv Handelnden: 14,6 Prozent (248 b u), 20 Prozent bei 242 (Rpr).
6. Innerhalb der Gruppe 242 (e) stellen das Hauptkontingent der Spezialisten diejenigen, die „nur" fahren wollten. Echte Sachwertdiebe sind in dieser Kategorie nur vier Prozent.

---

[108] Siehe Anmerkung 107.

1. Teil: Das äußere Tat- und Täterbild

7. Dies zeigt — genauso wie die abwechselnd erfolgten Verurteilungen bei den Wiederholungstätern einmal aus § 248 b StGB, das andere Mal nach § 242 StGB — wie flüssig die Übergänge zwischen den einzelnen Erscheinungsformen der reinen Kraftfahrzeug-Benutzung sind und mehr der Zufall als sachliche Merkmale zu der einen oder anderen Verurteilung führen.

5. Das Tatobjekt

Eine weitere Abgrenzung zwischen Fahrzeugbenutzern und echten Dieben könnte sich aus der Wahl ihrer Fahrobjekte ergeben. Bereits die Eigenart des Fahrzeugs zwingt zu einem unterschiedlichen Verhalten. Ein Moped oder Krad läßt sich leicht im eigenen Keller unterstellen. Dagegen muß der Täter das Auto irgendwo auf öffentlichem Straßenland stehen lassen. Will er das Fahrzeug auf Dauer benutzen, so kann er nur hoffen, daß es an dem von ihm abgestellten Ort nicht (so schnell) entdeckt wird. Er kann das noch zusätzlich dadurch erschweren, daß er die Kennzeichen verändert. Doch bereits ein Umspritzen fiele auf. Besonders bei einem Jugendlichen erweckte das in Anbetracht seiner relativ geringen finanziellen Mittel bei Nachbarn den Verdacht, daß er nicht auf reelle Weise in den Besitz des Fahrzeuges gelangt sei. Vielfach sind es sogar die Eltern, die einem legalen Erwerb mißtrauen, während bei einem Moped die Erklärung noch eher glaubhaft ist. Schließlich dürfte es einem großen Teil der Jungen noch am Führerschein mangeln, so daß die Autofahrt geheim erfolgen müßte.

Es liegt daher nahe, daß diejenigen Täter, die es auf den fortdauernden Eigenbesitz am Fahrzeug abgesehen haben, ein Moped (Kleinkraftrad) wählen werden, während für die „Fahrer einer Nacht" die oben angedeuteten Probleme nicht entstehen. Sie sind somit in ihrer Wahl frei. Im folgenden soll ermittelt werden, ob sich diese Überlegungen bestätigen.

302 Autos und 451 Kleinkrafträder wurden entwendet[109]. Dabei entfielen auf die jeweiligen Erscheinungsformen:

Form	Auto	%	Moped	%
248 b (e)	51	54,2	43	45,8
248 b(u)	45	50,5	44	49,5
242 (Rpr)	38	47,5	42	52,5
242 (n)	30	63,6	14	36,4
242 (Sch)	114	43,0	149	57,0
242 (e)	24	13,1	149	86,9
gesamt	302	40,0	451	60,0

---

[109] *Munkwitz - Neulandt,* S. 556 stellten bei den von ihnen untersuchten

B. Die kriminologischen Erscheinungsformen

Klar zeigt sich ein Unterschied in der Objektwahl: nur 13 Prozent der unter 242 (e) Eingeordneten entwendeten ein Auto. Alle gaben bei ihrer Festnahme an, sie hätten nur fahren wollen. Äußerlich hatten sie an den Fahrzeugen auch keine Veränderungen vorgenommen, sondern sie meistens nach der Wegnahme in der Nähe ihres Wohnortes stehengelassen und als sie diese dort später noch vorfanden, weiterhin bis zu ihrer Festnahme benutzt.

Demgegenüber haben bei den echten Gebrauchstätern über die Hälfte einen PkW gewählt. Der hohe Anteil von zwei Dritteln Kraftfahrzeug-Benutzern bei der Gruppe 242 (n) könnte sich teilweise daraus erklären lassen, daß sich die Gruppe überwiegend aus Heranwachsenden zusammensetzt. Denn in dieser Altersstufe ist der Wunsch und die Fähigkeit ein Auto zu lenken wahrscheinlicher als bei jüngeren Jahrgängen.

Von den äußerlich gleichgelagerten Gruppen 248 b (u) und 242 (Rpr) haben bei den wegen Diebstahls Verurteilten drei Prozent weniger ein Auto entwendet. Es ist denkbar, daß diesen Tätern deshalb weniger geglaubt wurde, weil sich ein Moped eher für den dauerhaften Gebrauch eignet als ein PkW. Dies wird auch dadurch erhärtet, daß nur knapp acht Prozent der Täter, die ein Auto entwendeten, zu den „echten" Dieben gezählt werden mußten, wobei in allen diesen Fällen kein einziger das Fahrzeug verändert hatte.

Das Auto wird somit fast ausschließlich von denen entwendet, die ein Fahrzeug nur kurzfristig fahren wollen. Dies zeigt sich auch daran, daß der prozentuale Anteil derjenigen, die ein Auto entwenden, von den echten Gebrauchstätern bis zu den „echten" Dieben sinkt: liegt er bei denen, die das Fahrzeug zurückbringen, noch über der Hälfte, so finden sich bei den „Aussetzern" nur noch 43 Prozent. Doch ist der Abstand zu den „echten" Dieben mit nur 13 Prozent so erheblich, daß ihre Behauptung, es komme ihnen in erster Linie nur auf das Fahren an, gar nicht so abwegig erscheint. Sie nehmen vorwiegend das Fahrzeug, dessen Sicherungen an einfachsten zu beseitigen sind, wie sich in der höheren Quote der Kleinkrafträder zeigt. Denkbar ist, daß sie weniger planvoll vorgehen und es mehr dem Zufall überlassen, welches Fahrzeug ihren Zwecken dienen soll, so wie sie es nach Beendigung der Fahrt ebenfalls dem „Schicksal" anheim stellen, wann und wie der Berechtigte wieder in seinen Besitz gelangt.

Zusammenfassend kann festgestellt werden: die Wegnahme eines Autos erfolgt nur zum kurzfristigen Gebrauch. Das Kleinkraftrad dient sowohl zum unbefugten Gebrauch als auch dem „echten" Diebstahl. Letzterer ist daran zu gut einem Drittel beteiligt.

Kraftfahrzeug-Dieben und unbefugten Benutzern eines Kraftfahrzeuges mehr Auto- als Moped-Entwender fest.

6. Beteiligungsformen

Das Handeln in Gemeinschaft kennzeichnet die Phase des Jugendalters[110]. In diesem Entwicklungsstadium werden die meisten Delikte in der Gruppe begangen. Dabei schwanken die Angaben in den einzelnen Untersuchungen zwischen 24 und 60 Prozent[111]. Da ältere Arbeiten sich so gut wie gar nicht mit diesem Problem befassen[112], scheint es sich hier um ein Phänomen der Gegenwart zu handeln, so daß mit der Veränderung der Straftaten sich auch ihre Ausführungsart geändert hat.

Man könnte daran denken, die gruppenweise Fahrzeugentwendung als episodenhaftes Geschehen zu werten und umgekehrt den „Einzelfahrer" als stark gefährdet zu betrachten. Diese Überlegungen müßten dazu führen, daß die nach § 248 b StGB Verurteilten häufiger als die „Diebe" zu mehreren handeln, was ja auch die Rechtsprechung dadurch zum Ausdruck bringen will, daß der „Gebrauchstäter" sich nur im „jugendlichen Leichtsinn" an dem Fahrzeug vergriffen habe, dagegen der als Dieb Verurteilte sich in nichts vom „ausgewachsenen" Eigentumstäter unterscheide. Die Aufteilung bietet folgende Übersicht:

a) Alleintäter

Form	Alleintäter	%	Gesamt
248 b (e)	44	46,8	94
248 b (u)	42	47,5	89
242 (Rpr)	13	16,2	80
242 (n)	19	43,2	44
242 (Sch)	60	22,4	263
242 (e)	29	15,8	183
gesamt	207	27,4	753

Ein gutes Viertel sämtlicher Täter entwendete das Fahrzeug — soweit feststellbar[113] — ohne Unterstützung einer anderen Person. Dabei stellten den größten Anteil die nach § 248 b StGB Verurteilten; den weitaus

---

[110] *Bader*, Soziologie, S. 182; *Illchmann - Christ*, ZStW 65, S. 226—266, S. 236; *Middendorff*, Jugendliche Banden, S. 162; dgl. Jugendkriminologie, S. 43; *Schlöter*, S. 60; *Mays* in: Heintz - König, S. 93; *Beermann* in: Arbeitslosigkeit, S. 242.

[111] *Graichen*, S. 17: 22 Prozent; *Stüttgen*, S. 40: 31,4 Prozent; *Schlöter*, S. 60: 48,2 Prozent; *Brunotte*, S. 133: über 50 Prozent; *Beermann*, S. 242: 60 Prozent; *Meyer*, Fritz, S. 55: 64,1 Prozent.

[112] Siehe auch *Stüttgen*, S. 39.

[113] Es wurden hierbei auch die erwachsenen Mittäter gezählt sowie nicht abgeurteilte „Freunde", sofern aus den Akten eindeutig eine Beteiligung dieser Personen hervorging.

B. Die kriminologischen Erscheinungsformen

geringsten die der Gruppen 242 (e) und 242 (Rpr). Etwas stärker vertreten sind die „Aussetzer". Sie handelten aber zur Hälfte weniger alleine als die echten Gebrauchsfahrer. Die nach 242 (n) Eingestuften nähern sich etwa den beiden 248 b-Gruppen.

Somit ergibt sich das umgekehrte Bild als es von den Gerichten unterstellt wurde. Gerade den echten Benutzern fehlt doppelt so häufig das „typische" Merkmal der Jugendlichkeit. Das läßt sich auch nicht aus der Alterszusammensetzung der jeweiligen Erscheinungsformen erklären. Denn zu der Gruppe 242 (Rpr) gehören nur 50 Prozent Jugendliche im Gegensatz zur Gruppe 248 b (e) mit 56,4 Prozent. Und selbst die Gruppe 242 (n) mit 25 Prozent Jugendlichen weist noch immer weniger Alleintäter auf als die beiden 248 b-Gruppen, bei denen mehr als 50 Prozent Jugendliche sind. Schließlich ist der Anteil Jugendlicher bei 242 (Sch) und 248 b (e) etwa gleich hoch, bei den Alleintätern überwiegen aber die 248 b (e)er um das Doppelte.

b) Mittäter

Zahl	Gesamt	248 b (e)	248 b (u)	242 (Rpr)	242 (n)	242 (Sch)	242 (e)
2	298	25	30	42	18	98	85
%	39,8	26,6	33,7	52,5	40,9	37,6	46,4
3	134	18	12	21	—	58	25
%	17,7	19,1	13,5	26,2	—	22,0	13,6
4	53	7	—	4	7	21	14
%	7,0	8,5	—	5,0	15,9	7,9	7,6
5	31	—	—	—	—	19	12
%	4,1	—	—	—	—	7,2	6,5
7	12	—	5	—	—	7	—
%	1,7	—	5,6	—	—	2,6	—
8	8	—	—	—	—	—	8
%	1,0	—	—	—	—	—	4,3
10	10	—	—	—	—	—	10
%	1,3	—	—	—	—	—	5,4
ges.	562	50	47	67	25	203	154
%	72,6	53,2	52,5	83,8	56,8	77,6	84,2

Am häufigsten werden die Fahrzeuge zu zweit entwendet, wobei wiederum 242 (Rpr) die Gruppen anführt. Echte Gebrauchstäter fahren selten zu zweit. Häufiger tun das schon die unechten, die mit knapp einem Drittel den „Aussetzern" ähneln, welche gut ein Drittel stellen. Bei letzteren läßt sich die vergleichsweise geringe Anzahl „Beifahrer" teilweise dadurch erklären, daß sie ein Kraftfahrzeug anstelle eines öffentlichen Verkehrsmittels oder einer Taxe „mieten" und es dann in ihrer Wohngegend stehen lassen, ohne sich je wieder darum zu kümmern, nachdem es seinen Zweck — die bequeme Heimfahrt — erfüllt hat.

Zusammenschlüsse von fünf und mehr Tätern finden sich kaum, was durch die begrenzte Kapazität eines Autos oder Kleinkraftrades bedingt sein dürfte. Im einzelnen wurden elf „Banden"[114] ermittelt, die sich bis auf eine Ausnahme auf die Formen 242 (Sch) und 242 (e) verteilen. Allerdings sind die größten Banden von acht und zehn Mitgliedern nur bei 242 (e) anzutreffen. Das kann daran liegen, daß durch die wechselnde Tatbeteiligung die Fahrzeuge in der Gruppe verbleiben, in der sie dann abwechselnd benutzt werden.

Im übrigen lassen sich keine klaren Trennungen nach der Mittäterzahl ziehen. So gleichen sich bei den Dreier-Gruppen die 242 (e)er und die 248 b (u)-er; 242 (Rpr) und 242 (Sch) weisen ihrerseits annähernd übereinstimmende Stärke auf. 248 b (e) steht zwischen beiden Gruppierungen und 242 (n) ist überhaupt nicht vertreten. Dafür massieren sich diese Täter in der Vierergruppe, während alle anderen Erscheinungsformen nur leicht untereinander differieren und 242 (Sch) mit 242 (e) übereinstimmt.

Zusammenfassend läßt sich feststellen: aus der Anzahl der Mittäter kann kaum auf die eine oder andere Erscheinungsform geschlossen werden, obwohl die echten Gebrauchstäter weitaus öfter alleine handeln als die wegen Diebstahls Verurteilten. Jedoch entwendeten gerade die Täter der Gruppe 242 (Rpr) fast dreimal so häufig Fahrzeuge in Mittäterschaft als die ihnen äußerlich gleichgelagerte Gruppe 248 b (u); dagegen hebt sich 242 (n) deutlich von den anderen 242-er Gruppen ab und nähert sich den nach § 248 b StGB Bewerteten.

Das Delikt zeigt stark jugendtümliche Züge, indem rund drei Viertel aller Täter in Gemeinschaft handeln. Diese Zahlen liegen teilweise erheblich über sämtlichen bisher festgestellten in der Jugendkriminalität. Besonderes Gewicht erhält dies dadurch, daß die Gruppe 242 (Rpr) mit nur 50 Prozent jugendlichen Tätern vertreten ist, aber zu 84 Prozent gemeinschaftlich Handelnde aufweist.

7. Gerichtliche Maßnahmen

Die Untersuchung der bei den einzelnen Tätern in den jeweiligen Erscheinungsformen verhängten Maßnahmen kann für deren Unterscheidung nur bedingt Bedeutung erlangen. Denn das entsprechende Urteil ist bereits von den Grundsätzen der herrschenden Rechtsprechung geprägt, wenn auch nicht zu verkennen ist, daß die Täterpersönlichkeit und die Tat gleichfalls Berücksichtigung in der getroffenen Entschei-

---

[114] Dieser Ausdruck ist hier nicht im rechtstechnischen Sinne zu verstehen; vgl. dazu ausführlich insbesondere bei *Middendorff*, Jugendkriminalität, S. 100 ff.

B. Die kriminologischen Erscheinungsformen

dung finden. Am deutlichsten wird das bei der Beurteilung, ob auf den heranwachsenden Täter noch Jugendrecht anzuwenden ist und in diesem Rahmen, welche Alternative des § 105 JGG zutrifft.

a) Jugendstrafrecht bei Heranwachsenden

Es wurde bereits festgestellt, daß 69,6 Prozent aller Heranwachsenden nach Jugendstrafrecht verurteilt und 62,6 Prozent der Täter als retadiert angesehen wurden, während das Gericht die Tat nur bei sieben Prozent als „Jugendtorheit" wertete. Im einzelnen verteilen sich die nach Jugendstrafrecht Beurteilten auf die Erscheinungsformen wie folgt:

Form	1. Altn.	%	2. Altn.	%	Gesamt	%
248 b (e)	25	60,9	5	12,3	30	73,2
248 b (u)	20	46,5	3	7,0	23	53,5
242 (Rpr)	25	62,5	3	7,5	28	70,0
242 (n)	17	51,5	—	—	17	51,5
242 (Sch)	80	68,9	9	7,8	89	76,7
242 (e)	41	68,4	3	5,1	44	74,5
gesamt	208	62,6	23	7,0	231	69,6

Die Gruppen 248 b (u) und 242 (n) haben die wenigsten der nach Jugendrecht verurteilten Heranwachsenden. Trotzdem wurden noch mehr als die Hälfte dem Jugendrecht unterstellt. Sämtliche anderen Gruppen setzen sich zu etwa drei Vierteln aus „jugendlichen Heranwachsenden" zusammen. Soweit die Tat als „typische Jugendverfehlung" gewertet wurde, ist ihr Anteil etwa gleichmäßig verteilt. Nur bei den echten Gebrauchstätern überwiegt sie um fast das Doppelte; bei der Gruppe 242 (n) wurde sie kein einziges Mal so bewertet.

Ein Unterschied zwischen den „echten" Dieben und den echten Gebrauchstätern kann aus der geistigen und sittlichen Entwicklung des Täters nicht abgeleitet werden. Das ist nicht weiter erstaunlich, wenn man bedenkt, daß einerseits der Sachwertdiebstahl als „primitives" Delikt[115] dem Jugendalter eigen ist[116], andererseits die Kraftfahrzeug-Entwendung fast ausschließlich von eben derselben Altersstufe begangen wird[117].

---

[115] *Exner*, S. 150.
[116] Vgl. Anmerkung 24.
[117] Vgl. Anmerkung 80.

b) Jugendstrafen

Nach § 17 Absatz 2 JGG ist Jugendstrafe dann zu verhängen, wenn durch die Tat „schädliche Neigungen" zum Ausdruck gekommen sind und Erziehungs- oder Zuchtmittel zur Erziehung des Jugendlichen nicht mehr ausreichen. Im Gegensatz zur Gefängnisstrafe des allgemeinen Strafrechts ist bei ihr dem Erziehungszweck die entscheidende Bedeutung beizumessen. Es soll sich das Ob und Wie ihrer Anwendung ausschließlich nach der Veranlagung oder bisherigen falschen Erziehung des Täters richten, die auf Grund schädlicher Neigungen weitere Straftaten erwarten lassen[118].

Ausgehend davon, daß Diebstahl, insbesondere in jungen Jahren häufig begangen, als Indiz beginnender Verwahrlosung gewertet werden kann[119], müßte sich die Gruppe 242 (e) stärker aus Tätern mit schädlichen Neigungen zusammensetzen als insbesondere die Gruppe 248 b (e). Die Zusammenstellung der verhängten Jugendstrafen ergibt folgendes Bild:

Form	Jugendliche	%	Heranwachsende	%	Gesamt	%
248 b (e)	9	17,0	5	16,7	14	16,9
248 b (u)	6	13,0	11	47,8	17	24,6
242 (Rpr)	16	40,0	18	64,3	34	50,0
242 (n)	4	36,3	13	76,4	17	60,7
242 (Sch)	46	31,2	43	48,3	89	37,8
242 (e)	26	20,9	25	56,8	51	30,3
gesamt	107	25,4	115	49,7	222	34,1

Selten wurde Jugendstrafe bei den echten Gebrauchstätern verhängt. Am häufigsten wurden die „Schweiger" mit ihr belegt. Insgesamt gesehen wurde zwar bei den wegen Diebstahls Verurteilten öfter auf Jugendstrafe erkannt, jedoch unterscheidet sich die Gruppe 242 (e) nur um sechs Prozent von 248 b (u) und von allen nach § 248 b StGB Verurteilten um etwa zehn Prozent, während die Spanne zu der Gruppe 242(Rpr) 20 Prozent und zu 242 (n) sogar 30 Prozent beträgt.

Auffällig ist der recht hohe Anteil der Jugendstrafen bei 242 (Rpr) und der im Vergleich dazu nur halb so große der unechten Gebrauchstäter, die sich beide im äußeren Tatverlauf gleichen. Die Vermutung, erstere seien eventuell deshalb schärfer angefaßt worden, weil ihnen ihre „Schutzbehauptung" nicht geglaubt wurde und sie daher zusätzlich wegen ihrer „Unehrlichkeit" bestraft wurden, ist nicht ganz von

---

[118] *Gretlein*, § 18 Anm. 3; *Dalcke - Fuhrmann - Schäfer*, zu § 17: Anm. 3.
[119] Vgl. Anmerkung 5.

B. Die kriminologischen Erscheinungsformen

der Hand zu weisen. Auch, daß bei ihnen ein härteres Strafmaß angelegt wurde, weil der Diebstahl als verwerflicher gilt, scheint dadurch zum Ausdruck zu kommen. Denn an ihrem bisherigen Verhalten kann es nicht gelegen haben. Wenn man nämlich die vorherigen einschlägigen Erkenntnisse heranzieht, so liegen sie gerade bei den Tätern der Gruppen 248 b (e) und 242 (Sch) am höchsten während diejenigen der Gruppe 242 (Rpr) weniger oft in Erscheinung traten.

Im Verhältnis Jugendliche—Heranwachsende sind letztere nach den Verurteilungen eindeutig häufiger belastet. Allerdings ist das auch nicht weiter verwunderlich, da bei jüngeren Jahrgängen erst noch andere Maßnahmen versucht werden, um einen Erziehungserfolg herbeizuführen. Interessant sind wieder die Ähnlichkeiten zwischen den beiden Gebrauchstätergruppen und den „echten" Dieben, die alle drei am Ende der Belastungshöhe liegen. Die übrigen Gruppen gleichen sich ungefähr. Nur die 248 b (e)-er wurden in beiden Altersstufen etwa gleich häufig zu Jugendstrafen verurteilt. Im übrigen ist mindestens jeder zweite Heranwachsende mit Jugendstrafen belegt worden, also auch die der Gruppe 248 b (u), welche dieselbe Anzahl heranwachsender Täter mit „schädlichen Neigungen" aufweist wie 242 (Sch). Die Verurteilungen zu Jugendstrafen scheinen zu bestätigen, daß sich die 242er Gruppen aus kriminelleren Tätern zusammensetzen als die beiden 248 b-er Gruppen. Nach § 21 JGG kann aber die Vollstreckung der Strafe ausgesetzt werden, wenn die Persönlichkeit des Jugendlichen und die Verhältnisse, in denen er nunmehr lebt, es erwarten lassen, daß er unter dem Einfluß einer Bewährungsaufsicht nicht wieder straffällig wird.

Dies bedeutet, daß eine Verurteilung zu Jugendstrafe in Verbindung mit ihrer Aussetzung zur Bewährung das vorherige Urteil über die „kriminelle Neigung" abschwächt. So läßt sich eine gesichertere Beurteilung der Täter eigentlich erst im Zusammenhang mit der endgültig verhängten Maßnahme treffen. Auch dabei darf nicht außer acht gelassen werden, daß die Entscheidung bereits durch die Verurteilung aus § 248 b StGB oder § 242 StGB und der mit ihr zum Ausdruck kommenden moralischen Bewertung vorgeprägt ist.

Form	Jugendliche		Heranwachsende		Gesamt	
		%		%		%
248 b (e)	5	55,5	2	40,0	7	50,0
248 b (u)	3	50,0	4	36,3	7	41,1
242 (Rpr)	9	56,2	8	44,4	17	50,0
242 (n)	4	100,0	9	69,2	13	76,4
242 (Sch)	17	36,9	14	32,7	31	34,8
242 (e)	17	65,4	10	40,0	27	52,9
gesamt	55	51,4	47	40,8	102	45,9

Rund die Hälfte aller verhängten Jugendstrafen wurden bei den Probanden der Gruppe 248 b (e), 242 (Rpr) und 242 (e) nicht vollstreckt, bei den am höchsten Belasteten der Gruppe 242 (n) sogar zu mehr als drei Vierteln. Einzige Ausnahme bilden die „Aussetzer" mit rund einem Drittel nicht vollstreckter Strafen. Bei den gleichartigen Gruppen 248 b (u) und 242 (Rpr) wurde häufiger bei letzteren von der Möglichkeit der Aussetzung zur Bewährung Gebrauch gemacht.

Überwiegend wurde — bis auf die Gruppe 242 (Sch) — bei den Jugendlichen Bewährungsaufsicht angeordnet. In der Gruppe 242 (n) wurden sogar sämtliche Strafen ausgesetzt. Interessanterweise ist gesamt gesehen öfter den „Dieben" als den „Harmloseren" der beiden 248 b-Gruppen eine Chance zugebilligt worden.

Es werden danach zwar öfter Jugendstrafen bei den sogenannten Dieben verhängt, auf den einzelnen Täter bezogen scheinen diese aber selbst nach Ansicht der Richter nicht so starke kriminelle Neigungen zu äußern, wie es die Verurteilung vermuten läßt.

Vollstreckt wurden die verhängten Jugendstrafen:

Form	Jugendliche		Heranwachsende		Gesamt	
		%		%		%
248 b (e)	4	7,5	3	10,0	7	8,4
248 b (u)	3	6,5	7	30,4	10	14,5
242 (Rpr)	7	17,5	10	42,8	17	25,0
242 (n)	—	—	4	23,5	4	14,3
242 (Sch)	29	19,8	29	32,5	58	24,7
242 (e)	9	7,2	15	34,0	26	15,5
gesamt	52	17,0	68	29,0	120	18,4

Bei den echten Gebrauchstätern wurden sie am seltensten vollstreckt; insgesamt gleichen sich die Gruppen 248 b (u), 242 (n), 242 (e). Aus diesem Rahmen mit der höchsten Vollstreckungsquote fallen die Gruppen 242 (Rpr) und 242 (Sch), wobei das teilweise seine Erklärung in der „Bestrafung wegen Lügens" findet. Das zeigt erneut, wie fragwürdig an sich eine Unterscheidung in Diebstahl und unbefugten Gebrauch ist[120] — vor allem, wenn in den Urteilsbegründungen immer wieder auf den angeblich vorhandenen starken kriminellen Willen bei den nach § 242 StGB Abgeurteilten hingewiesen wird.

---

[120] Siehe auch *Munkwitz - Neulandt*, S. 557, die feststellten, daß die Autobenutzer im Jugendstrafvollzug stärker vertreten sind als die Autodiebe.

B. Die kriminologischen Erscheinungsformen

c) Schuldspruch

Eine besondere Maßnahme des Jugendstrafrechts stellt die Trennung von Schuld- und Strafanspruch dar, welche durch die Vorschrift des § 27 JGG ermöglicht wird. Dabei muß das Gericht ähnliche Überlegungen anstellen wie bei Verhängung und Aussetzung der Jugendstrafe zur Bewährung, jedoch mit dem Unterschied, daß sich in diesem Falle das Gericht nicht sicher ist, ob bei dem Täter „schädliche Neigungen" vorliegen. Es stellt dann nur die Schuld fest und setzt die Verhängung einer Jugendstrafe für eine Beobachtungszeit aus. In dieser soll geklärt werden, ob das Tatverhalten Ausdruck der Verwahrlosung ist oder nur eine einmalige Entgleisung darstellt. Die Bewährungszeit dauert mindestens ein Jahr und darf höchstens auf zwei Jahre festgesetzt werden, § 28 JGG.

Bei sämtlichen 36 Probanden wurde auf die Höchstdauer erkannt. Sie verteilen sich auf die einzelnen Erscheinungsformen wie folgt:

Form	Jugendliche	%	Heranwachsende	%	Gesamt	%
248 b (e)	3	5,6	—	—	3	3,6
248 b (u)	1	2,2	3	13,0	4	5,0
242 (Rpr)	3	7,5	2	8,7	5	7,3
242 (n)	2	18,2	1	5,8	3	10,7
242 (Sch)	10	6,7	1	1,1	11	4,6
242 (e)	6	4,8	4	9,7	10	5,9
gesamt	25	5,9	11	4,7	36	5,5

Am wenigsten zweifelten die Richter in der Beurteilung der echten Gebrauchstäter; am häufigsten waren sie sich über die Gruppe 242 (n) im Unklaren. Insgesamt betrachtet sind die Unterschiede zwischen den einzelnen Erscheinungsformen nicht erheblich. Allerdings lassen sich einige innerhalb der Altersstufen nachweisen. Klare Trennungen zwischen „Gebrauch" und „Diebstahl" zeichnen sich aber nicht ab. So gleichen sich bei den Jugendlichen 248 b (e) und 242 (e), bei den Heranwachsenden 248 b (e) und 242 (Sch).

d) Die übrigen Maßnahmen

Die hier noch nicht erörterten Erziehungs- und Zuchtmittel — §§ 9, 13 JGG — sowie die Gefängnis- und Geldstrafen bei den nach dem allgemeinen Strafrecht verurteilten Heranwachsenden gestatten noch weniger Rückschlüsse auf die Täterpersönlichkeit als es bei den vorstehend untersuchten Maßnahmen möglich ist.

aa) Arreste

Der Arrest wird — wie auch schon in anderen Arbeiten festgestellt[121] — als eine gewisse Verlegenheitsmaßnahme verhängt. Jugendstrafe zu verhängen, können sich die Richter — vor allem bei Ersttätern — nicht entscheiden, aber mit einer „fühlbaren Sühne" sollen die Täter belegt werden. So wurde auch bei den Kraftfahrzeug-Entwendern überwiegend Arrest verhängt und unter den drei Arten dem Dauerarrest der Vorzug gegeben. Der Vollständigkeit halber soll die nachfolgende Übersicht gegeben werden:

Form	FreiA	%	KurzA	%	DauerA	%	Gesamt	%
248 b (e)	29	34,9	—	—	24	28,9	53	63,8
248 b (u)	30	43,4	2	2,8	18	26,0	50	72,5
242 (Rpr)	7	10,3	1	1,4	24	35,3	32	47,0
242 (n)	2	7,1	—	—	10	35,7	12	42,8
242 (Sch)	49	20,9	3	1,7	75	31,9	127	54,0
242 (e)	36	21,4	6	3,5	56	33,3	98	58,3
gesamt	153	20,3	12	1,6	207	26,8	372	49,5

bb) Gefängnisstrafen

Ähnliches gilt für die Gefängnisstrafen. Das kommt insbesondere in ihrer Kürze — überwiegend ein bis drei Monate — zum Ausdruck. Nach allgemeinem Strafrecht verurteilt wurden 101 Heranwachsende:

Form	zur Bew.	%	vollstr.	%	Gesamt	%
248 b (e)	4	44,4	5	45,4	9	81,1
248 b (u)	3	33,3	6	30,0	9	45,0
242 (Rpr)	1	16,6	5	41,7	6	50,0
242 (n)	1	20,0	4	25,5	5	31,2
242 (Sch)	4	20,0	16	59,2	20	74,0
242 (e)	9	60,0	6	40,0	15	100,0
gesamt	22	31,2	42	41,5	64	63,3

Die Gefängnisstrafe wurde in dieser Entwicklungsstufe am meisten verhängt und zweieinhalb Mal häufiger vollstreckt als bei der Jugendstrafe. Dafür kann zum Teil die unterschiedliche Dauer beider Strafarten die Ursache sein. Beträgt sie bei der Jugendstrafe mindestens sechs Monate, so bildet diese Zeit bei den verhängten Gefängnisstrafen die Ausnahme.

---

[121] *Middendorff*, Jugendkriminalität, S. 226; *Munkwitz*, S. 168; *Nottebaum*, S. 158 f.; *Schulz*, S. 109.

cc) Besondere Pflichten

Selten wurde von der Auferlegung besonderer Pflichten nach § 15 JGG Gebrauch gemacht. Ausnahmslos ist in diesen Fällen die Zahlung einer Geldbuße angeordnet worden, § 15 Absatz 1 Nr. 3 JGG.

dd) Geldstrafe

Die nach dem allgemeinen Strafrecht verurteilten Heranwachsenden wurden zu etwa einem Drittel an Stelle einer an sich verwirkten Gefängnisstrafe zu einer Geldstrafe verurteilt, § 27 b StGB a. F. Die Beträge reichen von DM 50,— bis DM 350,—.

ee) Erziehungsmaßregeln

In einigen wenigen Fällen — 3,6 Prozent — wurden den Tätern nach § 10 Absatz 1 Nr. 4 JGG die Weisung erteilt, ein bis vier Freizeitarbeiten zu verrichten. Es handelte sich bei den Probanden fast ausschließlich um Ersttäter. Diese Maßnahme steht eigentlich im Gegensatz zu dem von der herrschenden Rechtsprechung eingenommenen Standpunkt. Denn Weisungen sollen nur bei „nicht allzu schwerwiegenden Verfehlungen"[122] erteilt werden.

Ein weiterer Proband wurde angewiesen, sich in einem Heim aufzuhalten und ein anderer, bei seiner Mutter zu wohnen, § 10 Absatz 1 Nr. 2 JGG. Bei zwei Tätern wurde von Jugendstrafe und Zuchtmittel abgesehen und Fürsorgeerziehung angeordnet, § 9 Nr. 3 JGG.

e) Zusammenfassung

1. Die am meisten angewandte Maßnahme ist der Arrest: 50 Prozent. Es überwiegt der Dauerarrest. Unterschiede zwischen den einzelnen Erscheinungsformen sind erkennbar, wobei Verbindungen zwischen den Gruppen 242 (e), 242 (Sch) und 248 b (e) einerseits und 242 (Rpr), 242 (n) andererseits bestehen. 248 b (u) mit über 70 Prozent nimmt eine Sonderstellung ein.

2. Jugendstrafen — als zweitstärkste Maßregel — wurde
   a) am häufigsten bei den Gruppen 242 (n) und 242 (Rpr) (50 Prozent) verhängt. Selten ist davon bei der Gruppe 248 b (e) Gebrauch gemacht worden. Die übrigen Gruppen gleichen sich mit leichten Abweichungen.
   b) Die Hälfte aller verhängten Jugendstrafen sind zur Bewährung ausgesetzt worden. Überwiegend (76,4 Prozent) wurde der Gruppe 242 (n) eine Chance gegeben. Am wenigsten geeignet erschienen die Täter aus 242 (Sch) und 248 b (u). Die übrigen sind etwa gleich stark vertreten.
   c) Bei 17 Prozent sämtlicher nach Jugendrecht verurteilten Täter ist eine Jugendstrafe vollstreckt worden. Die echten Gebrauchstäter mußten nur zu 8,4 Prozent in den Jugendstrafvollzug; dagegen jeder vierte beziehungsweise fünfte aus 242 (Rpr) und 242 (Sch). 248 b (u), 242 (n) und 242 (e) sind mit etwa 15 Prozent vollzogener Jugendstrafen beteiligt.

---

[122] *Dalcke - Fuhrmann - Schäfer* zu § 10 JGG: Richtlinien: 1.

3. Von der Schuldfeststellung mit anschließender Bewährungsaufsicht wurde bei den Kraftfahrzeugentwendern kaum Gebrauch gemacht (5,5 Prozent). Die einzelnen Erscheinungsformen differieren anteilsmäßig nur gering.

4. Gefängnisstrafen — im allgemeinen zwischen einem und drei Monaten — wurden

   a) zu zwei Drittel verhängt: an der Spitze liegen dabei die Gruppen 242 (e) und 248 b (e), gefolgt von 242 (Sch). 248 b (u) und 242 (Rpr) ähneln sich in diesem Fall. Mit nur einem Drittel ist die Gruppe 242 (n) vertreten;

   b) zu einem Drittel zur Bewährung ausgesetzt: das geschah am häufigsten bei 242 (e) (60 Prozent) am seltensten (16,6 Prozent) bei 242 (Rpr). Jedem fünften Täter wurde in den Gruppen 242 (n) und 242 (Sch) ein Chance gewährt; öfter denen der Gruppen 248 b, wobei zwischen ihnen ein Unterschied von etwa 10 Prozent besteht. Insgesamt liegen sie mit den Bewährungsaussetzungen über dem Durchschnitt;

   c) von sämtlichen nach allgemeinem Strafrecht Verurteilten mußte fast jeder zweite ins Gefängnis: am häufigsten die Gruppe 242 (Sch) (rund 60 Prozent) am wenigsten 242 (n) und 248 b (u). Immerhin ist bei 248 b (e) öfter als bei 242 (Rpr) und 242 (e) die Strafe vollstreckt worden — wenn auch nur um einige Prozent sich unterscheidend.

5. Alle übrigen Maßnahmen: besondere Pflichten (Zahlung einer Geldbuße), Ersatzgeldstrafen (von DM 50,— bis DM 350,—) sowie Erziehungsmaßregeln (Weisungen: Freizeitarbeit, Wohnort und Fürsorgeerziehung) spielen eine untergeordnete Rolle.

6. Jugendstrafrecht wurde

   a) bei rund 70 Prozent der Heranwachsenden angewandt. Der Reihenfolge nach stellen die Gruppen 242 (Sch), 242 (e), 248 b (e), 242 (Rpr) den höchsten Anteil, während die Gruppen 248 b (u) und 242 (n) nur zu gut 50 Prozent nach Jugendrecht verurteilt wurden.

   b) Soweit überhaupt die Tat als „typische Jugendverfehlung" gewertet wurde (nur 7 Prozent), geschah es überwiegend bei den echten Gebrauchstätern (12,3 Prozent), in keinem Fall bei 242 (n); bei den übrigen Erscheinungsformen in ungefähr gleich großem Maße (7 Prozent). Mit einer leichten Abweichung von 2 Prozent ist der „echte" Diebstahl am wenigsten als „typisch jugendlich" angesehen worden.

8. Zwischenergebnis I

1. a) 75 Prozent aller Täter entwendeten ein Fahrzeug zum kurzfristigen Gebrauch.

   b) Innerhalb der 25 Prozent „echter" Diebe wurden 56,7 Prozent festgestellt, die das entwendete Fahrzeug benutzten, ohne an ihm Veränderungen vorgenommen zu haben.

   c) Nur 12,5 Prozent der Gesamttäter hatten es wieder unmittelbar an den Wegnahmeort zurückgestellt.

2. Die Kraftfahrzeug-Entwendung weist stark jugendtümliche Züge auf:

B. Die kriminologischen Erscheinungsformen

   a) Rund 75 Prozent der Täter handelten in Gemeinschaft, teilweise in Gruppen von drei und mehr Mitgliedern.
   b) 69,6 Prozent der Heranwachsenden wurden nach Jugendrecht verurteilt; 62,6 Prozent als retardiert bewertet.
   c) Insgesamt wurde bei 85 Prozent aller Täter Jugendrecht angewendet.

3. Unterschiede zwischen den „echten" Dieben und allen übrigen Kraftfahrzeug-Entwendern können festgestellt werden:
   a) 242 (e) stellt die geringste Zahl einschlägiger Wiederholungstäter;
   b) nur 13 Prozent von ihnen wählten einen PkW;
   c) mit 67,7 Prozent stellen sie den höchsten Anteil Jugendlicher.

4. Die Gruppe der echten Gebrauchstäter weist Ähnlichkeiten zu den „echten" Dieben auf:
   a) geringe Anzahl einschlägiger Wiederholungstäter;
   b) hoher Anteil Jugendlicher: 56,4 Prozent;
   c) nahezu gleicher Prozentsatz „jugendlicher Heranwachsender";
   d) bei den gerichtlichen Maßnahmen: Jugendstrafe und Schuldspruch bei Jugendlichen, Aussetzung zur Bewährung der Jugendstrafen, Arreste, Gefängnisstrafen, Strafvollstreckung bei Gefängnis.

5. Übereinstimmungen zwischen den echten und den unechten Gebrauchstätern wurden ermittelt:
   a) im einschlägigen Spezialistentum;
   b) bei der Objektwahl;
   c) teilweise in der Beteiligungsform;
   d) hinsichtlich des Anteils der Jugendstrafe, insbesondere bei Jugendlichen.

6. Die Gruppe 242 (n) zeigt Gleichartigkeiten mit den echten Gebrauchstätern:
   a) in der einschlägigen Wiederholungsrate;
   b) bei der Objektwahl;
   c) in der Beteiligungsform, die bei beiden Gruppen die wenigsten Mittäter aufweist.

7. Verbindungen zwischen den nach dem Tatverlauf gleichartigen Gruppen 248 b (u) und 242 (Rpr) bestehen — außer in der Altersstruktur — nicht.

8. Öfter können Parallelen zwischen den „Aussetzern" und der Gruppe 242 (Rpr) festgestellt werden:

a) Bei den einschlägigen Wiederholungstätern weisen sie die meisten „Spezialisten" auf;
b) einen PkW wählten weniger als die Hälfte;
c) gut drei Viertel dieser Täter handelten in Gemeinschaft;
d) etwa die gleiche Anzahl wurde nach Jugendrecht verurteilt;
e) bei den gerichtlichen Maßnahmen: vollzogene Jugendstrafen, Verurteilungen zu Gefängnis.

9. Zusammengefaßt läßt sich sagen:
a) Eindeutige Unterschiede zwischen den nach § 248 b StGB und § 242 StGB Verurteilten bestehen kaum;
b) ebensowenig lassen sich klare Abgrenzungen innerhalb der Kraftfahrzeug-Benutzer, die nach § 248 b StGB bewertet wurden und den aus § 242 StGB Verurteilten nachweisen;
c) selbst die Gruppe der „echten" Diebe nimmt nur teilweise eine Sonderstellung ein;
d) Gleichartigkeiten ziehen sich durch die einzelnen Erscheinungsformen und verbinden sie öfter als daß Trennendes feststellbar wäre.

IV. Die Lebensbewährung

In den vorstehenden Kapiteln wurde der „status praesens", so wie er sich den Richtern im Jahre 1960 darbot, untersucht. Im nun folgenden Abschnitt soll unter Berücksichtigung der zeitlichen Entwicklung der Probanden in den jeweiligen Erscheinungsformen festgestellt werden, ob sich Unterschiede zwischen den nach § 248 b StGB und § 242 StGB Verurteilten nachweisen lassen.

Die Prüfung ihres Lebenserfolges wird unter dem Gesichtspunkt ihrer späteren Straffälligkeit vorgenommen. Auf die dabei entstandenen Schwierigkeiten und Mängel wurde bereits hingewiesen[123].Um die Verbrecher nach ihrer kriminellen Intensität zu klassifizieren, sind diverse Versuche unternommen worden[124]. Regelmäßig geht man dabei von drei Typen aus, deren Bezugsgrößen Anlage, Umwelt und Entwicklungsphasen sind. Uneinigkeit herrscht aber bereits darüber, welche Ausmaße die Verbrechensbetätigung erreicht haben muß, um dem entsprechenden Typus zugerechnet zu werden. So stellen einige auf die Anzahl der Freiheitsstrafen ab[125]; andere Autoren wählen die „Erheb-

---

[123] Vgl. Einleitung II.
[124] Siehe dazu insbesondere die Zusammenstellung bei *Mezger*, S. 147—150 m. w. Nachw.
[125] *Frey*, Rückfallverbrecher, S. 56; *Silbereisen*, S. 19; *Wend*, S. 13 f.; *Meyer, Fritz*, S. 59.

B. Die kriminologischen Erscheinungsformen 67

lichkeit" einer Tat zum Maßstab[126], wobei sie sich an der Dauer der Freiheitsstrafe orientieren.

Welcher Form man auch den Vorzug geben mag, die Grenzen werden ihr zwangsläufig durch das zur Auswertung stehende Material gesetzt. Die hier untersuchten Probanden wurden nach der Stärke ihrer späteren Kriminalität — bewertet nach der Art des begangenen Deliktes, der Häufigkeit strafbarer Handlungen sowie den gerichtlichen Reaktionen auf diese — in vier Bewährungsstufen eingeteilt.

1. Einteilung der Bewährungsstufen

a) Stufe A: Bewährte

Sie können als völlig bewährt angesehen werden und gliedern sich in fünf Untergruppen, auf die jeweils hingewiesen wird, sofern es aufschlußreich erscheint. Sie setzen sich zusammen aus:

1. Nach der Kraftfahrzeug-Entwendung im Basisjahr erfolgte keine weitere Verurteilung mehr.
2. Sie haben noch leichte Verkehrsdelikte wie Fahren ohne Führerschein oder mit einem überladenen Kraftfahrzeug oder ähnliches[127] begangen.
3. Auch diese wiesen keine Verurteilung mehr wegen Vermögensdelikten auf. Doch war ihr Lebenswandel nicht ganz so untadelig wie derjenige der Gruppe 2. Aber auch ihre Verfehlungen sind leichterer Natur[128]: in erster Linie Verkehrsdelikte, gefolgt von leichten Körperverletzungen. Allen ist gemeinsam, daß sie deswegen höchstens zwei- bis dreimal verurteilt wurden und die Maßnahmen gering — in der Regel niedrige Geldstrafen — sind. In dem zehnjährigen Beobachtungszeitraum überschritten die Gefängnisstrafen nicht drei Monate, deren Aussetzung zur Bewährung die Regel darstellt.
4. Hier ist nochmals eine Verurteilung wegen eines Vermögensdeliktes zu verzeichnen; regelmäßig fast immer einschlägig. Seit ihrer letzten Verurteilung oder Verbüßung sind mindestens acht straffreie Jahre vergangen[129].
5. Diese Täter verübten ebenfalls ein Vermögensdelikt. Allerdings war es so leicht, daß die Höhe ihrer Verurteilungen — ähnlich denen der Untergruppe 3. — gering ausfiel. Oft handelte es sich dabei um die Nichtleistung von Teilzahlungsraten, was dann als Betrug oder Unterschlagung gewertet wurde. Ladendiebstähle unbedeutender Art stellen das andere große Kontingent.

---

[126] Exner, S. 266; Peters, S. 25; Sydow, S. 70 mit weiteren Nachweisen.
[127] Siehe auch Aufzählung bei Silbereisen, S. 8.
[128] Ähnlich im Ergebnis Steinemann, S. 32.
[129] übereinstimmend mit Sydow, S. 60 und Steinemann, S. 32.

b) Stufe B: Spätresozialisierte

Nach ihrer 1960er-Verurteilung begingen diese Probanden weitere, teilweise recht erhebliche Straftaten. In den letzten vier und mehr Jahren haben sie sich jedoch straffrei geführt und können nunmehr als resozialisiert angesehen werden[130]. Die den letzten Verurteilungen zugrundeliegenden Taten sind regelmäßig einige Jahre früher ausgeführt worden, so daß die letzte strafbare Handlung entsprechend weiter zurückliegt. Die Täter dieser Kategorie unterscheiden sich von denen der Stufe A 4 und 5 durch die Schwere ihrer Taten und der Dauer der bei ihnen überwiegend verhängten Gefängnisstrafen.

c) Stufe C: Gelegenheitstäter

Diese Gruppe bezeichnete *Exner*[131] als die „Charakterologie ihres Volkes". Sie sind nicht kriminell, nehmen es aber mit den Gesetzen auch nicht so ernst. Vielleicht, weil es ihnen nicht recht gelingt, an einer günstigen Gelegenheit für einen Diebstahl vorüberzugehen[132] oder sich nicht zu betrinken[133]. Die Hoffnung, in diesem Zustand am Lenkrad eines Kraftfahrzeuges nicht gestellt zu werden, erfüllte sich ab und zu nicht. Die kleine Schlägerei in einem Lokal führte neben Körperverletzung regelmäßig zum Widerstand gegen die Staatsgewalt[134] und zuweilen zum Hausfriedensbruch sowie zur Sachbeschädigung, hin und wieder auch zur Verurteilung wegen Vollrausches. Schließlich wurde mancher Ehestreit mit Gewalt beendet, was mitunter eine Verurteilung wegen Körperverletzung sowie Widerstand gegen die Staatsgewalt zur Folge hatte.

Es handelt sich also um Menschen, deren Taten durch die äußere Situation bestimmt wurden. Ohne diese hätten sie entweder ihre Taten nicht begangen oder gar nicht begehen können. Bei allen diesen Gelegenheitstaten fallen die Verurteilungen einzeln betrachtet nicht sehr hoch aus. Die Summe bewirkt, daß sie nicht mehr der Gruppe A 3 oder A 5 zuzurechnen sind. Auch in die Stufe B wollen sie nicht so recht hineinpassen. Denn einerseits ist jede ihrer Taten für sich gesehen leichter Natur. Zum anderen aber hat sich kaum einer in den letzten Jahren straffrei geführt. Sie fallen immer wieder auf, wobei die Intervalle zwischen den jeweiligen Taten verschieden lang sind.

---

[130] So auch *Steinemann*, S. 32.
[131] Seite 182.
[132] Siehe auch: *Cressey*, S. 400—428 und *Eggenweiler*, S. 112 mit weiteren Nachweisen.
[133] Vgl. *Schlöter*, S. 133; *Steinemann*, S. 32.
[134] Vgl. *Sauer*, Kriminologie, S. 121; *Behrens*, S. 24.

d) Stufe D: Nichtbewährte

Hier finden sich alle diejenigen, die in keine der vorstehenden Gruppen eingeordnet werden können, obwohl vereinzelt Verbindungen zu den Gelegenheitstätern zu bestehen scheinen und sich bei einigen eine Spätresozialisierung andeutet. Sie unterscheiden sich aber von den ersteren regelmäßig durch massivere Tatausführungen, die im allgemeinen zu längeren Freiheitsstrafen führten. Teilweise verbüßen sie ihre Strafen noch heute, teilweise sind sie nach kurzem Wohlverhalten erneut straffällig geworden, so daß ihre letzte Tat mit Verurteilung weniger als vier Jahre zurückliegt.

Bei einigen ist seit gut drei Jahren ein gesetzmäßiges Leben zu verzeichnen. Es erscheint aber angesichts ihrer Vorverurteilungen und ihres Gesamtverhaltens noch nicht gerechtfertigt, sie als resozialisiert zu bewerten und der Stufe B hinzuzurechnen. Um nicht die Ergebnisse zu verfälschen und im Hinblick darauf, daß jede Einstufung nur relativ sein kann und somit auch Übergangsformen schafft, werden sie den Nichtbewährten hinzugezählt. Soweit es von Bedeutung ist, wird aber auf sie getrennt hingewiesen werden.

2. Gesamtübersicht

Form	Stufe A		Stufe B		Stufe C		Stufe D		ges.
		%		%		%		%	
248 b (e)	60	63,9	7	7,5	9	9,3	18	19,3	94
248 b (u)	57	64,1	14	15,7	9	10,1	9	10,1	89
242 (Rpr)	52	65,0	9	11,3	6	7,5	13	16,2	80
242 (n)	33	75,0	4	9,1	4	9,1	3	6,8	44
242 (Sch)	165	62,7	35	13,3	14	5,4	49	18,6	263
242 (e)	120	65,5	16	8,8	15	8,2	32	17,5	183
gesamt	487	64,7	85	11,4	57	7,5	124	16,4	753

Zwei Drittel aller Kraftfahrzeug-Entwender haben sich völlig bewährt. Rechnet man die Spätresozialisierten hinzu, so stehen 76 Prozent Resozialisierte 16 Prozent Nichtbewährten gegenüber. Auf die Erscheinungsformen bezogen fällt auf, daß die Bewährungsquote bei sämtlichen nahezu gleich hoch liegt. Einzig die „Schweigenden" ragen mit 75 Prozent völlig Bewährter heraus. Das könnte aus der relativ großen Zahl von 75 Prozent Heranwachsender im Basisjahr erklärt werden. Denn im Gegensatz zu den damals Jugendlichen hat bei ihnen zeitlich früher der Reifungsprozeß begonnen.

Bei denen, die sich nach einem teilweise recht intensiven kriminellen Leben doch noch fingen, gleichen sich einerseits 248 b (e), 242 (n) und 242 (e); andererseits ähneln sich 248 b (u), 242 (Rpr) und 242 (Sch).

Die Gelegenheitstäter sind mit geringfügigen Unterschieden in allen Erscheinungsformen gleichmäßig vertreten, was nur ihre Charakterisierung bestätigt.

Bei den Nichtbewährten zeigen sich stärkere Unterschiede: so bestehen Verbindungen zwischen 248 b (e), 242 (Sch), 242 (e) und 242 (Rpr); 242 (n) nimmt wieder eine Sonderstellung ein und 248 b (u) steht zwischen beiden Gruppierungen.

Nach den Erfahrungen, daß die Kriminalität mit 25 Jahren ihren Höhepunkt erreicht und dann langsam bis zum 30. Lebensjahr abfällt[135], müßten eigentlich die „echten" Diebe jetzt noch die stärkste Kriminalität aufweisen, da bei ihnen im Ausgangsjahr die Jugendlichen zu zwei Dritteln vertreten waren. Das trifft aber nicht zu, sondern sie liegen in der Stufe D erst an dritter Stelle hinter den echten Gebrauchstätern und den „Aussetzern". Die nach 242 (Rpr) Beurteilten müßten eigentlich — aus ihrer Altersstruktur gefolgert — weniger kriminell sein als ihr Lebenserfolg zeigt. Demgegenüber hat sich die Gruppe 248 b (u), die ihnen äußerlich gleicht, in den vergangenen zehn Jahren besser geführt, obwohl sie 1960 einen höheren Anteil Jugendlicher enthielt. Allerdings sind die jeweiligen Unterschiede gering.

Vergleicht man die Nichtbewährung bei den von der Rechtsprechung nach § 248 b StGB mit den nach § 242 StGB Verurteilten, so zeigt sich kein Unterschied: 14,7 Prozent die einen — 14,6 Prozent die anderen. Offensichtlich setzen sich beide aus dem gleichen Täterpotential zusammen. Damit kommt wieder einmal die Fragwürdigkeit einer Verurteilung nach der einen oder anderen Vorschrift zum Ausdruck.

Die kriminologischen Erscheinungsformen der „echten Gebrauchstäter" — 248 b (e) —, der „Benutzer" — 248 b (u), 242 (Rpr), 242 (Sch), 242 (n) — und der „echten Diebe" — 242 (e) — lassen leichte Unterschiede erkennen: 19,3 zu 13,7 zu 17,5 Prozent. Damit scheint sich zu bestätigen, daß einerseits diejenigen, die ein benutztes Fahrzeug wieder an den Wegnahmeort zurückstellten, keineswegs mit den geringsten kriminellen Energien handeln[136]. Immerhin weisen sie die höchste Schlechtquote auf, sowohl im Vergleich der einzelnen Erscheinungsformen als auch der zusammengefaßten Gruppen. Zum andern aber zeigt sich, daß die Kraftfahrzeug-Benutzer, welche die Rechtsprechung als verwerflich handelnd abqualifizierte, tatsächlich die „Harmlosesten" sind[137].

---

[135] Siehe Anmerkungen 19 und 20.
[136] Vgl. Ausführungen S. 42 und Ergebnis S. 42.
[137] Vgl. Ausführungen S. 35 f.; zum gleichen Ergebnis gelangt u. a. *Heinen*, S. 27.

B. Die kriminologischen Erscheinungsformen

Schließlich ist eine geringfügige Differenz zwischen sämtlichen Kraftfahrzeug-Benutzern und den „echten" Dieben sichtbar. Allerdings unterscheiden sie sich in ihrer Nichtbewährung nur unbedeutend um 3 Prozent, nämlich 14,5 zu 17,5 Prozent. Das könnte eventuell auf den bei 242 (e) hohen Anteil der jetzt noch mitten in ihrer kriminellen Entfaltung stehenden Jungerwachsenen zurückzuführen sein. Genauen Aufschluß soll darüber die Untersuchung nach dem Alter der Probanden in den einzelnen Bewährungsstufen bringen.

Ein Vergleich des hier gefundenen Ergebnisses mit ähnlichen Arbeiten ist äußerst schwierig. Denn einmal beschäftigen sich nur wenige Autoren mit dem Lebenserfolg ihrer Probanden[138]. Zum andern knüpfen sie meistens an die gerichtlichen Maßnahmen an, um deren Wirksamkeit zu erforschen. Schließlich können verschiedene Arbeiten überhaupt nicht herangezogen werden, weil der Zeitraum ihrer Nachuntersuchungen zu kurz bemessen wurde[139].

Im übrigen finden sich für den Diebstahl unter der Bezeichnung „Rückfall" — wobei allgemein eine intensive kriminelle Betätigung verstanden wird, die etwa den Stufen B und D entspricht — Angaben zwischen 51 Prozent[140] und 84 Prozent[141]. *Fuhlendorf*, der die Arbeiten zur Jugendkriminaliät nach dem Zweiten Weltkrieg zusammengestellt hat, kommt zu dem Schluß, daß beim Diebstahl die Rückfälligkeit zwischen 58 Prozent und 76 Prozent ermittelt wurde[142].

Danach würde die Bewährungschance beim Diebstahl im günstigsten Fall 50 Prozent — negativ nur 16 Prozent — betragen. Die vorliegend festgestellte Bewährung von 65 Prozent bei den 242er-Formen sowie die Schlechtquote[143] von 28,2 Prozent heben sich deutlich von diesen Zahlen ab. Sie bezeugen zugleich, daß die Kraftfahrzeug-Entwendung als Entwicklungskriminalität[144] zu bewerten ist.

---

[138] Siehe auch bei *Fuhlendorf*, S. 116.
[139] *von See*, S. 232 f., der nach zwei Jahren rund 40 Prozent seiner Probanden noch im Strafvollzug feststellte und über 18 Prozent, die unter Bewährungsaufsicht standen, was nicht weiter verwunderlich ist, da die Bewährungszeit im allgemeinen auf mindestens zwei Jahre festgesetzt wird; *Stüttgen*, S. 231: gleichfalls nur zwei Jahre; *Schmidt*, Manfred: nahm überhaupt keine Nachuntersuchung vor.
[140] *Beermann* in: Arbeitslosigkeit, S. 241.
[141] *Behrens*, S. 29.
[142] *Fuhlendorf*, S. 120.
[143] Stufe B und D zusammen.
[144] Dazu insbesondere: *Exner*, S. 216.

3. Altersstruktur

a) Gesamt

Stufe	Jugendliche	%	Heranwachsende	%	Gesamt	%
A	280	66,5	207	62,3	487	64,7
B	43	10,3	42	12,6	85	11,4
C	33	7,8	24	7,2	57	7,5
D	65	15,4	59	17,7	124	16,4
gesamt	421	55,9	332	44,1	753	100,0

Die Tabelle zeigt die Entwicklung der Probanden in den vergangenen zehn Jahren, bezogen auf ihr Alter im Basisjahr. Danach kann ein etwas besseres Verhalten der Jugendlichen festgestellt werden. Einzig Stufe C enthält einen ungefähr gleich hohen Anteil Jugendlicher wie Heranwachsender, sogar mit einer minimalen Andeutung zum Negativen bei den Jugendlichen. Das läßt sich aber auf die einfache Beobachtung zurückführen, daß nun einmal Jugendliche für Umwelteinflüsse anfälliger sind und die Zeit ihrer aktiven Kriminalität jetzt noch nicht abgelaufen ist[145]. Im übrigen veranschaulicht ihre gleichmäßige Belastung recht deutlich, daß diese Gruppe sich tatsächlich aus Gelegenheitstätern zusammensetzt. Denn jeder kann in einer bestimmten Reizsituation mit den Gesetzen in Konflikt kommen, ganz gleich, welches Alter er erreicht hat.

Die positivere Entwicklung der jugendlichen Kraftfahrzeug-Entwender gegenüber den Heranwachsenden läßt sich aus der folgenden Zusammenstellung ablesen. Hierbei werden den Gesamtzahlen die prozentuale Beteiligung der Jugendlichen und Heranwachsenden in den jeweiligen Bewährungsstufen gegenübergestellt:

Stufe	Jugendliche	%	Heranwachsende	%	Gesamt	%
A	280	57,5	207	42,5	487	64,7
B	43	50,6	42	49,4	85	11,4
C	33	57,9	24	42,1	57	7,5
D	65	52,4	59	47,6	124	16,4
gesamt	421	55,9	332	44,1	753	100,0

Rund 56 Prozent der Kraftfahrzeug-Entwender waren 1960 15 bis 17 Jahre alt; 44 Prozent zählten zu den Heranwachsenden. Danach ist in

---

[145] Siehe Anmerkungen 19 und 20.

B. Die kriminologischen Erscheinungsformen

den Stufen A und C ein zweiprozentiges Übergewicht zu vermerken, das in den Stufen B und D sogar auf vier bis fünf Prozent ansteigt. Umgekehrt hätten die Heranwachsenden in Stufe A und C um zwei Prozent und in B und D um vier bis fünf Prozent günstiger abschneiden müssen, um ihrer durchschnittlichen Stärke zu genügen.

b) in den Erscheinungsformen

Stufe A

Form	Jugendliche		Heranwachsende		Gesamt	
		%		%		%
248 b (e)	32	60,4	28	68,3	60	63,8
248 b (u)	34	74,0	22	51,1	56	62,9
242 (Rpr)	24	60,0	29	72,5	53	66,2
242 (n)	8	72,8	25	75,9	33	75,0
242 (Sch)	98	66,6	67	57,7	165	62,7
242 (e)	84	66,9	36	61,1	120	66,1
gesamt	280	66,5	207	62,3	487	64,7

Den Durchschnitt von 66,5 Prozent bei den Jugendlichen erreichen 242 (Sch) und 242 (e). Überdurchschnittlich bewährten sich die jugendlichen Probanden der Tatformen 248 b (u) und 242 (n) mit sechs und acht positiven Prozenten. Die echten Gebrauchstäter sowie die in 242 (Rpr) sind dagegen gute sechs Prozent unterrepräsentiert. Bei den Heranwachsenden verändert sich das Bild: Die Täter beider Formen liegen an der Spitze der überdurchschnittlichen Bewährung, einzig übertroffen durch die „Schweiger". Demgegenüber haben sich die Heranwachsenden der Gruppe 248 b (u) am schlechtesten geführt, gefolgt mit einigem Abstand von den „Aussetzern" und den „echten" Dieben, welche knapp unterdurchschnittlich vertreten sind. Auffällig ist hierbei, daß die Bewährungsquote im allgemeinen bei 60 bis 70 Prozent liegt, in der Gruppe 248 b (u) bei den Heranwachsenden aber auf nahezu 50 Prozent sinkt und damit den überhaupt niedrigsten Bewährungssatz aufweist, während sich in der ihnen äußerlich gleichgelagerten Gruppe 242 (Rpr) nahezu drei Viertel bewährt haben, obwohl deren „Schutzbehauptung" — nach der Begründung ihrer Richter — das besonders Verwerfliche ihrer Tat und ihrer Person kennzeichnete. Auf beide Altersstufen verteilt gleichen sich die Zahlen annähernd wieder aus, wie auch allgemein die Differenzen zwischen den Erscheinungsformen minimal sind.

Bei den Spätresozialisierten ergeben sich schon etwas deutlichere Unterschiede. Auch hier führen die Jugendlichen der Gruppe 242 (n), während alle übrigen Erscheinungsformen etwa dem Durchschnitt dieser Bewährungsstufe entsprechen. Die echten Gebrauchstäter liegen geringfügig darunter.

Stufe B

Form	Jugendliche	%	Heranwachsende	%	Gesamt	%
248 b (e)	4	7,5	3	7,3	7	7,5
248 b (u)	5	10,9	9	20,9	14	15,7
242 (Rpr)	4	10,0	5	12,5	9	11,3
242 (n)	2	18,1	2	6,1	4	9,1
242 (Sch)	16	11,0	19	16,4	35	13,3
242 (e)	12	9,6	4	6,8	16	8,2
gesamt	43	10,3	42	12,6	85	11,4

Stärkere Schwankungen verzeichnen die Heranwachsenden. In den Gruppen 248 b (e), 242 (n) und 242 (e) sind sie — am Durchschnitt ihrer Altersstufe gemessen — nur halb sooft repräsentiert. Die Gruppe 248 b (u) bildet ebenfalls wieder die Ausnahme, gefolgt von den „Aussetzern". Die Probanden beider Tatformen weisen in Stufe A die geringste Dichte auf, während sie bei den Spätresozialisierten am stärksten vertreten sind. Es scheint so, als ob sich bei ihnen die gefährdetsten Heranwachsenden zusammenfinden. Diese Vermutung wird aber nur teilweise durch die Nichtbewährten bestätigt:

Stufe D

Form	Jugendliche	%	Heranwachsende	%	Gesamt	%
248 b (e)	11	20,8	7	17,1	18	19,2
248 b (u)	3	6,1	6	14,0	9	10,2
242 (Rpr)	9	22,5	44	10,0	13	16,2
242 (n)	—	—	3	9,0	3	6,8
242 (Sch)	23	15,6	26	22,4	49	18,6
242 (e)	19	15,3	13	22,0	32	17,5
gesamt	65	15,4	59	17,7	124	16,4

Die „Aussetzer" stehen wieder an der Spitze, während 248 b (u) sogar um drei Prozent unter dem Durchschnitt liegt. Hier treten häufiger die echten Gebrauchstäter und die „echten" Diebe in Erscheinung. Die Gruppe 242 (n) bietet auch in diesem Fall das gewohnte Bild einer positiven Sonderstellung, wobei besonders hervorzuheben ist, daß unter den Nichtbewährten kein einziger Jugendlicher ist. Die Jugendlichen in 242 (Rpr) sind am meisten belastet, wiewohl beide Altersstufen zusammen nicht den Durchschnitt überschreiten. Bei den Jugendlichen gleichen sich diese und die echten Gebrauchstäter. Gesamt jedoch ist 248 b (e) höher belastet und bei den Nichtbewährten am häufigsten anzutreffen.

Die Untersuchung der Kraftfahrzeug-Entwender wäre nicht vollständig, wollte man die Gelegenheitstäter auslassen. Einerseits sind sie

B. Die kriminologischen Erscheinungsformen 75

völlig farblos und damit an sich wenig aussagefähig, weil sie eben nur bei Gelegenheit straffällig werden. Andererseits könnten sie jedoch für die Fragestellung insofern Bedeutung erlangen, als sie darüber Aufschluß geben, inwieweit und in welcher Tatausführung dieses Delikt eine Gelegenheitstat bildet, eben weil das Objekt Auto oder Moped so anreizend auf der Straße stand; und inwiefern die Tat persönlichkeitsfremd oder aber bezeichnend für die eine oder andere Tätergruppe ist. So soll am Anfang der Gesamtüberblick stehen, nach Alter und Erscheinungsform geordnet.

Stufe C

Form	Jugendliche		Heranwachsende		Gesamt	
		%		%		%
248 b(e)	6	11,3	3	7,3	9	9,5
248 b (u)	4	8,8	6	14,0	10	11,2
242 (Rpr)	3	7,5	2	5,0	5	6,3
242 (n)	1	9,1	3	9,0	4	9,1
242 (Sch)	10	6,8	4	3,5	14	5,4
242 (e)	9	7,2	6	10,2	15	8,2
gesamt	33	7,8	24	7,2	57	7,5

Obwohl beide Altersstufen insgesamt gleichmäßig verteilt sind, zeigen sich bei den einzelnen Erscheinungsformen deutliche Abweichungen. So sind insbesondere in 248 b (e), 242 (Sch) sowie 242 (Rpr) die Jugendlichen kräftiger belastet, wenn auch in den beiden letztgenannten Formen sogar noch knapp unter ihrem Durchschnitt liegend. Erneut fällt die Gruppe 248 b (u) durch ihre überdurchschnittliche Stärke bei den Heranwachsenden auf, während 242 (Sch) hier nahezu verschwindet. In 242 (n) gleichen sich beide Altersstufen; bei 242 (Rpr) ähneln sie sich sehr stark. In allen übrigen Erscheinungsformen zeichnen sich klare Unterschiede ab. Vorsichtig urteilend könnte man aus diesem Bild schließen, daß die Gelegenheitstäter am häufigsten als echte unbefugte Benutzer handeln, was somit auf eine Gelegenheitstat an sich hindeuten kann. Im übrigen ist aber mit 7,5 Prozent Gesamtanteil Gelegenheitstäter das Potential doch recht gering, so daß verallgemeinernde Schlußfolgerungen nicht angebracht erscheinen.

c) Zusammenfassung

Die vorstehenden Untersuchungen haben gezeigt, daß die Belastung der Jugendlichen nicht zur Dauerkriminalität führt. Einzig bei den echten Gebrauchstätern und der Gruppe 242 (Rpr) sind diese stärker beteiligt als die Heranwachsenden. Daraus kann gefolgert werden, daß eine im Jugendalter begangene Kraftfahrzeug-Entwendung im allgemeinen keine ungünstige Prognose bedingt[146]. Sie ist nicht Symptom der späteren Kriminalität, sondern eine Episode auf dem Wege ins Erwachsenensein.

Soweit die Gerichte meinten, gegen die Kraftfahrzeug-Entwender mit einer Verurteilung wegen Diebstahls — als der erfolgversprechenderen Maßnahme — vorgehen zu müssen, hat dies die ihr zugedachte Wirkung verfehlt. Der Vergleich zwischen den unechten Gebrauchstätern und den nach 242 (Rpr) Verurteilten zeigt das deutlich: letzteren glaubte der Richter nicht, daß sie das Fahrzeug zurückbringen wollten und meinte, Abschreckung mit einer schärferen Verurteilung sei für sie das Angebrachte. Sechs Prozent mehr als bei 248 b (u) ließen sich überhaupt nicht beeindrucken, sondern setzten ihren Weg ins Kriminelle fort.

Keiner der Jugendlichen, die sich über ihre Absichten ausschwiegen, ist abgeglitten. Es sind gerade die im Ausgangsjahr Heranwachsenden, die in den zehn Jahren seit ihrer Verurteilung nicht mehr den Absprung fanden. Ebenso überwiegt bei den wegen eines unbefugten Gebrauchs in 248 b (u) Verurteilten die „ältere Generation". Vielleicht ist ein Grund darin zu suchen, daß die Älteren ihre Angaben tatsächlich als Schutzbehauptung benutzten und — ermuntert von dem Erfolg — weitere Taten begingen.

4. Straftaten im Bewährungszeitraum

Die Art der im Bewährungszeitraum begangenen Delikte ist von besonderer Bedeutung. Sie geben Hinweise auf die Persönlichkeit des Täters, der als Minderjähriger Kraftfahrzeuge entwendete: so vermögen sie Aufschluß darüber zu geben, ob die Tat eine Episode in seinem Leben darstellt, die mit Überschreitung der Reifeschwelle ihren Boden verliert; sie können seine Neigung zu Straftaten gegen fremdes Eigentum entlarven und damit gleichzeitig die Kraftfahrzeug-Entwendung in deren Nähe rücken; im Vergleich mit anderen Untersuchungen ließe sich ein Anhalt für die Resozialisierungschance der Kraftfahrzeug-Diebe und unbefugten Benutzer eines Kraftfahrzeuges gesamt und getrennt nach den von ihnen im weiteren Verlauf ihres Lebens ausgeführten „Deliktstypen" gewinnen.

a) Bewährungsstufen gesamt

In Übereinstimmung mit der Terminologie der Richtlinien für die Kriminalstatistik wird nur das schwerste der in Tateinheit begangenen

---

[146] So im Ergebnis auch: *Suttinger* in: Gerichtliche Psychologie, S. 223; *Munkwitz - Neulandt*, S. 565.

B. Die kriminologischen Erscheinungsformen

Delikte gezählt. Unterschiede zwischen Versuch und Vollendung wurden gleichfalls nicht vorgenommen[147]. Es ergaben sich vier große Blöcke:
1. „rein" in einer einzigen Form, nämlich der weiteren Kraftfahrzeug-Entwendung, betätigten sich die einen;
2. „getrennt" und im Wechsel entwendeten die andern einmal ein Kraftfahrzeug; führten dazwischen einen schweren oder einfachen Diebstahl oder Betrug aus; machten sich wegen Verkehrsvergehens, Widerstandes gegen die Staatsgewalt, Körperverletzung, diverser Privatklagedelikte schuldig oder zahlten auch nicht den Unterhalt für eheliche oder uneheliche Kinder;
3. „gemischt" handelten diese Probanden, indem sie mit einem entwendeten Fahrzeug regelmäßig einen Diebstahl oder Einbruch ausführten, so daß das Kraftfahrzeug im allgemeinen mehr dem Transport der Beute als dem Fahren um seiner selbst willen diente. Auch blieb die Kraftfahrzeug-Entwendung selten ein Einzelfall im Bewährungszeitraum.
4. Hier finden sich die Täter, die überwiegend Vermögensdelikte (hauptsächlich Diebstahl und schweren Diebstahl) begingen. Keiner ist wegen einer weiteren Kraftfahrzeug-Entwendung verurteilt worden; vereinzelt sind Strafen wegen Verkehrsdelikten, Verletzung der Unterhaltspflicht usw. wie in den vorstehenden Blöcken vermerkt.

Stufe	rein	%	getrennt	%	gemischt	%	Vermögen	%	ges.
A	20	4,3	38	7,8	24	4,9	89	18,2	171
B	—	—	23	21,1	24	25,9	38	37,9	85
C	—	—	15	26,3	7	12,3	35	61,4	57
D	2	1,6	42	33,8	43	34,7	37	29,8	124
ges.	22	2,9	118	15,6	98	13,0	199	22,4	437

Zunächst fällt auf, daß die reine Fahrzeugentwendung so gut wie nicht vorkommt. Aus den minimalen Unterschieden zwischen Stufe A und D können keine Schlußfolgerungen abgeleitet werden, denn sie können Zufall sein. Deutlicher schon zeichnen sich die Konturen bei den getrennt und wechselnd Handelnden in Block 2 ab; der Abfall von den Bewährten zu den Nichtbewährten ist doppelt so stark. Im Block 3 erhöht er sich auf das Zweieinhalbfache. Daraus geht eindeutig hervor, daß die Bewährungschance günstiger ist, je reiner die Täter zwischen Kraftfahrzeugen und anderen Vermögensobjekten differenzieren. Dies zeigt auch eine Gegenüberstellung im Block 4: nur 18 Prozent der Bewährten[148] vergingen sich seit ihrer Basisverurteilung an fremdem Eigentum. Den Weg in die Dauerkriminalität schlugen aber 30 Prozent ein. Wie stark die Neigung zur Eigentumskriminalität den Lebenserfolg

---
[147] Vgl. Richtlinien für die Berliner Kriminalstatistik vom 3. Dezember 1962 sowie Anm. 26.
[148] Vgl. Zusammensetzung der Untergruppen A 4. und A 5., B IV 1 a.

beeinträchtigt, kann bei Stufe B abgelesen werden. Fast 40 Prozent von ihr wurden teilweise noch massiv straffällig, ehe sie sich schließlich fingen.

Den weitaus höchsten Anteil mit 61 Prozent derjenigen, die einzig 1960 ein Kraftfahrzeug entwendeten, dafür danach wiederholt wegen geringfügiger Eigentumsdelikte verurteilt wurden, weisen die Gelegenheitstäter auf. Dies konnte bei den übrigen Bewährungsstufen nicht beobachtet werden. In Stufe C scheint das Kraftfahrzeug eine untergeordnete Rolle zu spielen. So wie es am Straßenrand steht (stand), hat es auf sie — wahrscheinlich — einst die gleiche Anziehung ausgeübt wie die Ware im Kaufhaus oder Selbstbedienungsladen.

Diesem Ergebnis seien sämtliche Täter zur Seite gestellt, die Straftaten gegen das Vermögen begingen:

Stufe A	130	26,6 %
Stufe B	74	87,0 %
Stufe C	52	91,2 %
Stufe D	117	94,4 %
gesamt	373	49,5 %

91 Prozent führen derartige Taten „bei Gelegenheit" aus. Noch größer ist der Anteil in Stufe D. Etwas günstiger stellt sich das Bild der Spätresozialisierten dar, während die Stufe A mit nur einem Viertel klar belegt, daß die von den Tätern zusätzlich oder ausschließlich begangenen Vermögensdelikte ihren Weg in die Kriminalität mitbestimmen.

Sehr günstig sind dagegen die Probanden zu beurteilen, deren Straflisten Nachverurteilungen wegen Verkehrsdelikten[149] mit oder ohne einer weiteren Kraftfahrzeug-Entwendung vermerken:

Stufe	nur Verkehr		ohne Kfz/Verm.		gesamt	
		%		%		%
A	124	25,4	134	27,5	258	52,9
B	11	13,0	5	5,8	16	18,8
C	3	5,0	2	3,5	5	8,3
D	3	2,4	2	1,6	5	4,0
gesamt	141	18,7	143	19,0	184	37,7

Gut die Hälfte aller Bewährten zählen zu diesem Täterkreis. Es handelt sich bei ihnen keineswegs um sogenannte „Verkehrsrowdys"[150] — sie sind mitunter in Stufe B und D anzutreffen. Hier wurden auch

---

[149] a. A. *Silbereisen*, S. 65, bei dessen Untersuchungen sich keine Anhaltspunkte für das spätere kriminelle Verhalten ergaben.
[150] Siehe auch Ausführungen zu Untergruppe A 2. und A 3., B IV 1 a.

B. Die kriminologischen Erscheinungsformen 79

Übertretungen mitgezählt, zumal öfter in kurzen Abständen mehrfache Eintragungen wegen Fahrens ohne Führerschein, Mitnahme einer Person auf einem Fahrrad, Fahren mit einem überladenen Fahrzeug u. ä. mehr feststellbar waren. Das scheinen alles Verstöße gerade dieser noch ungefestigten Persönlichkeiten zu sein, bei denen Übermut und Leichtsinn die dominierende Rolle spielen. Gleichzeitig deuten derartige Taten darauf hin, daß die ehemaligen Fahrzeugentwender nunmehr ihre Fahrlust, ihren Leichtsinn und Übermut mit dem eigenen Fahrzeug befriedigen können, was eine Ursache gewesen sein mag, daß sie nicht mehr wegen Kraftfahrzeug-Entwendung verurteilt wurden.

In den Stufen C und D ist so gut wie kein Täterpotential vorhanden, das nicht zur Eigentumskriminalität neigt. Die jeweils fünf Probanden ohne Vermögensstraftaten bilden nur die Ausnahme von der Regel. Dagegen beging nahezu jeder fünfte aus Stufe B kein Vermögensdelikt im Bewährungszeitraum. Dies könnte ein Grund dafür sein, daß sich diese Probanden insgesamt gesehen besser bewährten als diejenigen in Stufe C oder D, jedoch schlechter abschnitten als Stufe A.

b) Besonderheiten innerhalb der Bewährungsstufen

aa) Stufe A

Als erstes wäre die Untergruppe A 1 mit 182 Probanden zu nennen, die keine weiteren Nachverurteilungen aufweisen. Das bedeutet, daß insgesamt 24,2 Prozent nach ihrer Ausgangsverurteilung nicht mehr straffällig wurden. Sie verteilen sich etwa gleichmäßig auf die einzelnen Jahrgänge, wobei kleine Verschiebungen nach oben und unten zu verzeichnen sind. Stärker weichen davon die Neunzehneinhalb- und die Vierzehneinhalbjährigen ab. Sie sind an der Rate nur zu 6,5 und 8,2 Prozent beteiligt. Dies kann als weiteres[151] Indiz dafür gewertet werden, daß sehr junge Fahrzeugentwender sowie ältere Heranwachsende am stärksten gefährdet sind.

Von Interesse ist in diesem Zusammenhang, daß sich vorstehendes Ergebnis nach der ursprünglichen, allein an Hand der Strafregisterauszüge vorgenommenen Ermittlung um gut 5 Prozent veränderte. In dieser Höhe waren die Probanden noch mindestens einmal einschlägig verurteilt worden, hatten sich aber unter der schließlich angeordneten Bewährungsaufsicht so gut geführt, daß auch diese Verurteilungen getilgt werden konnten. In den Strafregisterauszügen waren insgesamt sogar bei 30 Prozent überhaupt keine Eintragungen vermerkt, also auch die 1960er-Verurteilung bereits gelöscht. Erst durch die Auswertung

---

[151] Siehe auch Zusammenfassung, B IV 3 c.

der kriminalpolizeilichen Unterlagen konnten die tatsächlichen Verhältnisse festgestellt werden.

Diese fünf Prozent angeblich völlig straffreier Täter in der zehnjährigen Beurteilungsperiode erscheinen zwar für die Bewährungssituation nicht sehr bedeutungsvoll, zumal auch seit ihrer letzten Tat nahezu zehn Jahre vergangen sind. Jedoch beleuchten sie die Kraftfahrzeug-Entwendung in ihrer kriminologischen Erscheinung und werden — worauf noch an späterer Stelle eingehend zurückzukommen sein wird — ein wichtiger Hinweis auf die gegen sie zu ergreifenden Maßnahmen sein. Es wäre daher wünschenswert, wenn zukünftig bei ähnlichen Arbeiten auch die Kriminalakten hinzugezogen würden, um die tatsächlichen Vorgänge lückenloser zu erforschen.

bb) Stufe B

58,8 Prozent der Stufe B blieben seit ihrer Entlassung oder letzten Verurteilung vier bis sieben Jahre straffrei. Genau die Hälfte von ihnen wurde wegen erneuter Kraftfahrzeug-Entwendung verurteilt, teilweise in Zusammenhang mit einfachem und schwerem Diebstahl. Interessanterweise gehören sämtliche der „gemischt" Handelnden aus Block 3 und die überwiegende Mehrheit (17 von 23) aus Block 2 zu den bereits länger Straffreien; jedoch nur 9 der 38 reinen Vermögenstäter finden sich unter ihnen. Damit zeigt sich auch hier das bereits bekannte Bild.

cc) Stufe C

Von den Gelegenheitstätern wurde rund die Hälfte (49,4 Prozent) vor mehr als zwei bis zu vier Jahren letztmalig verurteilt, beziehungsweise aus der Haft entlassen. Bis auf einen traten alle übrigen seit ein bis zwei Jahren nicht mehr in Erscheinung, wobei die seit einem Jahr Straffreien nur vier Probanden stellen. Die reinen Vermögenstäter sind unter den mehr als zwei Jahren Straffreien kaum anzutreffen (7 von 35).

dd) Stufe D

Seit ein bis drei Jahren[152] ohne neue Verurteilung zeigten sich 73 Probanden:

rein	1	50,0 %
getrennt	28	66,6 %
gemischt	25	58,0 %
Vermögen	19	51,1 %
gesamt	73	59,6 %

Dies unterstreicht die bisherigen Ergebnisse: je klarer die Trennung zwischen Vermögensdelikten und Kraftfahrzeug-Entwendung, desto

---

[152] Davon waren 2 = 3 1/2 Jahre; 2 = 4 Jahre; 1 = 4 1/2 Jahre und 1 = 7 Jahre straffrei.

B. Die kriminologischen Erscheinungsformen

günstiger bietet sich die Bewährungssituation dar. Immerhin sind in den letzten ein bis drei Jahren 66,6 Prozent der Täter aus Stufe D, die jeweils zwischen einer Kraftfahrzeug-Entwendung und anderen Straftaten wechselten, ohne erneute Verurteilung geblieben. Bei denen, die mit dem entwendeten Kraftfahrzeug Diebstähle und Einbrüche ausführten, waren es nur 85 Prozent. Mit 51 Prozent sind diejenigen beteiligt, für welche die Entwendung eines Kraftfahrzeuges das Durchgangsstadium zur weiteren Eigentumskriminalität darstellt.

Dieses Ergebnis stimmt nahezu völlig mit dem überein, was *Steinemann*[153] bei ehemaligen Insassen der Berliner Jugendstrafanstalt ermittelte. Damit erhärtet sich weiter die Feststellung, daß Kraftfahrzeug-Entwender und „normale" Eigentumstäter unter kriminologischen Gesichtspunkten verschieden geartet sind.

c) Die Erscheinungsformen

aa) Gesamtüberblick

Form	Stufe A	rein	getr.	gem.	Verm.	ohne	ohne Verm.
248 b (e)	60	11	16	10	33	14	20
%	63,9	1,1	17,0	10,6	35,1	14,9	21,2
248 b (u)	57	3	10	14	22	25	15
%	64,1	3,3	11,3	15,7	24,7	28,1	16,8
242 (Rpr)	52	2	12	12	19	26	9
%	65,0	2,2	15,0	15,0	23,7	33,5	11,2
242 (n)	33	—	5	3	15	12	9
%	75,0	—	11,3	6,3	34,1	27,2	20,4
242 (Sch)	165	13	46	38	63	56	47
%	62,7	4,9	17,4	14,4	23,9	21,3	17,8
242 (e)	120	33	29	21	47	49	34
%	65,5	1,6	15,8	11,4	25,7	26,7	18,6

Obgleich bei den einzelnen Erscheinungsformen die Unterschiede im Bewährungserfolg äußerst gering sind, lassen sich doch Zusammenhänge zwischen der Stufe A und dem Anteil der Täter, die überhaupt keine Nachverurteilung („ohne") aufweisen, sowie denen ohne neue Vermögenstat (letzte Spalte) erkennen: je größer die Bewährungsquote der Erscheinungsform, desto höher der Prozentsatz dieser Probanden. So bestätigt sich erneut, daß eine straffreie Lebensführung von der Neigung zur Eigentumskriminalität abhängig ist. Dieser Eindruck wird noch verstärkt, wenn man die „gemischt" Belasteten mit den Spätresozialisierten[154] vergleicht: wo deren Beteiligung gering ist, sind es auch jene und umgekehrt. Insgesamt müssen diese Ergebnisse aber unter dem

---

[153] S. 33: 50 Prozent Erfolg nach zwei Jahren.
[154] Siehe Gesamtübersicht: B IV 2.

durch die geringen Differenzen bedingten Vorbehalt eventueller Zufälligkeiten gesehen werden.

Auch der Versuch, aus der Dichte der mit Vermögensdelikten auffällig Gewordenen Folgerungen auf die Artung der Täter in den einzelnen Erscheinungsformen zu ziehen, geschieht mit größter Vorsicht: sind — abgesehen von den erwähnten minimalen Unterschieden — 248 b (e), 248 b (u) und 242 (n) einerseits stärker als 242 (Rpr), 242 (Sch) und 242 (e) belastet, so weisen gerade 248 b (e) und 242 (n) die meisten Probanden ohne eine weitere Verurteilung wegen eines Vermögensdeliktes auf. Umgekehrt verhält sich dies in Gruppe 242 (Rpr). Das beweist die schon mehrfach gemachte Erfahrung, daß aus kriminologischer Sicht zwischen den jeweils ausgeführten Taten im Täterpotential kaum Unterschiede bestehen.

bb) Innerhalb der Bewährungsstufen

An dieser Stelle sollen nur die Besonderheiten behandelt werden, die sich in den einzelnen Bewährungsstufen bei den jeweiligen Erscheinungsformen ergeben. So finden sich bis auf zwei sämtliche „reinen" Kraftfahrzeug-Entwender bei den völlig Bewährten. Am häufigsten treten sie in der Form der „Aussetzer" sowie der unechten Gebrauchstäter auf; aus 242 (n) zählt keiner zu ihnen und ebensowenig haben sich die echten Gebrauchstäter sowie „echten" Diebe in der Weise betätigt. Im übrigen gleichen die Verhältnisse dem unter aa) Gesagten.

In der Stufe B fällt 242 (Rpr) auf: bei ihr sind sowohl diejenigen mit der günstigsten Prognose (Block 2) als auch der schlechtesten (Block 4) — neben den echten Gebrauchstätern — am stärksten vertreten. In sämtlichen anderen Erscheinungsformen — mit Ausnahme von 242 (e) — sind die Blöcke 2 und 3 gleich stark beteiligt. Damit zeigt sich wieder deutlich die Problematik der Gruppe 242 (Rpr), indem sie sowohl die kriminell Gefährdetsten als auch die Harmlosen vereint. Daneben stehen die echten Gebrauchstäter: sie haben das höchste Potential intensiv Gefährdeter und die geringste Anzahl leichter Fälle.

Innerhalb der Stufe C ist es wiederum die Gruppe 242 (Rpr), welche die wenigsten zu Vermögensdelikten neigenden Täter aufweist, obgleich gerade in dieser Stufe die überwiegende Mehrheit sie begeht. So wie es in Stufe C keinen reinen Fahrzeugentwender gibt, sind es nur wenige, die mit dem entwendeten Wagen einen Diebstahl oder Einbruch ausführten: bei den echten Gebrauchstätern und den „Schweigern" kommen sie überhaupt nicht vor, bei der Gruppe 248 b (u) sind sie zu einem Drittel, bei den „echten" Dieben nur zu sechs Prozent beteiligt.

Im Grunde ist das nicht verwunderlich. Denn da die Probanden der Stufe C vorwiegend durch die günstige Gelegenheit zu ihren Taten

B. Die kriminologischen Erscheinungsformen

bestimmt werden, fehlt ihnen im allgemeinen die kriminelle Energie, welche diejenigen aufbringen, denen das Fahrzeug als Transportmittel für die aus dem Diebstahl oder Einbruch stammende Beute dient. Daraus erklärt sich auch der hier besonders starke Anteil der „Wechsler"[155].

In Stufe D finden sich nur zwei Probanden, die sich auf die Entwendung von Kraftfahrzeugen spezialisierten. Sie tauchen bei den „Aussetzern" sowie den „echten" Dieben auf. Ihr minimaler Anteil und die Tatsache, daß dieser Typ sonst ausschließlich zu den Bewährten zählt, verbieten Folgerungen allgemeiner Art. Im übrigen verteilen sich in dieser Stufe die Probanden der Erscheinungsformen nahezu gleichmäßig auf die Deliktsblöcke, wobei größere Unterschiede eigentlich nur innerhalb der beiden Gebrauchstätergruppen feststellbar sind. Aber auch dabei ist keine bestimmte Tendenz erkennbar.

Diese von den anderen Bewährungsstufen abweichende Beobachtung könnte darin ihre Erklärung finden, daß es bei den Nichtbewährten so gut wie keine reinen „Verkehrstypen" oder Probanden ohne jegliche Vermögensverurteilung gibt. Sie sind somit alle mit dem negativen Merkmal belastet, was dann ihre Bewährungssituation ziemlich gleichförmig gestaltet.

cc) Beziehungen zwischen Deliktsarten und Bewährung
in den Erscheinungsformen

Der Anteil der „gemischt" und „getrennt" handelnden Täter liegt bei 248 b (e) in den Stufen A und B etwa gleich hoch um 15 Prozent. Interessanterweise begingen in Stufe D die wenigsten Probanden nur Vermögensdelikte:

D = 27,7 %
A = 65,4 %
C = 66,6 %
B = 71,4 %

Die am häufigsten „getrennt" tätig Gewordenen sind bei 248 b (u) in Stufe B (28,6 Prozent) anzutreffen. Am meisten — mit über 55 Prozent— begingen die Nichtbewährten mit dem entwendeten Fahrzeug Diebstähle und Einbrüche, wohingegen reine Vermögenstäter unter ihnen gleichfalls selten sind:

D = 22,2 %
A = 50,0 %
B = 47,1 %
C = 60,0 %

Bei 242 (Rpr) verteilen sich die Probanden aus Block 3 ungefähr gleichmäßig auf die Stufen A, B und C mit rund 20 Prozent. In D steigen sie

---

[155] Ähnlich: *Silbereisen*, S. 25.

auf fast das Doppelte an. Wenn sich bei den reinen Eigentumstätern auch in dieser Erscheinungsform dasselbe Bild wie in den vorstehenden Gruppen zeigt, so sind die Schwankungsbreiten aber nicht so beträchtlich wie bei jenen:

$$D = 38,8\,\%$$
$$A = 50,0\,\%$$
$$C = 40,0\,\%$$
$$B = 66,6\,\%$$

242 (n) fällt mit völlig übereinstimmenden Quoten von jeweils 33,3 Prozent der Nichtbewährten in den Blöcken 2, 3 und 4 auf, wobei die Vermögenstäter wiederum am Ende sämtlicher Stufen stehen. Im übrigen zeigen sich leichte Ähnlichkeiten zwischen Stufe A und C: völlig gleichgeartet sind die Vermögenstäter mit 75 Prozent; äußerst wenige finden sich bei denen, die das Fahrzeug zum Beutetransport benutzten: kein einziger bei C; in A nur acht Prozent.

Recht bunt ist das von 242 (Sch) gebotene Bild: jeder Fünfte aus A benutzte ausschließlich Kraftfahrzeuge; fast jeder Dritte in dieser Stufe tat es im Wechsel mit anderen Delikten. Entsprechend ist ihre Beteiligung an reinen Vermögensdelikten. Sie weicht nur um sechs Prozent von dem entsprechenden Block bei den Nichtbewährten (34,4 Prozent) ab, wo die reinen Vermögenstäter ebenfalls die kleinste Gruppe bilden. Eine Sonderstellung nimmt Stufe C ein, die sich von den übrigen in sämtlichen Blöcken deutlich unterscheidet. Einzig in Block 3 ist eine leichte Annäherung (14,3 Prozent) an A (11,3 Prozent) zu erkennen.

Zwar sind die Nichtbewährten in Block 4 bei den „echten" Dieben wiederum am wenigsten vertreten (34,4 Prozent), aber ihr Anteil stimmt fast mit dem aus B (37,5 Prozent) überein, während sich A und C (57,6 Prozent zu 60,0 Prozent) etwa gleichen. Bei den „Wechslern" liegen A und B einerseits sowie C und D andererseits eng aneinander (21,6 Prozent und 25,0 Prozent zu 33,3 Prozent und 37,5 Prozent). Die Spannen bei den „gemischt" Handelnden sind zwischen sämtlichen Stufen recht erheblich, wobei die Gelegenheitstäter hier mit nur 6,6 Prozent verschwindend wenige, bei B mit 37,5 Prozent die Stärksten sind. Dazwischen liegt A mit rund 17 Prozent und D, wo jeder vierte das Fahrzeug zur Begehung von Diebstahl oder Einbruch verwandte.

d) Zusammenfassung

aa) Weitere Faktoren deuten darauf hin, daß sich der Kraftfahrzeug-Entwender selbst dann, wenn er noch weitere Vermögensdelikte begeht, von einem Dieb im kriminologischen Sinne unterscheidet:

1. Trotz eines Drittels „Kraftfahrzeug-Spezialisten" finden sich nur 1,6 Prozent in ihrer reinen Form unter den Nichtbewährten.

B. Die kriminologischen Erscheinungsformen

2. Je klarer die Probanden zwischen Vermögensdelikten und Kraftfahrzeug-Entwendung trennen, desto günstiger ihre Bewährungsprognose[156].
3. Die große Anzahl vor allem der reinen Verkehrstäter zeigt, daß der Kraftfahrzeug-Entwender erheblich von seiner Freude am Fahren verbunden mit Übermut und Leichtsinn bestimmt wird.

bb) Zwischen den einzelnen Erscheinungsformen in den jeweiligen Bewährungsstufen sind Differenzen kaum sichtbar. Unter Berücksichtigung dieser Tatsache ergibt sich:
1. Die in der Form von 242 (Rpr) Handelnden setzen sich aus den kriminell Gefährdetsten und den Harmlosesten zusammen.
2. Wiederholt zeigen 248 b (e) und 242 (e) übereinstimmende oder ähnliche Merkmale, was auf das in beiden Erscheinungsformen gleiche Täterpotential hindeutet.

5. Deliktsarten bei der Ausgangstat

Nachdem bestimmte Abhängigkeiten zwischen der von den Probanden begangenen Deliktsart und ihrem Lebenserfolg festgestellt wurden, soll nunmehr untersucht werden, ob sich aus den im Zusammenhang mit der ersten Kraftfahrzeug-Entwendung begangenen Delikten der Bewährungsverlauf hätte voraussehen lassen.

Von der Sache her ergeben sich Einschränkungen für die Gliederung. Sie konnte nur nach Verkehrsdelikten[157], einfachem und schweren Diebstahl sowie der meist mit den Verkehrsstrafen im Zusammenhang stehenden Körperverletzung vorgenommen werden. „Getrennt" Handelnde sind in diesem Fall gar nicht möglich, weil nur eine einzige Tat zur Beurteilung steht.

Stufe	Übertret.		§ 142		§§ 223 ff.		§§ 242 ff.		Gesamt	
		%		%		%		%		%
A	6	1,2	12	2,4	6	1,2	23	4,8	47	9,7
B	1	1,2	—	—	—	—	1	1,2	2	2,4
C	—	—	1	1,8	1	1,8	—	—	2	3,6
D	2	1,6	1	0,8	—	—	4	3,2	7	5,6
gesamt	9	1,2	14	1,8	7	0,9	28	3,7	58	7,8

Das Ergebnis ist mager. Insgesamt blieben ohne festgestellte oder verurteilte Nebentat 92,4 Prozent. Die hier ermittelten Anteile „Mehrfachtäter" in den einzelnen Bewährungsstufen sowie die der jeweiligen

---

[156] *Behrens*, S. 101 und *Sydow*, S. 95 ff. (Tabelle, S. 96), ermittelten ebenfalls, daß Vermögensstraftäter am gefährdetsten sind.
[157] wobei aufgeteilt wird nach Verkehrsunfallflucht (§ 142 StGB), Übertretungen (regelmäßig „fahren ohne Führerschein" oder „Fahrerlaubnis") und Körperverletzung (§§ 223 ff. StGB) als Folge eines Verkehrsunfalles.

Deliktsart sind derartig gering, daß sich Bezüge zur Lebensbewährung verbieten. Allein aus der Tat, die im Zusammenhang mit dem entwendeten Fahrzeug begangen wird, kann eine Prognose nicht erstellt werden.

6. Frühkriminalität

Zu den wohl gesichertesten Erkenntnissen der kriminologischen Ursachenforschung gehört, daß der frühe Beginn asozialen Verhaltens und dabei insbesondere Auffälligkeiten wegen Diebstahls[158] prognostisch sehr ernst zu beurteilen sind, weil sie die Vorform der Gewohnheitskriminalität darstellen können[159]. Wie ungünstig sich die Neigung zur Vermögenskriminalität auf den Lebenserfolg auswirken kann, wurde auch hier bereits festgestellt. So soll in diesem Abschnitt untersucht werden, in welcher Weise sich die Probanden vor ihrer allerersten Kraftfahrzeug-Entwendung betätigten und ob dies Anhaltspunkte für ihre spätere Entwicklung, insbesondere in Richtung Kraftfahrzeug-Entwendung bietet. Denn gerade die erste Tat könnte den weiteren Verlauf ihres kriminellen Verhaltens bestimmt haben[160]. Die Hemmungsbarriere vor dem Unbekannten ist mit ihr überwunden. Die nächste Straftat wird mit weniger Bedenken ausgeführt. Gelingt es dem Gericht an dieser Stelle, den Jugendlichen richtig zu diagnostizieren, und dann die adäquaten Maßnahmen anzuordnen, so würde verhindert, daß er erneut straffällig wird oder gar in die Dauerkriminalität abgleitet. Da sich herausgestellt hat, daß die Abgrenzung zwischen Diebstahl und unbefugtem Gebrauch eines Kraftfahrzeuges keinen Anhaltspunkt für die Lebensbewährung zu geben vermag[161], wird deshalb im folgenden auf die Darstellung der Erscheinungsformen weitgehend verzichtet. Dies geschieht auch aus der Überlegung, daß die rein juristische Feststellung, welche Art der Kraftfahrzeug-Entwendung nun eigentlich vorliegt, weniger interessiert als die andere, wie stark gerade der Täter, welcher ein Kraftfahrzeug entwendete, gefährdet ist. Denn danach hat sich die gegen ihn zu ergreifende Maßnahme zu richten.

Als „In-Erscheinung-getreten" wird gezählt, wer schon als Kind auf Grund einer Eintragung in den kriminalpolizeilichen Unterlagen einer Handlung beschuldigt wurde, die bei Strafmündigkeit zu einem Ge-

---

[158] *Silbereisen*, S. 20 und *von See*, S. 65 jeweils m. w. Nachw.
[159] *Exner*, S. 151; *Bader*, Soziologie, S. 147; *Frey*, Rückfallverbrecher, S. 50; *Schaffstein*, S. 6; *Roesner* in: HdK, Band I, S. 840; *Hellmer* in: ZStW Bd. 72, S. 397; *König* in: Heintz - König, S. 5; *Silbereisen*, S. 58; *Schlöter*, S. 11; jeweils m. w. Nachw.: *Sydow*, S. 89; *Kohnle*, S. 6; *von See*, S. 64.
[160] Ebenso *Silbereisen*, S. 12; *Wend*, S. 43; *Schurich*, S. 128; *Hellmer* in: ZStW Bd. 72, S. 397.
[161] Siehe B IV 2.

richtsverfahren geführt hätte. Weiterhin werden sämtliche kriminellen Auffälligkeiten gesamt gewertet, allerdings nur, wenn der Tatbestand erwiesen war, eine Aburteilung jedoch mangels Strafantrages unterbleiben mußte oder irgendein anderes Verfolgungshindernis bestand. Eine statistische Erhebung in dieser Form schien bei der Untersuchung angezeigt, weil eine Trennung in Verfahren, die im Ermittlungsstadium beendet wurden, und denen, die zur Verurteilung führten, insoweit ein ungenaues Bild vermitteln, als naturgemäß die am Anfang ihrer strafrechtlichen Verantwortung Stehenden kaum vorverurteilt sein können. Andererseits könnten aber ihre Auffälligkeiten auf ein bestimmtes **kriminelles Verhalten** hindeuten.

Würde man hingegen bei den älteren Jahrgängen die vor ihrer Strafmündigkeit begangenen Delikte außer acht lassen, so wäre auch ihre Beurteilung unvollständig. Erst die Tendenz von Kindes- zum Jugendalter vermag einen sicheren Anhalt für schädliche Neigungen bei dem jeweiligen Täter zu geben.

a) Stufe A

Die Bewährten bilden den Anfang der Untersuchung, um so den Maßstab für die übrigen Probanden zu setzen.

aa) Alter und Art der ersten Tat

Kinder	Vermögen	übrige	Kfz	Gesamt
6	1	—	—	1
7	1	1	—	2
8	2	1	—	3
9	7	1	—	8
10	11	2	—	13
11	18	5	—	23
12	15	5	—	20
13	20	9	—	29
gesamt	75/75,0	24/25,0	—	99
Jugendliche				
14	30	15	14	59
15	29	29	24	82
16	19	34	42	95
17	14	18	41	73
gesamt	92/30,0	96/31,7	121/38,2	303
Heranwachsende				
18	6	5	37	48
19	2	3	17	22
20	1	1	7	9
gesamt	9/11,2	9/11,2	61/77,6	79

Vor Strafmündigkeit wurde bereits jeder fünfte Proband kriminell auffällig. Es überwiegen deutlich zu drei Vierteln die Vermögensdelikte, welche sich fast ausschließlich aus Keller-, Lauben, Baubudeneinbrüchen und wertmäßig geringfügigen Diebstählen von leeren Flaschen, Schrott und Heften, aber teilweise auch bereits Fahrrädern zusammensetzen. Die anderen 25 Prozent an Straftaten konzentrieren sich bei den Jüngsten hauptsächlich auf Sachbeschädigung und gehen mit zunehmendem Alter in Körperverletzung sowie Verkehrsdelikte leichtester Art (Fahren auf Fußweg, mit einem Fahrrad ohne Klingel oder Licht, Mitnahme einer Person auf ihm etc.) über.

Zwei Drittel aller Probanden begingen ihre erste Tat als Jugendliche und in dieser Altersstufe am meisten mit 16 Jahren. Um jeweils rund zwei Prozent unterscheiden sich von ihnen die 15-, 17- und 14jährigen. Bei den Jugendlichen ist mit steigendem Alter ein Absinken echter Vermögensdelikte — fast ausschließlich der gleichen Art wie vor der strafrechtlichen Verantwortungsreife — sowie eine Zunahme der Verkehrsstraftaten, die jene sogar überrunden, zu bemerken. Sprunghaft steigt die Kraftfahrzeug-Entwendung als Ersttat im Alter zwischen 15 und 16 an, was etwa ein Jahr vor der hier ermittelten Ausgangsverurteilung[162] liegt. Dies bestärkt die Annahme, daß jugendliche Kraftfahrzeug-Entwender im 16./17. Lebensjahr bereits über einschlägige Erfahrung verfügen.

Jeder sechste hat als Heranwachsender seine erste Straftat begangen. Ihr Anteil an echten Vermögens- und Verkehrsdelikten ist jedoch verschwindend klein. Klar dominiert die Kraftfahrzeug-Entwendung: von 79 Probanden betätigten sich alleine 61 in dieser Weise.

Insgesamt läßt sich eine Verlagerung der Deliktsformen bei den Ersttätern verfolgen. Während als Strafunmündige 75 Prozent Eigentumsdelikte begingen, fällt ihr Anteil bei den Jugendlichen mit nur noch 30 Prozent bis zu den Heranwachsenden auf 11 Prozent rapide ab. In gleicher Weise steigen jedoch nicht die Verkehrsdelikte, Sachbeschädigungen, Körperverletzungen und ähnliches an. Sie liegen sowohl bei den Jugendlichen als auch bei den Heranwachsenden mit den Vermögensdelikten auf gleicher Höhe. Die Veränderung betrifft das Tatobjekt. Sind es rund 40 Prozent Jugendliche, die zum ersten Mal mit dem Gesetz in Konflikt kommen, weil sie ein Kraftfahrzeug entwendeten, so erhöht sich ihr Anteil bei den Heranwachsenden auf das Doppelte. Daran läßt sich zugleich ablesen, wie intensiv diese Lebensjahre mit dem Kraftfahrzeug verbunden sind.

Im Grunde ist es auch nicht verwunderlich, wenn man bedenkt, daß der Führerschein der Klasse 3 erst mit 18 Jahren erworben werden

---

[162] Siehe A 4 b.

kann, das Interesse, selbst ein Kraftfahrzeug zu fahren, aber weitaus früher erwacht. Das Kleinkraftrad genügt dann oft nicht mehr. Die Möglichkeit jedoch, ein Auto zu halten, ist vor allem aus finanziellen Gründen begrenzt. Das bestätigt auch der mit 19 Jahren sichtbar sinkende Anteil der Kraftfahrzeug-Ersttäter, die mit 20 Jahren fast völlig verschwinden. Im Verhältnis zueinander sind als Ersttat Kraftfahrzeug-Entwendungen und Vermögensdelikte mit jeweils etwas mehr als einem Drittel ungefähr gleichstark vertreten. Alle übrigen Straftaten zusammen bilden gut ein Viertel.

bb) Vortaten im Verhältnis zu Nachtaten

Insgesamt treten die Vermögensdelikte gegenüber sämtlichen anderen Straftaten zurück. Dabei hat sich die bereits mehrfach festgestellte Tendenz der stärkeren Gefährdung derjenigen, die auch Vermögensdelikte begehen, erneut gezeigt. So sind von denen, die nur einmal wegen einer Kraftfahrzeug-Entwendung verurteilt wurden, auch davor in keiner Weise in Erscheinung getreten: 45,6 Prozent; ohne Vermögensnachverurteilung sind es nur noch 29,9 Prozent; 26,5 Prozent in den Fällen, die sowohl Vermögens- als auch andere Delikte aufweisen und nur noch 20,0 Prozent schließlich bei den mehrfachen Vermögenstätern. Das wird noch deutlicher, betrachtet man die wegen eines oder mehrerer Vermögensdelikte vor der ersten Kraftfahrzeug-Entwendung kriminell auffällig Gewordenen: die nicht mehr Nachverurteilten stellen nur 34,1 Prozent, gefolgt von den ohne Vermögensnachverurteilung mit 39,9 Prozent; über 49,2 Prozent bei einer Verurteilung wegen eines Vermögensdeliktes nach 1960 bis zu der Steigerung auf 53,0 Prozent bei den mehrfachen Vermögensstraftätern.

Da sich diese Gruppe im Gesamten allerdings in den vergangenen zehn Jahren bewährt hat, kann eine Vermögensstraftat vor der ersten Kraftfahrzeug-Entwendung nur als äußerst schwaches Indiz einer Gesamtgefährdung angesehen werden. Für die Kraftfahrzeug-Entwendung selbst läßt sich daraus überhaupt nichts entnehmen. Denn einmal bilden Vermögensdelikte ohnehin die häufigste Straftat von Kindern und Jugendlichen[163], zum anderen sind junge Eigentumstäter stärker gefährdet als andere[164]. Sie deshalb als besonders anfällig für Kraftfahrzeug-Entwendungen zu halten, erscheint im Hinblick darauf auch äußerst zweifelhaft, daß allein 41,6 Prozent sämtlicher Probanden der Stufe A vorgehende Auffälligkeiten wegen eines Eigentumsdeliktes aufweisen und nur ein Drittel überhaupt nicht in Erscheinung trat.

---

[163] Vgl. Angaben bei Anmerkung 24.
[164] Vgl. Anmerkung 156 f., sowie *Exner*, S. 286.

b) Stufe D

Durch die Überprüfung der bisher nicht Resozialisierten soll festgestellt werden, ob sich wesentliche Unterschiede in den einzelnen Faktoren ergeben, die eine bestimmte Prognose rechtfertigen.

aa) Alter und Art der ersten Tat

Kinder	Vermögen	übrige	Kfz	Gesamt
8	2	—	—	2
9	2	3	—	5
10	3	—	—	3
11	4	1	—	5
12	4	1	—	5
13	7	4	—	11
gesamt	22/70,9	9/29,1	—	31
Jugendliche				
14	17	13	8	28
15	6	9	5	20
16	2	8	4	14
17	5	7	5	17
gesamt	30/33,7	37/41,5	22/24,8	89
Heranwachsende				
18	—	—	—	—
19	1	—	2	3
20	—	—	1	1
gesamt	1/25,0	—	3/75,0	4

Jeder Vierte trat bereits vor Strafmündigkeit in Erscheinung. Der feststellbare jüngste Ersttäter war acht Jahre alt. Mit 71 Prozent überwiegen die Vermögensdelikte, welche sich in ihrer Art mit denen der Stufe A decken[165]. Sprunghaft steigt im 14. Lebensjahr die Zahl der zum ersten Mal Straffälligen an. Fast ein Drittel sämtlicher Nichtbewährter begann seine kriminelle Karriere mit Strafmündigkeit. Um nahezu die Hälfte verringert sich ihr Anteil bei den 15jährigen. Nach einem darauf folgenden Tiefstand nimmt er noch einmal im Alter von 17 leicht zu. Die gleiche Tendenz weisen die Vermögensdelikte und Kraftfahrzeug-Entwendungen auf, während alle übrigen — wenn auch kaum merklich — sich vermindern. Trotzdem stellen gerade diese bei den Jugendlichen mit 41,5 Prozent den höchsten Prozentsatz. Die Vermögensdelikte als Ersttat wurden nur von einem Drittel, Kraftfahrzeug-Entwendungen sogar nur von jedem vierten Probanden begangen.

---

[165] Siehe B IV 6 a aa).

B. Die kriminologischen Erscheinungsformen

Lag der Höhepunkt der Kraftfahrzeug-Entwendungen im Basisjahr im Alter von 17 Jahren, so erreicht er den Gipfel bei den Nichtbewährten bereits drei Jahre früher. Dennoch finden sich Wiederholungstäter selten. Sie scheinen früher als die anderen das Objekt zu wechseln, was sich letztlich auch in der bei Stufe D niedrigsten Anzahl der reinen Kraftfahrzeug-Entwender zeigt.

Heranwachsende als Ersttäter kommen in Stufe D so gut wie nicht vor. Das könnte bedeuten, daß die Weichen zur Dauerkriminalität in einem früheren Lebensabschnitt gestellt wurden[166].

In der Zeit bis zur Volljährigkeit verändert sich bei den Ersttätern die Art der von ihnen begangenen Delikte in den einzelnen Altersabstufungen: liegen vor der Verantwortungsreife die Vermögensstraftaten über 70 Prozent, sinken sie beträchtlich schnell bei den Jugendlichen auf ein Drittel. Von den Heranwachsenden machte sich nur noch ein einziger Proband in dieser Weise erstmalig strafbar. Die Zahl derer, die mit allen sonstigen Taten begannen — außer Kraftfahrzeuge zu entwenden — steigt von den Strafmündigen zu den Jugendlichen ziemlich stark an, während keiner der Heranwachsenden diese Tatformen wählte. Die Kraftfahrzeug-Entwendung als erste Tat stellte bei ihnen den geringsten Anteil und bleibt im Grunde auf die Jugendlichen beschränkt. Insgesamt finden sich in Stufe D 42,8 Prozent Vermögensersttäter, denen mit 37,1 Prozent alle übrigen Deliktsarten folgen. Bei nur 20 Prozent bildete die Kraftfahrzeug-Entwendung ihre erste strafbare Handlung.

bb) Vortaten im Verhältnis zu Nachtaten

Bei Stufe D überwiegen die Vermögensdelikte: nahezu jeder zweite trat damit vor der Ausgangsverurteilung in Erscheinung. Nur ein knappes Drittel weist keine derartigen Straftaten auf. Kraftfahrzeug-Entwendungen als Vorbelastungen finden sich nur zu 11,3 Prozent. Bei den restlichen 8,8 Prozent waren 1960 keine Eintragungen feststellbar.

Im weiteren setzt sich die bereits bekannte Tendenz auch auf dieser Stufe fort: je weniger Auffälligkeiten in Richtung Eigentum oder Vermögen, desto geringer die kriminelle Intensität. Ergaben die Voruntersuchungen eine günstige Beurteilung für diejenigen, welche „getrennt" von anderen Vermögensdelikten Kraftfahrzeuge entwendeten[167], so deutet sich das bereits in ihren ersten Handlungen vor ihrer allerersten Kraftfahrzeug-Entwendung an: sie weisen mit 56,1 Prozent die geringste

---

[166] Zu anderen Ergebnissen kommen: *Middendorff*, Jugendkriminalität, S. 32; *Fuhlendorf*, S. 121; *Wend*, S. 47, die meinen, daß die Entscheidung erst zwischen dem 18. und 21. Lebensjahr falle.
[167] Vgl. Zusammenfassung B IV 4 d unter aa) Nr. 2.

Quote bei den Vermögensstraftaten auf. Dagegen schneiden die „echten" Vermögenstäter, deren entsprechende Vorbelastungen drei Prozent weniger betragen, besser ab als die „gemischt" handelnden Wiederholungstäter (65,2 Prozent), obwohl ihnen größere Bewährungschancen eingeräumt wurden[168]. Schließlich zeigte jeder fünfte Kraftfahrzeug-Entwender vor seiner ersten Tat überhaupt keine Auffälligkeiten.

c) Vergleich der Bewährungsstufen A und D

Erste strafbare Handlung:

Alter	Stufe A	Stufe D
Beginn	6	8
Jugendl.	63,4 %	71,7 %
Heranw.	16,3 %	3,3 %
Höhepunkt	16	14

Art der ersten Tat:

Art	Alter	Stufe A	Stufe D
Vermögen:	Kinder	75,0 %	70,9 %
	Jugendl.	30,0 %	33,7 %
übrige:	Kinder	25,0 %	29,1 %
	Jugendl.	31,7 %	41,5 %
Kfz:	Jugendl.	38,2 %	24,8 %
Vermögen:	gesamt	36,2 %	42,8 %
übrige:	gesamt	26,6 %	37,1 %
Kfz:	gesamt	37,2 %	20,1 %

Art der Vorbelastungen:

Art	Zeit	Stufe A	Stufe D
ohne:	vor 1. Kfz	37,2 %	20,1 %
	vor 1960	33,4 %	8,8 %
Vermögen:	vor 1. Kfz	41,6 %	61,1 %

Diese wenigen Zahlen mögen verdeutlichen, daß eine sichere Prognose auf Grund der Vorbelastungen nicht gestellt werden kann. Tritt ein junger Täter zum ersten Mal vor die Schranken des Gerichts, weil er ein Kraftfahrzeug entwendete, so sind die Eintragungen auf seiner Strafliste nur ein ganz schwacher Anhalt. Negativ kann zwar gesagt werden, daß Vermögensdelikte auf eine Gefährdung insgesamt schließen lassen. Daß er sich aber deswegen erneut an einem Kraftfahrzeug vergreifen wird, läßt sich daraus kaum folgern. Unabhängig von seinen Vorbelastungen allerdings spricht die Wahrscheinlichkeit dafür, wie die anderen Untersuchungen der Erscheinungsformen gezeigt haben[169].

---

[168] Siehe B IV 4., insbesondere: Zusammenfassung, B IV 4 d.
[169] Siehe B III 3, insbesondere Zusammenfassung: B III 4.

Umgekehrt wäre es verfehlt, aus dem Mangel an Vortaten insbesondere auf dem Vermögenssektor eine straffreie Entwicklung erwarten zu wollen. Immerhin war bei rund 40 Prozent der Nichtbewährten keine Vermögensvortat verzeichnet und 20 Prozent hatten sogar nicht die geringste Eintragung. In Relation zu den Bewährten beträgt ihre Quote zwar 20 Prozent weniger. Doch wären sowohl bei 40 Prozent der kriminell Gewordenen als auch bei dem gleichen Prozentsatz der „Jugendsünder" falsche Prognosen gestellt worden, nähme man das Vorhandensein vorhergehender Auffälligkeiten, vor allem auf dem Gebiet des Eigentums, zum maßgeblichen Anhaltspunkt. Vielmehr ist in jedem einzelnen Fall davon auszugehen, daß die Kraftfahrzeug-Entwendung allein noch nichts über den späteren Lebensweg aussagt. Sie enthält allerdings das Anzeichen, dieser junge Mensch werde erneut ein Kraftfahrzeug entwenden, wobei dann die Weichen gestellt werden: die Gefahr, in die Dauerkriminalität abzugleiten, ist um so stärker vorhanden, je mehr er sich daneben oder ausschließlich an fremdem Eigentum vergriffen und je früher er damit begonnen hat.

Diese Feststellungen stimmen mit den bisherigen Untersuchungen zur Jugendkriminalität im allgemeinen und beschränkt auf einzelne Tatbestände überein[170]. Eine Darstellung auch der beiden anderen Bewährungsstufen erscheint deshalb nicht nur überflüssig, sondern würde darüberhinaus nur zur Unübersichtlichkeit führen. Abgesehen davon, daß Stufe B 11,4 Prozent und Stufe C 7,5 Prozent der Probanden erfaßt, vermögen sie zur Diagnose keinen Beitrag zu leisten. Denn solange fast die Hälfte sowohl der intensiven Rückfalltäter als auch der harmlosen Jugendverfehlungen falsch beurteilt würden, vermitteln Vorbelastungen nur einen geringen Hinweis. Es gilt daher, nach anderen Erkenntniszeichen zu suchen. Dies könnte der Wechsel, das Umsteigen vom geringeren zum höherwertigen Fahrobjekt bilden.

7. Fahrobjekt

Gerade von erfahrenen Kriminalbeamten wird die Ansicht vertreten, die kriminelle Verwahrlosung des Täters steige mit dem Wert des von ihm entwendeten Fahrzeuges: als Strafunmündiger beginne er mit dem Fahrrad, entwende im Jugendalter ein Moped oder Motorrad und, wenn ihm schließlich als Heranwachsendem ein Kleinkraftrad nicht mehr seinen Ansprüchen genüge, greife er zum Auto. Anders ausgedrückt: „wer ein Fahrrad stiehlt, klaut auch ein Auto" oder, wer ein Auto entwendet hat, erlernte einst das Handwerk bei Fahrrad und Moped.

Wäre diese Meinung zutreffend, so böte das Objekt bei der ersten

---

[170] Vgl. Angaben bei Anm. 156 f.

gerichtlich verfolgten Tat einen sehr beachtlichen Hinweis für die weitere Entwicklung des jungen Menschen. Nachfolgend soll daher geprüft werden, ob die behauptete Tendenz tatsächlich besteht oder aber der Täter sich auf ein bestimmtes Objekt spezialisiert. Das ließe sich nur bei Wiederholungstätern verfolgen. Dagegen hätte eine Repräsentativanalyse, die den ehemaligen Kraftfahrzeug-Entwender den Mehrfachtätern gegenüberstellt, wenig Wert. Denn fast die Hälfte aller Probanden (48,9 Prozent) wies nur eine einzige Eintragung wegen eines Kraftfahrzeug-Deliktes auf. Von ihnen sind keine weiteren Angaben vorhanden, obgleich unterstellt werden kann, daß auch sie bereits ein- oder mehrmals ein Kraftfahrzeug benutzten, ohne gestellt zu werden[171]. Sie müssen bei der jetzigen Untersuchung außer Betracht bleiben, weil es dem Wert der Aussage wenig nützt, sich auf Vermutungen zu stützen.

a) Übersicht

Von den 753 Probanden wurden 369 mit mehreren Fahrzeug-Entwendungen ermittelt. Bei der Durchsicht des Materials ergaben sich fünf große Aufstiegsvarianten:

1. der stete vom Fahrrad über Kleinkrafträder zum Pkw oder Lkw;
2. nur durch zwei hintereinander liegende Objekte, also vom Fahrrad zum Moped oder Motorrad, Roller u. ä. oder beim Kleinkraftrad beginnend zum Pkw;
3. schließlich ist noch ein Aufstieg mit Überspringen des Mittelobjektes zu erkennen, direkt vom Fahrrad zum Pkw;
4. von diesen drei einander ähnlichen Umsteigearten unterscheiden sich einmal die Spezialisierten. Sie benutzen entweder nur Mopeds oder nur Autos. Die ausschließliche Benutzung von Fahrrädern ist hier schon deshalb nicht möglich, weil sämtliche Täter mindestens bei ihrer Basisverurteilung ein Kraftfahrzeug entwendet hatten;
5. die Wechsler vereinigen verschiedene Formen: diejenigen, die in bunter Folge einmal ein Auto, dann ein Fahrrad, ein Moped oder erneut ein Auto entwendeten. Öfter handelt es sich hier um eine Art Abstieg in dem Sinne, daß am Anfang ein Auto und am Ende das Fahrrad stand.

24 oder 6,5 Prozent der Täter zeigen den Drei-Objekte-Aufstieg. Dieser außerordentlich geringe Anteil ist erstaunlich, wenn man bedenkt, daß bei den Ermittlungsbehörden der Eindruck vorherrscht, „alle" Täter durchliefen drei Phasen. Das könnte sich aber zum Teil daraus erklären, daß die Auskunft vor allem beim Landeskriminalamt erteilt wurde. Diese Stelle sieht aber den jungen Täter ohnehin erst, wenn er bereits einmal einschlägig in Erscheinung getreten ist. Damit findet sich bei ihr zwangsläufig eine Negativauswahl zusammen. Zum andern

---

[171] Siehe Anm. 169.

B. Die kriminologischen Erscheinungsformen

dürfte ihr Eindruck durch die große Zahl derjenigen beeinflußt sein, die zwei verschiedene Objekte entwenden. Das sind gut ein Drittel: 31,8 Prozent bei der zweiten Variante und weitere 4,8 Prozent, die vom Fahrrad auf das Auto umsteigen. Schließlich könnte auch der große Anteil der Wechsler dazu beigetragen haben: 20,3 Prozent.

Bei letzteren entsteht mitunter allerdings der Eindruck, daß sie sich jedes ihnen gerade im Wege stehenden Fahrzeuges bedienten. Denn eine andere einleuchtende Erklärung ist kaum ersichtlich, wenn jemand, der schon einmal ein Auto entwendet hat, beim nächsten Mal zum Fahrrad greift. Auch die Rückkehr zum Moped erscheint etwas unmotiviert, geht man von der Annahme aus, der Drei-Objekte-Aufstieg entspräche den Entwicklungsstadien des jungen Menschen und seinen Bedürfnissen.

Spezialisiert hatten sich 36,6 Prozent. Sie wählten immer das gleiche Kraftfahrzeug — vielleicht, weil sie bei ihrer ersten Wegnahme nicht gestellt wurden oder weil sie nur ein derartiges in Gang zu setzen vermochten oder einfach, weil dieses alleine ihren Wünschen entsprach.

Als Ergebnis ist festzustellen, daß sich aus der Art des Fahrzeuges bei der ersten gerichtlich verfolgten Tat keine eindeutigen Schlußfolgerungen ableiten lassen. Denn nur ein ganz geringer Teil der Täter durchlief den Drei-Objekte-Aufstieg.

b) Bewährungsstufen

Da der größte Teil das Fahrobjekt im Laufe seiner kriminellen Karriere zu wechseln pflegt, wird nunmehr untersucht, ob ein Zusammenhang zwischen Objektwahl und Bewährungserfolg besteht.

Variante	Stufe A		Stufe B		Stufe C		Stufe D		ges.
		%		%		%		%	
1. = 3-Obj.	9	4,9	4	7,5	4	12,2	7	7,0	24
2. = 2-Obj.	57	31,2	15	28,4	10	30,7	35	35,0	117
3. = Lücke	12	6,5	—	—	2	6,1	4	4,0	18
4. = Spezi.	70	38,1	20	37,7	13	39,1	32	32,0	135
5. = Wechs.	35	19,3	14	26,4	4	12,2	22	22,0	75
gesamt	183		53		33		100		

Es fällt auf, daß bis auf die Nichtbewährten in allen Bewährungsstufen die Spezialisten gegenüber den Aufstiegstätern überwiegen. Damit bestätigt sich erneut, daß reine Kraftfahrzeug-Spezialisten, noch verstärkt durch stete Einseitigkeit in der Objektswahl, sich am besten bewährt haben. Demgegenüber scheint dem Merkmal des Drei-Objekte-Aufstiegs keine große Bedeutung zuzukommen. Zwar sind diese Täter in Stufe A am geringsten vertreten, doch befindet sich ihr höchster Anteil keineswegs in Stufe D. Im Gegenteil, diese folgt gleich den Bewährten. Dafür liegen die Gelegenheitstäter in dieser Sparte an der Spitze. Das kann darauf hindeuten, daß sie ihre jeweils altersspezifischen Ansprüche „bei Gelegenheit" befriedigen. Dafür spricht auch die bei ihnen recht niedrige Quote der Wechsler, bei denen häufig ein Abstieg im Objektswert feststellbar war. Von geringfügigen Ansätzen abgesehen, gibt die Objektswahl auf die hier interessierende Frage jedoch keine Antwort. Nachfolgend wird überprüft, welche Art der Fahrzeuge vorwiegend in einem bestimmten Alter entwendet werden und ob sich daraus Schlußfolgerungen ableiten lassen.

c) Lebensalter

Ausgehend davon, das Fahrrad sei dem Kinder- und frühen Jugendalter zuzurechnen[172] und mit zunehmendem Alter erwache der Wunsch nach dem Moped und schließlich dem Auto, müßten sich unter den älteren Jahrgängen die meisten Aufsteiger befinden.

Variante	Jugendliche		Heranwachsende	
1. = 3 Objekte	15	62,5	9	37,5
2. = 2 Objekte	82	70,0	35	30,0
3. = Lücke	5	27,7	13	72,3
4. = Spezialist	66	48,9	69	51,1
5. = Wechsler	37	49,5	38	50,6

Leicht überwiegen bei dem Drei-Objekte-Aufstieg die Jugendlichen. Dieses Ergebnis war nach der vorerwähnten Hypothese eigentlich nicht zu erwarten. Noch stärker wird diese Annahme von den Zwei-Objekte-Aufsteigern widerlegt: hier sind die Jugendlichen sogar zu 70 Prozent vertreten. Der Umschwung tritt erst bei den Überspringern ein. Nur 27 Prozent der Jugendlichen zählen zu ihnen. Da sich diese Variante aus Fahrrad- und Auto-Entwendern zusammensetzt, könnte das zwar eine Ursache für die an sich unrichtige Annahme darstellen, „jeder" Auto-Entwender habe einst mit dem Fahrrad begonnen. Allerdings bildet diese Gruppe insgesamt gesehen mit nur 4,8 Prozent die Ausnahmeerscheinung.

Bei den Spezialisten und den Wechslern halten sich beide Altersstufen etwa die Waage, mit einer jeweils leichten Neigung zu den Heranwachsenden. Die geringfügige Differenz von einem Prozent entspricht der Interessenlage der Wechsler. Denn sie nehmen jeweils das Fahrzeug, das sich ihnen gerade anbietet. Es ist auch kein einleuchten-

---

[172] u. a. *Fuhlendorf*, S. 15; *Händel*, S. 600; *von See*, S. 22.

der Grund ersichtlich, weshalb sich diese Einstellung in den verschiedenen Altersstufen unterschiedlich auswirken sollte.

Läßt sich somit zusammenfassend festhalten, daß auch die Art der Fahrzeuge, die von den Tätern in einem bestimmten Lebensalter entwendet werden, keine sichere Beurteilung der weiteren Entwicklung der Täter erlauben, bliebe zu erwägen, ob die Art des „Einsteigeobjekts" Aufschluß zu geben vermag.

d) „Einsteigeobjekt"

Dabei bietet sich zunächst das Fahrrad an, da es den Ruf des „typischen" Einsteigeobjekts genießt. Zwar zeigten nur 6,5 Prozent der hier untersuchten Mehrfachtäter den Drei-Objekte-Aufstieg, andererseits wurde aber nur gut ein Drittel Kraftfahrzeug-Spezialisten festgestellt, die keine Fahrräder entwendet hatten.

Fast ein Viertel sämtlicher Mehrfachtäter begann seinen Weg mit einem Fahrrad. Auf sämtliche Probanden bezogen stellen sie aber nur 11,4 Prozent dar. Und selbst, wenn man die bei den Kraftfahrzeug-Entwendern ermittelte Dunkelziffer[173] von 1 : 6 zugrunde legt, erhöhte sich ihr Anteil erst auf 70 Prozent. Zwingend kann daraus nicht gefolgert werden, ein Fahrraddieb[174] werde in späteren Jahren zum Kraftfahrzeug-Entwender oder anders ausgedrückt: wer ein Kraftfahrzeug entwende, habe regelmäßig seine Hemmungen erstmals durch einen Fahrraddiebstahl überwunden. Ebenso deutet er keine ungünstige Entwicklung an: denn während Stufe A über 25 Prozent ehemaliger Fahrraddiebe aufweist, liegt deren Anteil in Stufe D mit 23 Prozent leicht darunter. Bei den Spätresozialisierten beträgt er sogar nur noch 13,9 Prozent und die Gelegenheitstäter führen 21,2 Prozent in ihren Reihen.

Auf die Altersstufen bezogen ist die Beteiligung der Jugendlichen und Heranwachsenden etwa gleich stark. Auch dies ist ein Anzeichen, daß der Fahrraddiebstahl an sich keine Umsteigequalität besitzt. Denn entgegen den Feststellungen beispielsweise von *Sees*[175] enden die Fahrraddiebstähle nicht bei den Jugendlichen, sondern verteilen sich gleichmäßig über sämtliche Lebensjahre:

---

[173] Siehe Zusammenfassung B III 4 unter Nr. 1.
[174] fast ausnahmslos echter Sachwertdiebstahl; vgl. dazu auch bei *von See*, S. 22, der gleiches ermittelte.
[175] Siehe Anm. 172.

Stufe	Jugendliche		Heranwachsende		Gesamt	
		%		%		%
A	25	25,0	22	26,7	47	25,7
B	4	14,3	4	16,0	8	13,9
C	4	20,0	4	25,0	7	21,2
D	15	27,3	8	17,7	23	23,0
gesamt	49	23,9	37	22,5	86	23,5

Im Ergebnis vermag das Fahrrad als Einsteigeobjekt keinen eindeutigen Hinweis auf die kriminelle Neigung des Täters zu geben. Der geringfügige Unterschied zwischen den Bewährten und den noch nicht Rezosialisierten verbietet es, eine folgenschwere Entscheidung hierauf aufzubauen.

Das Kleinkraftrad, im allgemeinen das Moped, bildet das „typische" Einsteigeobjekt:

Stufe	Jugendliche		Heranwachsende		Gesamt	
		%		%		%
A	61	60,4	19	23,1	80	43,7
B	19	67,8	7	28,0	26	49,0
C	17	80,0	5	41,7	22	66,6
D	29	53,8	23	51,1	52	52,0
gesamt	126	51,7	54	32,3	180	48,7

Nahezu die Hälfte aller Mehrfachtäter wählte bei seiner ersten Tat ein Kleinkraftrad. Es kann auch als das „typische" Jugendfahrobjekt bezeichnet werden, da nur noch ein Drittel der Heranwachsenden, aber über die Hälfte der Jugendlichen, mit ihm seine kriminelle Kraftfahrerkarriere begann. Schließlich erscheint es als das „typische" Fahrobjekt der Gelegenheitstäter, die es zu insgesamt zwei Dritteln und innerhalb der Jugendlichen sogar zu 80 Prozent erstmalig entwendeten. Das entspricht an sich ihrer kriminellen Intensität, da sich ein Kleinkraftrad leichter als ein Auto in Gang bringen läßt.

Unter Berücksichtigung der Gesamtprobandenzahl steht bei einem knappen Viertel (23,9 Prozent) am Anfang ihres kriminellen Weges ein Kleinkraftrad. In Relation zu der Dunkelziffer von 1 : 6 kann als wahrscheinlich gelten, daß jeder Kraftfahrzeug-Entwender seine ersten Erfahrungen mit diesem Objekt machte. Daraus folgt, daß die Entwendung eines Kleinkraftrades mindestens die Wiederholungsgefahr, wenn nicht gar ein Abgleiten signalisiert, zumal mehr als die Hälfte derjenigen, die mit ihm begonnen haben, der Stufe D angehört.

B. Die kriminologischen Erscheinungsformen

Durch eine Untersuchung der Täter, die sich sofort dem wertvollsten Objekt zuwandten, soll das Bild abgerundet werden:

Stufe	Jugendliche		Heranwachsende		Gesamt	
		%		%		%
A	15	14,0	41	50,0	56	31,3
B	5	17,8	14	56,0	19	39,0
C	4	19,0	4	33,3	8	12,2
D	8	14,0	16	35,5	24	25,0
gesamt	32	14,6	75	45,7	107	30,6

Eindeutig überwiegen die älteren Jahrgänge. Beachtenswert erscheint, daß die Jugendlichen sowohl bei den Bewährten als auch bei den Kriminellen mit 14 Prozent Einsteigetätern eine gleichhohe Quote stellen. Knapp darüber liegen die Stufen B und C. Erst bei den Heranwachsenden tritt eine Änderung ein, indem nur ein Drittel zu den „Dauerkriminellen" zu zählen ist, dagegen die Hälfte sich völlig bewährte. Allerdings weist Stufe B den größten Anteil aus, was auf eine Gefährdung derjenigen hindeuten kann, die als Heranwachsende erstmalig ein Auto entwendeten. Für Gelegenheitstäter scheint sich das Auto kaum zu eignen.

e) Zusammenfassung

Das Fahrobjekt ist als Prognosefaktor kaum brauchbar:

aa) Die Annahme, jeder Täter beginne seine kriminelle Kraftfahrerkarriere mit einem Fahrrad, bestätigte sich nicht. Es dient auch nicht dem Einstieg, da es in allen Lebensjahren gleich begehrt war.
bb) Dagegen ist richtig, das Moped als typisches Entwendungsobjekt Jugendlicher zu bezeichnen, allerdings ohne, daß sich daraus eine Umsteigetendenz herleiten läßt. Es bildet jedoch ein Indiz für wiederholte, einschlägige Straffälligkeit.
cc) Ebenso hat sich bestätigt, daß vorwiegend ältere Täter mit der Entwendung eines Autos beginnen. Bei Heranwachsenden ist in diesem Fall eine leichte Gefährdung erkennbar. Ihre Bewährungsprognose kann positiv gestellt werden.
dd) Soweit die Täter monoton ein einziges Objekt wählten, kann ihre Entwicklung günstig beurteilt werden. Das unterstreicht die im Vorhergehenden bereits festgestellte Tatsache, daß im Bereich der Kraftfahrzeug-Entwendung Spezialistentum im Gegensatz zu anderen, insbesondere Eigentumsdelikten, hier ein gutes Zeichen bedeutet.

1. Teil: Das äußere Tat- und Täterbild

8. Begehungsweise

a) Alleintäter

Wie bereits früher erörtert, kann die Alleintäterschaft ein Hinweis auf eine intensive kriminelle Gefährdung sein[176]. Daher soll an dieser Stelle überprüft werden, ob und inwieweit das auch für die Kraftfahrzeug-Entwendung gilt.

aa) Gesamtübersicht

Von den 207 „Einzelfahrern" hat sich über die Hälfte (52,1 Prozent) bewährt. In den Stufen B (16,4 Prozent) und D (18,8 Prozent) sind sie in ungefähr gleicher Stärke vertreten, leicht darunter in Stufe C mit 12,5 Prozent. So gesehen erscheint die Alleintäterschaft nicht als ein schlechtes Anzeichen, zählen doch über die Hälfte von ihnen zu den Bewährten. Im Verhältnis zur Gesamtbewährungssituation der hier ermittelten Täter verschiebt sich allerdings das Bild zu ihren Ungunsten:

Stufe	Alleintäter	Gesamtzahl
	%	%
A	52,1	64,7
B	16,4	11,4
C	12,5	7,5
D	18,8	16,4

Das wird noch deutlicher, wenn man ihren jeweiligen Anteil in den Bewährungsstufen im Verhältnis zu ihrer Gesamtbeteiligung erforscht: stellten sie 27,4 Prozent gegenüber den in Gemeinschaft Handelnden, so betragen sie in der Stufe A nur 22,2 Prozent. Dafür sind sie bei den Nichtbewährten um 4 Prozent überrepräsentiert. Beträchtlich weichen sie davon in Stufe B (40,0 Prozent) und C (45,6 Prozent) ab.

Dabei ist insbesondere auf letztere hinzuweisen. Die erhebliche Mehrbelastung von 18 Prozent gegenüber ihrer Gesamtbeteiligung in dem hier untersuchten Material scheint gerade bei den Alleinhandelnden auf eine Gelegenheitstat hinzudeuten.

bb) Erscheinungsformen insgesamt

Unter diesem Gesichtspunkt wird die Entwicklung des Alleintäters der jeweiligen Erscheinungsform betrachtet und ermittelt, ob davon ausgehend verallgemeinernde Rückschlüsse auf das Delikt in seinen verschiedenen Arten möglich sind.

Bis auf 242 (Rpr) und 242 (e) haben sich die Gruppen überwiegend bewährt. Besonders kraß fällt der geringe Anteil von 242 (e) und dem-

---

[176] So auch: *Bellon*, S. 104 und S. 205; *Meyer*, Fritz, S. 100.

B. Die kriminologischen Erscheinungsformen

gegenüber der bei den echten Gebrauchstätern höchste auf. Die unechten und die „Aussetzer" unterscheiden sich kaum merklich, und 242 (e) nimmt die Stellung zwischen ihnen und den 248 b (e) ein. Auf die Gesamtbewährung bezogen zeigen sich auch hier klare Unterschiede: die beste Entwicklung nahmen die echten Gebrauchstäter, indem sie als „Einzelfahrer" um 6,5 Prozent besser als sämtliche zusammen aus dieser Gruppe abschnitten. Mit zehn, elf und zwölf Prozent unterrepräsentiert sind 248 b (u), 242 (Sch) und 242 (n). Von ihnen setzen sich die an sich ein günstiges Bild bietenden Formen 242 (Rpr) = 35 Prozent und 242 (e) mit sogar 41,2 Prozent ab.

Stufe	248 b (e)	248 b (u)	242 (Rpr)	242 (n)	242 (Sch)	242 (e)
A	31	23	4	12	31	7
%	70,4	54,5	30,7	63,2	51,7	24,1
B	—	8	4	3	15	4
%	—	19,0	30,7	15,8	25,0	13,8
C	7	8	3	3	—	5
%	15,9	19,9	23,1	15,8	—	17,2
D	6	3	2	1	14	13
%	13,6	7,1	15,4	5,2	23,3	44,8
gesamt	44	42	13	19	60	29
%	46,8	47,5	16,2	43,2	22,4	15,8

Interessanterweise sind die Einzelfahrer aus 242 (Rpr) nicht wie diejenigen aus 242 (e) in die Dauerkriminalität abgeglitten. Denn bei den Nichtbewährten liegen sie sogar um 1 Prozent besser als es ihrer Gesamtsituation in der Gruppe entspräche. Sie verteilen sich auf die Stufen B und C, wo sie zu 19,4 Prozent und 15,6 Prozent stärker beteiligt sind. Danach scheint es, daß die Alleintäter von 242 (Rpr) den negativen Eindruck ihrer Erscheinungsform prägen und gleichzeitig eine Erklärung für das prognostisch gegensätzliche Täterpotential, das in ihnen enthalten ist[177], bedeuten. Dennoch sind sie nicht den „echten" Dieben an die Seite zu stellen. Nicht nur deren höhere Belastung unterscheidet sie, sondern auch die Phasen ihrer Bewährung: verteilt sich der Überschuß aus Stufe A bei ihnen auf die Stufen B und C, so finden sich zwei Drittel der 242 (e)-er bei den Nichtbewährten wieder und nur 12,2 Prozent bzw. 21,9 Prozent in den beiden anderen Stufen. Schließlich verdeutlicht auch ein Blick auf die Gebrauchstäter, daß deren Bewährungssituation derjenigen von 242 (Rpr) ähnelt, wiewohl sie sich in ihrer Bandbreite unterscheiden: beide Gruppen, die nach § 248 b StGB verurteilt wurden, weisen ein Minus bei Stufe D, ein Plus in Stufe C und Stufe B — letzteres nicht bei 248 b (e) — auf.

---

[177] Siehe B IV 4 c, vor allem unter bb).

cc) Benutzer und Diebe

Nachdem sich herausgestellt hat, daß in der Alleintäterschaft ein leichter Hinweis auf die weitere Entwicklung eines Kraftfahrzeug-Entwenders gesehen werden kann, bietet sich an zu überprüfen, ob sich die Gebrauchstäter der Rechtsprechung, die 242-Benutzer insgesamt und die „echten" Diebe als Einzelfahrer unterscheiden. Daß sie sich als echte Gebrauchstäter von sämtlichen anderen abheben, wurde bereits bemerkt.

Stufe	248 b	Benutzer	242 (e)
	%	%	%
A	63,9	51,1	24,1
B	9,3	23,9	13,8
C	17,4	6,5	17,2
D	10,5	18,4	44,8
gesamt	46,9	23,7	15,8

Deutlich verläuft die Trennungslinie zwischen den „echten" Dieben und den beiden anderen Gruppierungen in den Stufen A und D. Dagegen stimmen sie als Gelegenheitstäter mit den nach § 248 b StGB Verurteilten überein, während hier die Benutzer kaum ins Gewicht fallen. Auch in Stufe B ähneln sich mehr die nach 242 (e) und die nach § 248 b StGB Bewerteten. Die Benutzer ihrerseits nehmen zwar eine Zwischenstellung ein. Der Abstand zu 242 (e) ist aber größer als zu „248 b", sowohl bei den Bewährten als auch den Kriminellen. Von beiden Formen unterscheiden sie sich in Stufe B und Stufe C.

dd) Zusammenfassung

Die Alleintäterschaft vermag einen Hinweis auf die Entwicklung des Kraftfahrzeug-Entwenders zu geben:

1. Allgemein zeigt er kriminellere Neigungen. Er ist überwiegend in Stufe B und C anzutreffen.
2. Bei den Erscheinungsformen weisen die echten Gebrauchstäter die beste Entwicklung auf.
3. Dagegen muß er als Sachwertdieb ungünstig beurteilt werden. Insoweit entspricht dies den bekannten Forschungsergebnissen[178].
4. Die Benutzer neigen gleichfalls zu kriminellen Handlungen, bieten aber eine fünfzigprozentige Bewährungschance.

b) Mittäter

Da die Mittäter in Zellen von zwei, drei, vier und mehr Mitgliedern Fahrzeuge entwendeten, stellt sich die Frage, ob der Bewährungserfolg

---

[178] Vgl. Anmerkung 5.

B. Die kriminologischen Erscheinungsformen

in den jeweiligen „Banden"[179] gleichförmig verlaufen ist oder bedeutende Abweichungen erkennbar sind.

aa) Gesamtübersicht

Stufe	2 Mittäter	%	3 Mittäter	%	4 und mehr	%	Gesamt	%
A	202	67,7	90	67,2	87	76,3	379	69,4
B	31	10,4	13	9,7	7	6,1	51	9,3
C	17	5,7	9	6,7	5	4,4	31	5,5
D	48	16,1	22	16,4	15	13,1	85	15,3
gesamt	298		134		114		546	

Die zu zweit und zu dritt Handelnden haben sich in übereinstimmender Weise geführt und entsprechen — von geringen Abweichungen abgesehen — dem hier ermittelten Lebenserfolg der gesamten Kraftfahrzeug-Entwender[180]. Bemerkenswert sind die Banden mit vier und mehr Mitgliedern. Über drei Viertel von ihnen bewährten sich und liegen damit um 12 Prozent über dem Durchschnitt. So, wie sie fünf Prozent weniger von Stufe B ausmachen, weisen sie auch ein Minus bei Stufe D auf.

Diese Feststellungen sind insoweit von Bedeutung, als sich gerade die Banden bei ihrer Ausgangsverurteilung durch eine große Anzahl in kurzen Abständen entwendeter Fahrzeuge auszeichneten. Sie wurden aus diesem Grunde von den Gerichten als mit einer intensiven kriminellen Neigung belastet angesehen, zumal sie in ihren Reihen Spezialisten im Kraftfahrzeuge-Entwenden hervorgebracht hatten. Nach den bisherigen Erkenntnissen[181] hätten sie eigentlich verstärkt gegenüber allen anderen in die Dauer- und Schwerkriminalität abgleiten müssen. Daß sie sich insgesamt aber am besten führten, widerlegt nicht nur ihre Zuordnung zu den Eigentumstätern, sondern bestätigt und bekräftigt damit erneut die in der vorliegenden Untersuchung bereits des öfteren gefundenen Erkenntnisse:

Spezialisten unter den Kraftfahrzeug-Entwendern scheinen eine ausgezeichnete Resozialisierungschance zu bieten[182];
die Kraftfahrzeug-Entwendung ist als typisch jugendliche Tat zu bewerten[183], was die bei der Kraftfahrzeug-Entwendung gegenüber allen anderen De-

---

[179] Dazu: Anmerkung 114.
[180] siehe B IV 2.
[181] vgl. insbesondere Anmerkung 101.
[182] vgl. z. B.: Zusammenfassungen: B IV 4 d unter aa) Nr. 1 und unter dd).
[183] Siehe u. a. Zwischenergebnis I, B III 8 unter Nr. 2 und Nr. 5—9; Zusammenfassung: B IV 3 c; B IV 6 a aa).

likten größere Anzahl gemeinschaftlich Handelnder[184] und der in ihrer Bewährungssituation zum Ausdruck gekommene episodenhafte Charakter bezeugt.

bb) Verbindungen zwischen den Bewährungsstufen

Wie der Lebensweg der einstigen Mittäter verlief, zeigt die folgende Übersicht:

Stufe	gemeinsam	%
A	268	70,7
B	8	15,4
C	3	9,7
D	20	23,5
gesamt	299	52,9

Gut die Hälfte aller blieb unter sich. Die Stufe A bildet die homogenste Masse; die Gelegenheitstäter betätigen sich nur in drei Fällen gemeinsam. Am häufigsten — 23 von 28 — sind ihre Partner bei den Bewährten anzutreffen, vielleicht, weil diese ihnen wesensmäßig teilweise entsprechen: im Grunde nicht kriminell, erlagen beide der verführerischen Situation. Bei den einen blieb es die Ausnahme, die anderen — etwas labil — ergreifen weiterhin die „günstigen Gelegenheiten". Wer hier wen zur Tat verleitete, läßt sich nicht klären. Die gesamten Akten sagen zu wenig über diesen Punkt aus. Es kann dazu einzig auf kompetentere Untersuchungen in einer Strafanstalt hingewiesen werden[185].

Bemerkenswert sind die kräftigen Verbindungslinien zwischen Stufe A und D. Fast die Hälfte der Nichtbewährten hat einen Mittäter in A. Die Verführung wird man hier wahrscheinlich bejahen können, ohne deshalb behaupten zu wollen, sämtliche Probanden der Stufe A wären „eigentlich" niemals zu ihrer Tat gekommen, wenn ihnen nicht „zufällig" ein Freund oder Bekannter mit kriminelleren Neigungen den Weg gewiesen hätte. Denn dagegen spricht bereits die Tatsache, daß immerhin 38 gemeinsam handelnde Täter nur ein einziges Mal in ihrem Leben ein Kraftfahrzeug entwendeten, ohne daß ein Verführer in der Person eines Geübteren festgestellt werden konnte. Schließlich darf auch nicht übersehen werden, daß die Mehrheit von gut zwei Dritteln nur mit Jungen „gleicher Güte" straffällig wurde.

---

[184] Vgl. Anmerkung 111.
[185] *Munkwitz - Neulandt*, S. 555—568.

B. Die kriminologischen Erscheinungsformen

Zwischen den drei Bandengrößen ergeben sich innerhalb derjenigen, deren Lebensweg in gleicher Weise verlief, fast überhaupt keine Abweichungen:

2 Mittäter = 29,2 %
3 Mittäter = 28,8 %
4 und mehr = 29,8 %

Die Wahrscheinlichkeit, eine größere Gruppe würde sich durch die Vielfalt der bei ihr vereinten Persönlichkeiten ausweisen, bestätigt sich damit nicht. Vielmehr gilt bei den Kraftfahrzeug-Entwendern, daß „gleich und gleich sich gerne zusammengeselle".

cc) Alter der jeweils zusammen Handelnden

Es wurde eben festgestellt, daß einerseits Verbindungen zwischen den Tätern quer durch die Bewährungsstufen gehen, welche teilweise auf eine Verführungssituation hindeuten, andererseits blieb aber die Mehrheit unter sich. Was diese Jungen trennt oder vereint, könnte unter anderem ihr Alter sein. Wahrscheinlich haben die Älteren bereits einschlägige Erfahrungen gesammelt[186]. Wurde also tatsächlich der eine durch den anderen verleitet, müßten sich bei den jeweils gemeinsam Handelnden Altersunterschiede feststellen lassen. Im folgenden soll versucht werden, das herauszufinden.

Es wurden Zwischenräume von jeweils einem halben Jahr festgesetzt. Danach zeigten von den 298 zu zweit tätig gewordenen Probanden:

60 = 20,0 % ein völlig übereinstimmendes Alter;
76 = 25,5 % trennte ein halbes Jahr;
62 = 20,0 % der Probanden unterschieden sich ein Jahr;
40 = 13,4 % eineinhalb Jahre;
26 = 8,9 % lagen zwei Jahre auseinander;
18 = 6,0 % bereits zweieinhalb und schließlich
16 = 5,5 % drei Jahre.

Die genaue Betrachtung der Altersabstufungen läßt erkennen, daß sie im Grunde bedeutungslos sind. Im allgemeinen wirkt sich der Unterschied von einem halben Jahr oder einem Jahr und selbst noch von eineinhalb bis zwei Jahren kaum aus, zumal es für ihn keine objektiv feststellbaren Merkmale gibt. Hier kommt noch die große Anzahl retardierter Täter[187] hinzu.

Auch die größeren Gruppen bilden dasselbe Bild: so waren beispielsweise bei den Dreier-Banden jeweils zwei Täter völlig gleichaltrig. In fünf Fällen betrug der Altersunterschied bis zu einem Jahr; in dreien nur ein halbes und in zwei weiteren ein Jahr.

---

[186] Vgl. Ausführungen B III 3, insbesondere Zusammenfassung, B III 4.
[187] Vgl. A 4 c.

Gleiches läßt sich auch bei den übrigen Banden verfolgen. Wenn auch in einigen die Differenz vom Jüngsten zum Ältesten drei Jahre und einmal sogar fast vier beträgt, so stellen doch die übrigen Mitglieder der Gruppe wieder die Verbindung her. Regelmäßig unterscheiden sich die Jungen ebenfalls nur ein halbes bis ein Jahr. Man kann sogar sagen, je mehr Mitglieder eine derartige Bande zählt, desto geringer die Altersabstände. Jeweils mehrere im selben Lebensjahr bilden die „Zelle" zur nächst gleichalterigen, von der sie dann entsprechend Abstand halten.

Insgesamt gesehen, ergibt sich aus der Alterszusammensetzung der Mittäter kein Hinweis auf ihren weiteren Lebensweg. Da sie überwiegend in gleichaltrigen Grüppchen Kraftfahrzeuge entwenden, kann auch die Verführung durch mit einschlägigen Erfahrungen Belastete nicht angenommen werden.

dd) Erscheinungsformen gesamt

Bei den Alleintätern ließen sich Unterschiede im Bewährungserfolg bei den einzelnen Erscheinungsformen nachweisen[188]. Die Mittäter waren in den entsprechenden Formen prognostisch jeweils schlechter oder besser einzustufen. Das sagt jedoch nichts darüber aus, ob sich aus der Anzahl der im Einzelfall gemeinsam Handelnden damit übereinstimmende Ergebnisse ableiten lassen. Dies soll im folgenden überprüft werden, indem die Erscheinungsformen 248 b (e) und 242 (e) einander gegenübergestellt werden, da sich bei ihnen die deutlichsten Abweichungen ergaben.

Stufe A:

Form	2 Mittäter		3 Mittäter		4 und mehr		gesamt	
		%		%		%		%
248 b (e)	15	60,0	11	61,1	3	42,8	29	58,0
242 (e)	58	68,2	22	88,0	33	75,0	113	73,3

Stufe D:

248 b (e)	7	28,0	2	11,1	3	42,8	12	24,0
242 (e)	12	14,1	1	4,0	6	13,6	19	12,3

Die zu dritt Fahrenden und Stehlenden haben sich am besten entwickelt. Sie liegen in Stufe D erheblich unter den insgesamt ermittelten Werten und 242 (e) zeigt in dieser Formation eine fast neunzigprozentige Bewährung. Unterschiedlich verlief die Entwicklung in der kleinsten und größten Gruppe: entwenden zwei zusammen Fahrzeuge, ähneln die Ergebnisse leicht denjenigen der Alleintäter. 248 b (e) weist in diesem

---

[188] Siehe B IV 8 a.

Fall einen überdurchschnittlichen Erfolg auf; 242 (e) sinkt 5 Prozent unter den Durchschnitt. Demgegenüber ist der echte unbefugte Gebrauch in Banden ungünstig zu beurteilen: die Zahl der Bewährten wie der noch nicht Resozialisierten ist gleich groß. Den „echten" Dieben kann trotz der minimal erhöhten Schlechtquote auch in den Großgruppen ein gutes Zeugnis ausgestellt werden: 75 Prozent zählen zu den Bewährten.

ee) Benutzer und Diebe

Der Vergleich zwischen den nach § 248 b StGB Verurteilten, den 242-Benutzern sowie den „echten" Dieben wird gleichfalls auf die Anzahl der jeweils in Mittäterschaft Handelnden beschränkt. Das Gesamtergebnis bemißt sich nach dem bei den Alleintätern ermittelten Zahlen[189].

Stufe A:

Form	2 Mittäter	3 Mittäter	4 und mehr
	%	%	%
248 b	63,6	66,6	66,6
Benutzer	68,9	60,7	79,3
242 (e)	68,2	88,0	75,0

Stufe D:

248 b	22,0	13,3	25,0
Benutzer	15,8	21,5	10,3
242 (e)	14,1	4,0	13,6

Insgesamt bewährten sich sowohl bei § 248 b StGB als auch bei den 242-Benutzern rund zwei Drittel. Die Benutzer nahmen in Bandenstärke die beste Entwicklung und gleichen sich damit den Tätern in 242 (e) an. In den Dreier-Gruppen unterscheiden sie sich erheblich von diesen und liegen nicht nur in ihrer Gesamtbewertung am schlechtesten, sondern auch gegenüber allen anderen aus den übrigen Erscheinungsformen. Trotzdem kann ihnen mit 60 Prozent Bewährter eine gute Prognose gestellt werden. Auch im Zweier-Verband nähern sie sich 242 (e), wiewohl an sich der Abstand zu § 248 b StGB nur 5 Prozent beträgt. Das ist aber auf 248 b (u) zurückzuführen, da die echten Gebrauchstäter nur 58 Prozent stellen. Daran wird klar erkennbar, daß die unter kriminologischen Gesichtspunkten als Benutzer eingeordneten Fahrzeug-Entwender, wenn sie in Mittäterschaft handeln, in ihrer überwiegenden Mehrheit keine kriminellen Neigungen besitzen. Die noch positiveren Zahlen von 242 (e) bilden hierzu keinen Widerspruch. Im Gegenteil, sie bestärken dieses Ergebnis. Denn im allgemeinen

---

[189] Siehe B IV 8 b aa).

wurden diese Probanden deshalb 242 (e) zugeordnet, weil das Fahrzeug bei einem der Bandenmitglieder erst Tage nach seiner Entwendung vorgefunden wurde. Er selbst mag es vielleicht tatsächlich „gerade erst" von einem Freund übernommen haben — wie er sich zu seiner Verteidigung einließ. Eine Klärung allein auf Grund des Aktenmaterials war nicht möglich. So hat sich an dieser Stelle das in 242 (e) enthaltene Täterpotential deutlich gespalten in die eigentlichen Sachwertdiebe und die reinen Benutzer.

Die größeren Zusammenschlüsse sind in jeder Art der Kraftfahrzeug-Entwendung prognostisch gut zu bewerten, obgleich sie 1960 in ihrem äußeren Erscheinungsbild kriminell verwahrlost und intensiv gefährdet wirkten. Dagegen setzen die sich nach landläufiger Ansicht harmlosen Gebrauchstäter, die das benutzte Fahrzeug an den Wegnahmeort zurückstellten, aus den kriminell Gefährdetesten zusammen[190], vor allem, wenn sie in größeren Ansammlungen auftreten.

c) Vergleich zwischen Alleintätern und Mittätern

Mittäter und Alleinfahrer zeigen eine unterschiedliche Lebensbewährung, die sich auch in den einzelnen Erscheinungsformen widerspiegelt:

aa) Die **Alleintäterschaft** gibt einen Hinweis auf eine kriminelle Neigung des Täters — in Mittäterschaft ausgeführte Kraftfahrzeug-Entwendungen haben überwiegend episodenhaften Charakter.

bb) Diese Tendenz wird verstärkt, je mehr Mitglieder die Gruppe zählt[191].

cc) Im allgemeinen finden sich Täter gleicher krimineller Intensität zusammen; auch altersmäßig unterscheiden sie sich kaum.

dd) Alleintäter, die das entwendete Fahrzeug an den Wegnahmeort zurückstellten, nahmen die beste Entwicklung. Wenn sie in Mittäterschaft handelten, zeigt sich dagegen eine Gefährdung, die um so stärker ist, je größer die Gruppen sind.

ee) Die Probanden von 242 (e) stellen als Alleintäter echte Sachwertdiebe dar mit ungünstigen Zukunftsaussichten.

ff) Handeln sie in Mittäterschaft, so zeigen sie eine überdurchschnittlich gute Entwicklung. In diesen Fällen sind sie den Benutzern zuzurechnen, mit denen sie in der Bewährung häufig Parallelen aufweisen und die ihrerseits nicht als Neigungskriminelle zu bewerten sind.

9. Gerichtliche Maßnahmen

Wurde im Vorstehenden versucht, Zusammenhänge zwischen den äußeren Tatumständen und dem Lebenserfolg der Probanden zu er-

---

[190] Vgl. B IV 2 und 3 c sowie Anm. 136.
[191] Siehe auch bei *Meyer*, Fritz, S. 100, der bei seinen Probanden die gleiche Tendenz fand.

B. Die kriminologischen Erscheinungsformen

mitteln, so soll hier versucht werden zu klären, wie erfolgreich die verhängten Maßnahmen verliefen. Allerdings darf dabei nicht außer acht gelassen werden, daß Erfolg oder Mißerfolg von derart vielen äußeren und inneren Umständen abhängen, deren mögliche Einflüsse nicht ausgeschieden werden können. So vermögen die hier gefundenen Ergebnisse nur einen gewissen Hinweis darauf zu geben, welche dem Jugendrichter zur Verfügung stehenden Möglichkeiten die beste Wirkung erzielen und welche bei einem jungen Kraftfahrzeug-Entwender ungeeignet erscheinen. Eine zwingende Beweiskraft können sie nicht beanspruchen.

a) Arreste

Bei rund 50 Prozent der Täter wurden Arreste angeordnet. Fast drei Viertel von ihnen haben sich bewährt.

Stufe	Dauerarrest		Freizeitarrest		Kurzarrest		Gesamt	
		%		%		%		%
A	134	64,7	125	81,7	10	83,4	269	72,3
B	29	14,1	7	4,6	1	8,3	37	10,0
C	16	7,7	11	7,2	1	8,3	28	7,5
D	28	13,5	10	6,5	—	—	38	10,2
gesamt	207	27,5	153	20,4	12	1,6	372	49,5

Die Kurve schwankt nach der Art des verhängten Arrestes, wobei der Dauerarrest am schlechtesten abschneidet. Die Ursachen dafür können zum Teil darin liegen, daß es sich bei diesen Tätern um stärker vorbelastete handelte und zum anderen bei längerem Vollzug eine Gewöhnung[192] eintritt, die dann die Abschreckungswirkung[193] vermindert. Außerdem sind die Folgen für die Außenwelt des Täters einschneidender als bei den Kurz- und Freizeitarresten. Gerade letzterer eignet sich vorzüglich für die Wochenenden, so daß der Meister und die Schule nichts von ihm zu erfahren brauchen. Anders ist es beim vierwöchigen Dauerarrest. Selbst die Urlaubszeit reicht für seine Verbüßung nicht aus. Diese länger dauernden Maßnahmen scheinen sich auf den Täter negativ ausgewirkt zu haben — wie beispielsweise auch Benachteiligungen im Lehrverhältnis oder gar die Entlassung aus ihm zeigen[194].

---

[192] *Middendorff*, Jugendkriminalität, S. 226.
[193] *Middendorff*, Jugendkriminalität, S. 226.
[194] wie öfter in späteren JGH- und Bewährungsberichten zu lesen war; gleiche Feststellungen trafen: *Middendorff*, Jugendkriminalität, S. 226; *Schulz*, S. 70.

Zusätzlich wird diese Vermutung noch durch die Fälle erhärtet, in denen Dauerarrest nicht vollstreckt wurde und welche ebenfalls die höchste Erfolgsquote aufweisen:

von 44 Probanden entfallen 30 auf Stufe A,
während Stufe B nur mit sechs,
Stufe C mit vier und
Stufe D mit sieben Tätern vertreten sind.

Auf die Gesamtarreste bezogen gelangten bei den Bewährten 14,5 Prozent nicht zum Vollzug; in den übrigen Stufen dagegen nur 2,9 Prozent; 1,9 Prozent und 3,4 Prozent .

Die Zweifelhaftigkeit dieser Maßnahme deutet sich darüberhinaus auch dadurch an, daß einige Arrestanten ihren Weg in die Anstalt und die Heimfahrt von „Café Schönstedt"[195] wieder mit einem entwendeten Fahrzeug unternahmen. Obgleich sie die Ausnahme bilden, veranschaulichen sie doch im Zusammenhang mit den übrigen Mißerfolgen, daß Dauerarreste mindestens für einen Teil der hier zur Begutachtung stehenden Jungen völlig verfehlt sind. Schließlich kommt dafür als weitere Ursache in Betracht, daß zwischen Tat, Gerichtsverhandlung und Ladung zur Vollstreckung regelmäßig Monate und in einigen Fällen sogar Jahre vergehen, so daß dem Täter die späteren Folgen seiner Handlungsweise nicht bewußt werden[196].

b) Jugendstrafen

Für etwa ein Drittel erschien den Gerichten die Jugendstrafe als die geeignete Maßnahme.

Stufe	Jugendliche		Heranwachsende		Gesamt	
		%		%		%
A	50	46,7	64	55,6	114	51,3
B	12	11,2	19	16,5	31	14,0
C	10	9,3	3	2,7	13	5,8
D	35	32,7	29	25,2	64	28,2
gesamt	107	48,2	115	51,8	222	34,1

Bei knapp der Hälfte hat sie die in sie gesetzten Erwartungen gerechtfertigt, wobei die Heranwachsenden den größten Erfolg aufweisen. Ob ihr unterschiedlicher Verlauf gegebenenfalls durch die Aussetzung der Strafe zur Bewährung beeinflußt wurde, sei nachstehend überprüft.

---

[195] Berliner Jugendarrestanstalt in der Schönstedtstraße.
[196] Bereits *Doll - Berner - Ruhfus*, S. 41 stellten dies als Mißstand fest; ebenso: *Middendorff*, Jugendkriminalität, S. 226.

B. Die kriminologischen Erscheinungsformen

102 Fälle, also fast die Hälfte der verhängten Jugendstrafen, wurden zur Bewährung ausgesetzt. Davon verliefen erfolgreich:

Stufe	Jugendliche	%	Heranwachsende	%	Gesamt	%
A	32	64,0	32	50,0	64	56,1
B	7	58,3	5	26,7	12	38,7
C	7	70,0	1	33,3	8	61,5
D	9	25,7	9	31,5	18	28,1
gesamt	55	51,4	47	40,8	102	45,9

Auf die insgesamt ausgesetzten Strafen bezogen zeigt sich das positive Ergebnis dieser Maßnahme: 62,7 Prozent zählen zu den Bewährten; 11,7 Prozent fingen sich später und nur 17,6 Prozent müssen als Mißerfolg verbucht werden. Diese Verteilung der nicht vollzogenen Strafen auf die Bewährungsstufen scheint dafür zu sprechen, daß sie mit dazu beigetragen haben, die einen rechtzeitig wieder von der verbrecherischen Laufbahn abzudrängen.

c) Schuldspruch

Diese erfreulichen Ergebnisse der „Erziehung in Freiheit"[197] werden noch verstärkt durch die Zahlen der nach § 27 JGG Verurteilten:

Stufe	Jugendliche	%	Heranwachsende	%	Gesamt	%
A	16	64,0	9	81,9	25	69,4
B	4	16,0	1	9,0	5	13,9
C	2	8,0	1	9,0	3	8,3
D	3	12,0	—	—	3	8,3
gesamt	25	69,4	11	30,6	36	5,5

Zwar wurden nur in fünf Prozent der Fälle die Verfahren ausgesetzt, was die gewisse Scheu der Jugendrichter für diese Maßnahme ausdrückt. Vom Erfolg her gesehen beweist sie jedoch, wie richtig sie für diese Täter gewesen ist. Die wenigsten haben versagt, ohne daß der Beweis angetreten werden kann, daß in sämtlichen Fällen die Voraussetzungen der Persönlichkeit und der Umwelt gleichgestaltet waren. Es ist aber anzunehmen, daß bei den angeordneten Maßnahmen für den Richter erkennbar jeweils ungefähr dieselben Umstände vorlagen. Die Erfolge müssen demnach der Aussetzung zur Bewährung zugesprochen

---

[197] mit ähnlichem Ergebnis: *Aschaffenburg*, S. 300; *Munkwitz*, S. 108; *Middendorff*, Jugendkriminalität, S. 216; *von See*, S. 231.

werden. Denn einerseits weichen sie erheblich von den Fehlschlägen ab, verlaufen aber zum anderen denen der ausgesetzten Jugendstrafen ähnlich. Die Bandbreiten sind einfach zu weit, als daß hier noch Zufälle oder Irrtümer maßgeblich beteiligt sein könnten.

d) Gefängnisstrafen

Schließlich bestätigt das auch ein Blick auf die angeordneten und ausgesetzten Gefängnisstrafen:

Stufe	angeordnet		Bewährung	
		%		%
A	29	45,3	13	59,1
B	9	14,1	2	9,1
C	11	17,2	2	9,1
D	15	23,4	5	22,7
gesamt	64	63,3	22	34,4

Von den 101 nach allgemeinem Strafrecht Verurteilten wurde bei zwei Dritteln Gefängnisstrafe verhängt und von ihnen dann ein Drittel zur Bewährung ausgesetzt. Auch diese verliefen überwiegend positiv.

e) Erscheinungsformen

Hat sich die Anordnung der Bewährungsaufsicht überwiegend als richtige Maßnahme erwiesen, soll an dieser Stelle geprüft werden, ob sie sich für jeden Kraftfahrzeug-Entwender eignete.

Stufe	248 b (e)	248 b (u)	242 (Rpr)	242 (n)	242 (Sch)	242 (e)
	%	%	%	%	%	%
A: Bew.	42,8	85,7	70,6	61,6	67,7	51,1
§ 27	33,3	50,0	80,0	100,0	63,6	80,0
B: Bew.	—	14,3	17,7	15,4	12,9	7,4
§ 27	33,3	25,0	—	—	9,1	20,0
C: Bew.	14,4	—	—	7,6	6,5	15,6
§ 27	—	25,0	20,0	—	9,1	—
D: Bew.	42,8	—	11,7	15,4	12,9	25,9
§ 27	33,3	—	—	—	18,2	—

Bis auf 248 b (e) kann für alle Formen ein Erfolg verzeichnet werden. Dies gilt sowohl für die ausgesetzte Jugendstrafe als auch für die Entscheidung nach § 27 JGG. Einzig die „Aussetzer" weisen für beide Maßnahmen eine ungefähr übereinstimmende Erfolgsquote von rund zwei Dritteln auf. Ihnen leicht angenähert ist 242 (Rpr) mit einer zehnprozentigen Schwankung; 248 b (u) und 242 (e) verlaufen einander

B. Die kriminologischen Erscheinungsformen

entgegengesetzt. Aus dem Rahmen fallen die „Schweiger", die bei § 27 JGG hundertprozentig erfolgreich blieben.

Insgesamt läßt sich feststellen, daß für die echten Gebrauchstäter die Bewährungsaufsicht eine zweifelhafte Maßnahme darstellt. Erfolg und Mißerfolg halten sich die Waage. Bei sämtlichen anderen Tätern ist diese Behandlungsmethode zu bejahen, wobei einzig zu überlegen wäre, ob im konkreten Fall dem Schuldausspruch nach § 27 JGG der Vorzug gegeben werden sollte. Dieses Ergebnis bestätigt erneut, daß diejenigen, die das Fahrzeug an den Wegnahmeort zurückstellten, keineswegs die harmlosesten aller Kraftfahrzeug-Entwender sind[198].

f) Verhältnis der Maßnahmen zueinander

Stufe	Dauer A	Frei A	Kurz A	A ges.	JugStr	Gef.
	%	%	%	%	%	%
A	21,3	25,6	2,1	49,0	10,3	3,3
B	26,9	8,7	1,1	36,4	22,3	8,2
C	23,5	21,6	2,0	47,0	9,8	17,6
D	16,9	8,1	—	25,0	37,1	8,1
gesamt	21,2	20,3	1,6	43,1	15,9	5,6

Auch im Vergleich der mit Freiheitsentzug verbundenen und vollzogenen Maßnahmen läßt sich klar erkennen, daß die Erziehung in Freiheit die geeignetere Behandlungsmethode für diese Täter darstellt. Deutlich wird dies in dem Mißverhältnis der Jugendstrafen zwischen Stufe A und D. Die Arreste zeigen nur oberflächlich betrachtet eine positive Bilanz. Genau besehen kann das nämlich nur für die Freizeit- und Kurzarreste gelten. Zwar sind bei den Dauerarresten 4,5 Prozent weniger völlige Mißerfolge als Erfolge aufgetreten. Doch abgesehen von dieser recht geringen Spannbreite überwiegen die zeitlich begrenzten Fehlschläge in Stufe B; ebenso wie mit dieser Stufe auch die zweithöchste Quote an Jugendstrafen zusammentrifft.

Insgesamt stimmt die Aussetzung zur Bewährung optimistisch. Ihr günstiger Verlauf kann einmal darauf zurückgeführt werden, daß die Kraftfahrzeug-Benutzer keine intensiven kriminellen Neigungen aufweisen[199]. Zum anderen wird der erfolgreiche Ausgang vor allem dadurch bestimmt, daß es sich bei den Kraftfahrzeug-Entwendern — wie andere Untersuchungen, die nicht nur auf Aktenmaterial angewiesen waren, herausfanden[200] — im allgemeinen um aktive, interessierte und intelligente Jungen handelt. Sie bieten somit bereits von

---
[198] Siehe auch Anm. 190.
[199] Siehe insbesondere die Untersuchungen unter B IV 2.
[200] Vgl. bei *Munkwitz - Neulandt*, S. 558, 567.

ihrer Persönlichkeitsstruktur günstige Bedingungen für einen Erziehungserfolg.

10. Zwischenergebnis II.

1. a) Rund zwei Drittel aller Kraftfahrzeug-Entwender hat sich bewährt.
   b) Nur 16,4 Prozent sind als noch nicht Resozialisierte einzustufen.
   c) Die Bewährung stellt sich in sämtlichen Erscheinungsformen etwa gleich dar.

2. Die Kraftfahrzeug-Entwendung als typisch jugendliches Delikt, das somit vorübergehender Natur ist, zeigt sich auch in der Lebensbewährung der Probanden:
   a) die im Basisjahr Jugendlichen haben sich besser geführt als die Heranwachsenden;
   b) nur 1,6 Prozent = zwei „Kraftfahrzeug-Spezialisten" finden sich unter den Nichtbewährten;
   c) je klarer bei den wiederholt begangenen Straftaten der Probanden die Trennung zwischen Kraftfahrzeug-Entwendung und sonstigen Vermögensdelikten ist, desto besser verlief ihre Entwicklung;
   d) Mittäter, insbesondere wenn sie in größeren Gruppen handelten, haben sich am besten geführt;
   e) eine hohe Anzahl leichter Verkehrsübertretungen und -vergehen finden sich in Stufe A und fehlen dagegen völlig in D.

3. Keine Prognose läßt sich erstellen auf Grund
   a) der Art des entwendeten Fahrzeuges: keine Umsteigetendenz vom Fahrrad über das Moped zum Auto erkennbar;
   b) der Frühkriminalität: Straflosigkeit und auch keine Ermittlungsverfahren zeigen 40 Prozent der Stufe A und 20 Prozent von D;
   c) allein der Kraftfahrzeug-Entwendung und den damit eventuell zusammen ausgeführten Taten.

4. Einen Hinweis auf die zukünftige Entwicklung geben:
   a) die Begehungsweise: die Alleintäter zeigen eine leichte Gefährdung; die Mittäter haben sich zu 17 Prozent besser als die ersteren geführt;
   b) Auffälligkeiten mit Vermögensdelikten: weisen auf eine generelle kriminelle Gefährdung hin; geben für die Kraftfahrzeug-Entwendung selbst keinen Anhalt;

B. Die kriminologischen Erscheinungsformen

c) „Spezialisten" zeigen eine gute Bewährung: reine Kraftfahrzeug-Entwender führten sich am besten; ebenso verlief die Entwicklung bei denen, die sich auf ein bestimmtes Fahrzeug konzentriert hatten.

5. Vollzogene Maßnahmen mit Freiheitsentzug waren überwiegend ein Mißerfolg:

   a) bei der Schuldfeststellung mit anschließender zweijähriger Bewährungsaufsicht sind 70 Prozent der Bewährungszeiten erfolgreich verlaufen;
   b) Kurz- und Freizeitarreste zeigen ein ähnliches Ergebnis;
   c) gleiches gilt für die ausgesetzten Jugend- und Gefängnisstrafen.

6. Bei den Erscheinungsformen ergaben sich folgende Unterschiede:

   a) 248 b (e): enthält den höchsten Prozentsatz Nichtbewährter; Jugendliche sind bei ihnen höher belastet als Heranwachsende; als Mittäter verlief ihre Lebensbewährung ungünstig; überdurchschnittlich gut bewährten sie sich als Alleintäter; negativer Verlauf der Bewährungszeit;
   b) 242 (e): leicht bessere Bewährung als die Vorstehenden; die Alleinhandelnden sind fast ausnahmslos Sachwertdiebe; ihre Entwicklung verlief ungünstig; bei den Mittätern gleichen sie den übrigen Benutzern;
   c) 242 (n): besten Lebenserfolg: 75 Prozent in Stufe A, nur 7 Prozent in Stufe D; 100 Prozent der Jugendlichen haben sich bewährt; 100 Prozent Erfolg bei der Maßnahme nach § 27 JGG.

7. Zusammengefaßt ist festzustellen:

   a) die Kraftfahrzeug-Entwendung hat episodenhaften Charakter;
   b) der Lebenserfolg der Probanden in sämtlichen Erscheinungsformen ist ungefähr gleich groß;
   c) Kraftfahrzeug-Entwender und Vermögensstraftäter nahmen eine unterschiedliche Entwicklung, die bei letzteren die höchste Schlechtquote aufweist;
   d) die Erziehung in Freiheit verlief bei den Kraftfahrzeug-Entwendern — mit Ausnahme der echten Gebrauchstäter — erfolgreich.

Zweiter Teil

Der Sozialbereich

I. Einleitung

Für eine einigermaßen zuverlässige Beurteilung der Persönlichkeit des Täters und damit auch seiner Taten genügt nicht allein die Kenntnis der äußeren Tatumstände, sondern sie erfordert auch das Wissen um seine Herkunft im weitesten Sinne. Nur so wird sich beurteilen lassen, ob gerade dieser Tätertyp für eine Maßnahme empfänglich ist oder besser ein anderer Weg eingeschlagen werden sollte.

Für die vorliegende Untersuchung reduziert sich der Theorienstreit, ob die Anlage oder die Umwelt den Menschen zum Kriminellen prädestiniere oder prädisponiere[201], zwangsläufig auf ein Minimum an Relevanz. Denn das Material, das der Auswertung zur Verfügung stand, enthielt in den wenigsten Fällen ein kriminalbiologisches Gutachten, weil derartige nur in Ausnahmefällen[202] erstellt werden. Allein in diesen jedoch hätten sich brauchbare Hinweise auf angeborene Fehler finden können. Abgesehen davon, hätte sich aber auch eine negative Auswahl ergeben, so daß ohnehin nur eine Aussage über schwer geschädigte Jugendliche möglich gewesen wäre. Der bedeutsamere Vergleich, daß jemand — obwohl mit entsprechenden Anlagen geboren — sich in einer bestimmten Weise führt und in welchen Merkmalen er sich von den anderen ohne diese Anlagen unterscheidet, ist somit von vornherein ausgeschlossen.

Dennoch kann ein Teil der hier untersuchten Faktoren als Ausfluß einer günstigen oder ungünstigen Veranlagung gewertet werden, wie beispielsweise Entweichen von zu Hause, Erfolg in der Schule oder Ausbildung, Stetigkeit am Arbeitsplatz und dergleichen mehr. Im übrigen bedeutet die Beschränkung vorwiegend auf Umwelteinflüsse keinen erheblichen Mangel, da es sich — wie festgestellt wurde — bei den Kraftfahrzeug-Entwendern in ihrer großen Mehrheit um Entwicklungstäter handelt, bei denen soziale Faktoren dominieren[203].

---

[201] Siehe für alle: *Sack - König*, Kriminalsoziologie, insbesondere *Montagu*, S. 226—243.
[202] § 43 Absatz 3, § 73 JGG.
[203] *Exner*, S. 15.

I. Einleitung

Die Untersuchung will aber nicht die Vielzahl schon vorhandener Prognosesysteme[204] um ein weiteres mehr oder minder zuverlässiges Punkteverfahren erhöhen, sondern an Hand früherer Erfahrungen das eigene Material überprüfen und sortieren. Vorwiegend werden deshalb solche Merkmale untersucht werden, die für sich eine gewisse Allgemeinverbindlichkeit beanspruchen können. Denn sämtliche Prognosetafeln wurden jeweils nur für eine bestimmte Verbrecher- oder Personengruppe erstellt[205]. Jedes System hebt daher einzelne Seiten der Persönlichkeit besonders hervor und schränkt zwangsläufig andere ein. Manche schematisierenden Verschiebungen müssen in Kauf genommen werden, was zugleich bedeutet, daß kein Ergebnis voll und ganz zufriedenstellen kann. Für den zu beurteilenden Einzelfall vermag es aber das Verständnis zu erleichtern.

Unter Berücksichtigung dieser Feststellungen sollen die nachfolgenden Untersuchungen verstanden werden. Dabei wird die historische Entwicklung der Probanden als Leitlinie gewählt. Soweit auch hier auf Grund des Materials Einschränkungen gemacht werden müssen, wird jeweils darauf hingewiesen werden.

Eine derartige kriminologische Darstellung bliebe unvollständig, wollte man nicht die Zeitverhältnisse berücksichtigen, unter denen die Probanden aufwuchsen. Denn die durch sie geprägten Umweltverhältnisse waren mitbestimmend dafür, daß die einen den geraden Weg gingen, und die anderen — mit Dostojewski gesprochen — „nicht Kinder Gottes bleiben konnten, weil die Zeiten zu schwer waren".

1960 waren die Jüngsten 14, die Ältesten 21 Jahre alt. Soweit die Taten im Laufe des Jahres 1959 durchgeführt wurden — eine Ausnahme 1958 — sind somit die Ältesten 1938 geboren, die Jüngsten 1946. Es handelt sich also um die Generation, die unmittelbar vor, während und nach dem Zweiten Weltkrieg geboren wurde. Die meisten erlebten mehr oder minder bewußt die Wirren des Krieges, den Zusammenbruch und im allgemeinen bewußt die Nachkriegszeit. Die ersten Schuljahre fallen in den „Aufbau". Die Eltern — sofern die Väter nicht im Krieg geblieben waren — schufen sich eine neue Existenz, oft allerdings nicht mehr gemeinsam, sondern die Mutter alleine oder mit dem Stiefvater.

---

[204] Vgl. Zusammenstellung bei: *Suttinger* in: Gerichtliche Psychologie 1962, S. 304—315 und *Munkwitz*, S. 17 f.
[205] Eine bis ins einzelne gehende Auseinandersetzung mit den verschiedenen Methoden erscheint an dieser Stelle nicht angebracht, weil diese Arbeit nicht speziell auf prognostische Probleme ausgerichtet ist und es auf Grund des vorhandenen Materials gar nicht möglich war, den einzelnen Menschen in seiner Vielfalt zu erfassen.

1960 war der Wohlstand längst erreicht. Die meisten Probanden hatten ihre Schulzeit beendet und eine weitere Ausbildung aufgenommen oder arbeiteten teilweise bereits als Verdiener für die Familie in einem Beruf. Eine Generation, die sich nur noch schemenhaft der schwierigen Jahre ihrer Kindheit erinnerte, lebte nunmehr in relativ gesicherten wirtschaftlichen Verhältnissen mit entsprechenden Ansprüchen an ihre Umwelt. Äußerlich erschienen die Verhältnisse „geordnet", wie es stereotyp in den meisten Jugendamtsberichten heißt. Wie es aber innerlich, in der Seele dieser Jungen aussah, darüber schweigen sich fast sämtliche Berichte aus. Hier könnten die sonst so nüchternen Zahlen der Scheidungsrate ihrer Eltern, die Lebensverhältnisse ihrer Familien, die Anzahl ihrer Geschwister und nicht zuletzt die Wohnungssituation und damit eng verbunden die Art, wie sie ihre Freizeit verbringen, Aufschluß geben. Jede Aussage stellt aber eine kontrollbedürftige Hypothese dar, deren Wahrheit letztlich unbeweisbar bleibt.

II. Familiäre Verhältnisse

Die Bedeutung der Familie als Erziehungsgemeinschaft[206] und damit ihres Einflusses auf die Entwicklung der Persönlichkeit eines Menschen ist unbestritten. In ihr werden Leitbilder geprägt, die auch sein Verhalten zur Außenwelt entscheidend bestimmen. Allerdings lassen sie sich von einem Außenstehenden nie gänzlich erfassen. Denn neben den äußerlich feststellbaren Merkmalen wie Unehelichkeit, Trennung oder Scheidung der Eltern, Geschwisterzahl und dergleichen mehr, wirken Kräfte, die oft nur erahnt werden können und deren Bewertung immer subjektiv gefärbt bleiben muß. Dies gilt insbesondere für die inneren Bindungen des Kindes oder Jugendlichen an einen Elternteil, ältere Geschwister oder aber deren völliges Fehlen.

Da hier eine persönliche Befragung der Probanden von vornherein ausschied, mußte die durchgeführte Erhebung im wesentlichen auf die äußeren, in den Akten vermerkten Angaben beschränkt werden. Darin enthaltene Wertungen der häuslichen Verhältnisse werden nur am Rande vermerkt, da sie — wie später noch darzulegen sein wird — eine Fehlerquelle gebildet hätten und ihnen daher mit Skepsis zu begegnen ist.

1. Unvollständige Familien

In diesem Teil werden nur die auffälligsten Abweichungen von der Normalfamilie erörtert. Eine Betrachtung aller möglichen Formen un-

---

[206] Hierzu ausführlich: *Exner*, S. 221 ff., 223.

II. Familiäre Verhältnisse

vollständiger Familienverhältnisse hätte einerseits den Rahmen dieser Arbeit gesprengt und wäre andererseits in einer Zusammenstellung der verschiedensten Theorien über sie steckengeblieben. Denn, wie schon erwähnt, ist allein auf Grund des hier zur Verfügung stehenden Aktenmaterials eine Überprüfung aller denkbaren Faktoren nicht möglich gewesen.

Über den Problemkreis, der im allgemeinen mit dem umfassenden Begriff bezeichneten „gestörten Familien" als Kriminalitätsfaktor ist bereits so viel geschrieben und diskutiert worden, daß sich eingehende Ausführungen erübrigen, um nicht nur allseits Bekanntes zu repetieren.

a) Geburt

Viele kriminologischen Forschungsberichte beschäftigen sich mit der unehelichen Geburt späterer Delinquenten[207]. Sie kommen dabei zu unterschiedlichen Ergebnissen[208]. Diese widersprechenden Beurteilungen werden einmal durch die Verschiedenartigkeit der untersuchten Delikte bedingt. Andererseits mag eine Erklärung in dem Alter der einzelnen Arbeiten liegen, da es häufig die älteren sind[209], die in der Unehelichkeit ein Gefährdungsmoment erblicken. Durch die damaligen Umweltverhältnisse kann das tatsächlich gerechtfertigt sein. Eine uneheliche Mutter und ihr Kind rechnete man im allgemeinen zu den sozial unteren Schichten, da Unehelichkeit als „Schande" galt. Die Möglichkeit, in dieser Lage schnell zu straucheln, liegt auf der Hand[210].

Inzwischen hat sich die Haltung den unehelich Geborenen gegenüber gewandelt, was letztlich auch in ihrer geänderten rechtlichen Stellung[211] zum Ausdruck kommt. Wahrscheinlich wird diesem Merkmal zukünftig nicht mehr so viel Bedeutung zuzumessen sein, wie in der Vergangenheit. Das deuten bereits die Ergebnisse der jüngeren Untersuchungen[212] an.

---

[207] Vgl. Zusammenstellung bei: *von See*, S. 82; *Schlöter*, S. 80.
[208] Ungünstig: *Elster* in: HdK, 2. Band, S. 837; *Tönnies*, S. 48; *Seibert, Klaus*, S. 38; *Beermann*, S. 82; *Hellmer*, Jugendkriminalität, S. 83; günstig: *Nährich*, S. 38, 40; ohne Bedeutung: *Behrens*, S. 49—51; *Schlöter*, S. 80 mit weiteren Nachweisen.
[209] Beispielsweise: *Tönnies*, S. 48; *Elster*, in HdK, 2. Bd., S. 837; *Seibert, Klaus*, S. 38.
[210] So auch: *Seibert, Klaus*, S. 38.
[211] Artikel 6 Absatz 5 GG; Gesetz über die rechtliche Stellung der nichtehelichen Kinder vom 19. August 1969 — BGBl. I, S. 1243 —.
[212] *Nährich*, S. 38, 40; *Behrens*, S. 49—51; *Schlöter*, S. 80 mit weiteren Nachweisen.

Überblick:

Stufe	Anzahl	%
A	60	12,1
B	10	8,5
C	11	19,3
D	18	14,5
gesamt	99	13,1

Die vorstehende Zusammenstellung ergibt ein uneinheitliches Bild: oberflächlich betrachtet wäre die Unehelichkeit als positives Merkmal zu werten, da mehr Uneheliche in die Stufe A als zu der Stufe B gehören. Andererseits sind die Kriminellen mit 2 Prozent mehr vertreten und die Gelegenheitstäter widerum stellen den allerhöchsten Anteil. Allein hieraus kann aber nichts Beachtliches geschlossen werden.

Vergleicht man diese Zahlen mit den Unehelichen der gesamten Bundesrepublik, so kann dabei für die Beurteilung der Kraftfahrzeug-Entwender ebenfalls wenig gewonnen werden. Denn die Statistiken betreffen nur den jeweiligen Geburtsjahrgang. Wieviele dieser Kinder dann das Strafmündigkeitsalter erreichten, wer legitimiert oder adoptiert wurde, wird nirgends erfaßt. In diesem Bereich ist man auf Schätzungen angewiesen.

Nach *Exner*[213] beträgt der Anteil der Unehelichen etwa sieben Prozent. Mit acht Prozent kommt die Untersuchung von *Schiedt*[214] ihm sehr nahe. Bei den straffällig Gewordenen wurden schließlich bis über 20 Prozent[215] ermittelt. Andere Angaben beziehen sich auf die gesamt nach Jugendrecht Verurteilten, ohne sie aber nach ihrem Alter aufzuschlüsseln. Danach betrug ihre Beteiligung 1959 = 7,9 Prozent; 1960 = 9,3 Prozent[216]. Das würde bedeuten, daß der hier ermittelte Durchschnitt um vier Prozent über ihrem Anteil an der gesamten Jugendkriminalität läge. Dabei bleibt jedoch unberücksichtigt, daß zum Zeitpunkt der Geburt des größten Teils von ihnen außergewöhnliche Umstände herrschten, die ein Ansteigen der unehelichen Geburten bedingten: viele Erzeuger, mit denen die Mütter oft verlobt waren, blieben im Feld. Mancher kam zwar wieder, die Ehe wurde aber nicht geschlossen, der Junge nicht legitimiert. Andere entstammen Vergewaltigungen ihrer Mütter durch die Besatzungssoldaten, wiewohl deren nachweisbare Anzahl in diesem Material äußerst gering ist. Wie den Akten weiter entnommen werden konnte, wurden einige Erzeuger deswegen nicht Väter, weil die damaligen Verhältnisse zwar die Möglich-

---

[213] Seite 32.
[214] Seite 35 und die dort angegebenen weiteren Nachweise.
[215] *Phillip* in: Der medizinische Sachverständige 1965, S. 2 = 21,6 Prozent.
[216] *Hellmer*, Jugendkriminalität, S. 81.

II. Familiäre Verhältnisse

keit der Zeugung boten, für eine Eheschließung aber bessere Zeiten[217] abgewartet werden sollten.

Daß diese Gründe zu einer erhöhten Zahl unehelich Geborener führten, belegen auch die Statistiken, die für 1946 mit 16,3 Prozent eine fast eineinhalbmal so hohe Beteiligung ausweisen wie in der Vorkriegszeit (1939 = 7,7 Prozent). Hellmer[218] geht für die Jahre 1946/1950 von einem zehn- bis zwölfprozentigen Anteil aus, der etwa dem hier ermittelten entsprechen würde. Damit fände der hohe Prozentsatz eine Erklärung und zeigt zugleich, wie bedeutungslos der Faktor der „unehelichen Geburt" in der Gegenwart ist.

b) Halb- und Vollwaisen

Den Lebensverhältnissen der unehelichen Kinder ähneln vor allem diejenigen der Kinder, welche ohne Vater aufwachsen, weil er schon in ihrer frühesten Kindheit starb. Im Grunde unterscheiden sie sich heute, nachdem die soziale Mißbilligung der unehelichen Mutter und ihres Kindes weitgehend weggefallen ist, nicht mehr voneinander.

Nur wenige Untersuchungen beschäftigen sich mit ihnen. Soweit sie dies tun, kommen sie zu unterschiedlichen Ergebnissen[219]. Überwiegend wird aber das Fehlen der Mutter für wesentlicher als das des Vaters erachtet, da ihre natürlichen engeren Bindungen die kindliche Entwicklung nachhaltiger beeinflußten[220]. Diese Erkenntnis dürfte sich im Umbruch befinden. Denn die Zeit der Nur-Hausfrau, der für Familie und Heim sorgenden Mutter, geht ihrem Ende entgegen. Die moderne Gesellschaft hat die Familienstruktur verändert. Seit den Nachkriegsjahren arbeiten immer mehr Frauen zusätzlich im Büro und der Fabrik.

Für sämtliche Jungen gilt, daß die Trennung von einem Elternteil bereits in ihrer Kindheit erfolgte. Von ganz wenigen Ausnahmen abgesehen sind sie alle Kriegswaisen. Bei den meisten wird man sagen müssen, daß sie ihren leiblichen Vater nicht mehr gekannt haben, da die Todesdaten ihrer Väter in die Kriegs- und unmittelbare Nachkriegszeit fallen. Wenn auch nicht immer festgestellt werden konnte, ob bei den nach Kriegsende „Verstorbenen" der Tod noch im Gefangenenlager eintrat und nur die Todeserklärung später erfolgte, weil

---

[217] Behebung der Wohnungsnot, Arbeitslosigkeit und so weiter.
[218] *Hellmer*, Jugendkriminalität, S. 81.
[219] Vgl. Zusammenstellungen bei *von See*, S. 32 und *Monahan* in: Sack-König, Kriminalsoziologie, S. 77; außerdem: ungünstig: *Tönnies*, S. 47 f.; *Seibert, Klaus*, S. 38; *Brunotte*, S. 40; *Beermann*, Diss., S. 83 und S. 85; *Schulz*, S. 74; *Näf*, S. 99 I Nr. 5; gut: *Schlöter*, S. 76; ohne Bedeutung: *von See*, S. 36.
[220] *Meyer, Fritz*, S. 25; *Beermann*, Diss., S. 85; *Hellmer*, Jugendkriminalität, S. 91.

die Frau noch nicht die Gewißheit hatte, so darf unterstellt werden, daß die Ausnahmen selten sind. Denn soweit Vergleiche mit späteren JGH-Berichten durchgeführt werden konnten, — die in der Regel genauer waren, nachdem der Junge ein weiteres Mal straffällig geworden war — ergaben sich eigentlich immer diese Feststellungen. Damit bieten sich für diese Jungen insoweit dieselben Verhältnisse wie für die Nichtehelichen, die im allgemeinen ebenfalls keinen Kontakt zu ihrem leiblichen Vater hatten.

Stufe	Vater	%	Mutter	%	Eltern	%	gesamt	%
A	129	26,4	11	2,2	11	2,4	151	31,0
B	24	28,2	5	5,9	3	3,5	32	37,6
C	17	29,8	4	7,0	2	3,5	23	40,3
D	29	23,4	13	10,4	11	8,9	53	42,0
gesamt	200	26,5	33	4,3	26	3,5	259	34,3

Bei den Vaterwaisen läßt sich ablesen, daß der Ausfall des Vaters für ihre weitere Entwicklung kaum von Bedeutung war. Anders dagegen, wenn er ohne Mutter aufwachsen mußte. Es zeigt sich ein deutlicher Anstieg in der Stufe D. Das wird noch verstärkt, wenn man die Vollwaisen hinzunimmt. Ihnen fehlt ja neben dem Vater auch die Mutter. Danach sind nahezu 20 Prozent der später Dauerkriminellen ohne Mutter aufgewachsen. Von denen der Stufe A waren es aber nicht einmal 5 Prozent. Somit kann gegenwärtig, d. h. bei der Generation, der in und nach dem Zweiten Weltkrieg Geborenen, noch die starke Bindung an die Mutter und die von ihr ausgehende Beeinflussung der kindlichen Erziehung festgestellt werden.

Interessant ist, daß die Gelegenheitstäter wieder einen höheren Prozentsatz Halbwaisen stellen als die Stufe B. Schon bei den Nichtehelichen war ihr Anteil der höchste. Auch bei den Wiederholungsstraftaten rangieren sie erst hinter den später Resozialisierten. Bedenkt man aber, daß diese Gruppe immer wieder mit dem Gesetz in Konflikt kommt, ohne daß sie deshalb als „kriminell" zu bezeichnen wäre, während die anderen sich schon seit mindestens vier Jahren straffrei verhalten, dann ist ihre Nachbarschaft zu denjenigen der Stufe D sehr deutlich.

Insgesamt stellen die 34 Prozent Halb- und Vollwaisen eine ziemlich große Gruppe dar. Ein Vergleich mit der Gesamtbevölkerung ist aber nicht möglich, da keine Statistik diese Kinder führt. Doch dürfte es unwahrscheinlich sein, daß jedes dritte Kind der Bundesrepublik ein Halb- oder Vollwaise ist. Nimmt man noch die Unehelichen hinzu, so fehlte nahezu jedem zweiten Kind (47,4 Prozent) — diejenigen aus geschiedenen Ehen noch nicht berücksichtigt — im Jahre 1960 ein Elternteil. Allerdings bekamen einige von ihnen eine Stiefmutter bzw. einen Stiefvater, größtenteils aber erst in den Fünfziger Jahren. Viele Eltern wurden inzwischen wieder geschieden. So beträgt die tatsächliche Verwaisung im Basisjahr auf die einzelnen Bewährungsstufen aufgeschlüsselt:

$$A = 15{,}1\,\% \\ B = 20{,}1\,\% \\ C = 29{,}8\,\% \\ D = 16{,}5\,\%$$

Zwar zeigt sich insoweit nur eine leicht steigende Tendenz. Betrachtet man allerdings die Jungen, bei denen eine Scheidung der Eltern zu einer Trennung vom Stiefvater oder der Stiefmutter führte, so verstärken sich die vorstehenden Ergebnisse:

von den 11 Mutterwaisen der Stufe A bekamen 7 eine zweite Stiefmutter; dagegen blieben 10 der 13 aus Stufe D ohne neue Mutter.

Damit erklärt sich aber, weshalb trotz ungefähr gleich großem Anteil der Waisen in Stufe A und D ihre Entwicklung so unterschiedlich verlaufen ist. Gleichzeitig wird deutlich, daß bei einer Wiederverheiratung die Entwicklung der Jungen ungünstig verlief:

nur 15,9 Prozent der Probanden finden sich in Stufe A; aber 25,5 Prozent in D und 17,5 Prozent in B; Stufe C mit 10,5 Prozent bildet den Schluß.

Im Verhältnis zur Gesamtbevölkerung mit etwa 6 Prozent Stiefkindern[221] stellen die Kraftfahrzeug-Entwender nahezu dreimal so viele (17,1 Prozent), wobei die Nichtbewährten sogar viermal so stark sind.

Diese wenigen Zahlen belegen eindringlich, wie entscheidend der Einfluß einer vollständigen Familie sein kann. Den Ernährer kann man ersetzen; ein Ausgleich für die Geborgenheit in der normalen Familie, welche in weit stärkerem Maße von der Mutter als dem Vater bestimmt wird, läßt sich dagegen kaum finden. Dieser Mangel scheint ein Grund dafür gewesen zu sein, daß diese Jungen überhaupt straffällig wurden. Es bleibt jedoch eine unbeweisbare Vermutung, daß derartige Verhältnisse für junge Kraftfahrzeug-Entwender kennzeichnend sind.

c) Eltern geschieden

In dem hier untersuchten Material unterscheiden sich die Ausgangssituationen der Kinder aus geschiedenen Ehen kaum von denen der Halb- und Vollwaisen. Abgesehen davon, daß auch sie ein Elternteil entbehren müssen, fallen bei den meisten die Scheidungen in die Mitte

---

[221] *Exner*, S. 226.

der Vierziger- und Anfang der Fünfziger Jahre. Manche haben mit Sicherheit ihren Vater nicht mehr gekannt. Sie haben ihn nur noch aus der Sicht ihrer Mütter kennengelernt, die sich damit abfinden mußten, daß er zwar aus dem Kriege heimgekehrt war, aber nicht mehr zu ihnen.

Welche Ursachen auch immer zur Scheidung geführt haben mögen, eindeutig klären und in Prozenten ausdrücken lassen sie sich nicht. So können die oft jahrelang äußerst gespannten häuslichen Verhältnisse keine Berücksichtigung finden. Fest stehen nur die Daten der Scheidung. Diese lagen aber in sämtlichen Fällen noch in der Schulzeit der Kinder. Alle waren jünger als 16 Jahre, befanden sich also mitten in ihrer Pubertät. Wie die Jungen dies verarbeitet haben, drückt die folgende Tabelle aus:

Scheidung der leiblichen Eltern

Stufe	Anzahl	%
A	103	21,1
B	14	16,4
C	10	17,5
D	32	25,8
gesamt	159	21,1

Danach scheint die Trennung — meistens vom Vater — keine unmittelbaren Folgen geäußert zu haben. Dies würde etwa dem hier ermittelten Ergebnis der Nichtehelichen und der Vaterwaisen entsprechen. Wie bereits erwähnt, waren einige Eltern aus diesem Kreis eine (neue) Ehe eingegangen, die teilweise inzwischen wieder gelöst wurde. Somit liegt der tatsächliche Anteil der Jungen, die in wenigen Lebensjahren zwei oder gar drei „neue" Väter zu bewältigen hatten, höher:

Stufe	Anzahl	%
A	116	23,7
B	27	19,9
C	17	29,8
D	38	30,6
gesamt	188	26,2

Der Einfluß einer Scheidung ist deutlich zu erkennen, auch, wenn Stufe B etwas aus dem Rahmen fällt. Denn die Anteile der völlig Eingeordneten und derjenigen, die immer wieder mit dem Gesetz in Konflikt kommen, heben sich klar voneinander ab. Die Scheidung der Eltern dürfte insoweit als kriminogener Faktor angesehen werden.

Interessant ist in diesem Zusammenhang auch, daß die weitere Entwicklung der Jungen bei einer Wiederverheiratung — in der Regel der

II. Familiäre Verhältnisse

Mutter — ungünstig verlief. Nach der Scheidung der leiblichen Eltern oder in Ausnahmefällen der Mutter von dem Stiefvater haben sich an neue Elternteile gewöhnen müssen:

Stufe	Anzahl	%
A	27	5,5
B	2	1,2
C	5	8,8
D	22	17,7
gesamt	56	7,3

Dies würde bedeuten, daß 1960 diejenigen der Stufe D in den meisten Fällen wieder mit zwei Elternteilen lebten. Da sie sich trotzdem bislang nicht bewährten, kann die formelle Tatsache des „geordneten" Elternhauses nicht als kriminalitätshindernder Faktor gelten[222]. Man kann sogar sagen, daß es für die weitere Entwicklung eines Jungen günstiger war, wenn seine Mutter nicht wieder geheiratet hatte[223]. Dafür spricht auch, daß zu den nur kurzfristig Entgleisten 19,2 Prozent Jungen aus geschiedenen Ehen gehören, die nur mit einem Elternteil aufwuchsen. Ihr Anteil in Stufe D beträgt aber nur 12,9 Prozent.

Dieses Ergebnis verdeutlicht, wie wenig wert das in allen JGH-Berichten verwandte Merkmal der „geordneten Verhältnisse" ist. Gerade die Jungen aus einer äußerlich scheinbar normalen Familie haben sich ungünstig entwickelt. Mit Sicherheit verleiteten diese angeblich „geordneten" häuslichen Verhältnisse den Richter, Maßnahmen anzuordnen, welche für den Jungen nicht tauglich waren. Die Fehleinschätzung beruht allerdings häufig auf den unrichtigen Angaben der Familienmitglieder. Erst bei erneuter und wiederholter Straffälligkeit und nach eingehenden Rücksprachen — vor allem auch mit den Probanden — wurde vielfach die wirkliche familiäre Situation sichtbar. Dabei stellte sich zuweilen heraus, wie wenig der Stiefvater an dem Jungen interessiert war. Es fanden sich Zeichen für eine Eifersucht auf den Stiefvater. In vielen Fällen traten die jahrelangen Spannungen innerhalb der häuslichen Gemeinschaft zu Tage. Für eine eingehende Erörterung der seelischen und geistigen Entwicklung dieser gestörten Kinder fehlt es allerdings an ausreichenden Unterlagen[224]. Es kann insoweit jedoch auf andere Untersuchungen[225] hingewiesen werden, für die geeigneteres

---

[222] Vgl. Zweiter Teil, II 1 b, die wiederverheirateten Witwer und Witwen.
[223] Ähnlich: *Schlöter*, S. 173; *Hellmer*, Jugendkriminalität, S. 81; *Short - Nye* in: Sack - König, Kriminalsoziologie, S. 66; *Toby* in: Sack - König, S. 104.
[224] Vgl. Erörterungen, Zweiter Teil I.
[225] *Monahan* in: Sack - König, Kriminalsoziologie, S. 73—90; *Short - Nye* in: Sack - König, S. 66; *Toby* in: Sack - König, S. 104.

Material zur Verfügung gestanden hat und die im Ergebnis mit dem vorstehend Festgestellten übereinstimmen. Für die Bewertung der häuslichen Verhältnisse muß jedoch zukünftig die äußerlich geordnete Familie skeptisch beurteilt werden — besonders, wenn ihr eine Scheidung vorausgegangen ist.

d) Zusammenfassung

Die Tabelle enthält sämtliche hier untersuchten Störungen der Normalfamilie, wobei mehrere Scheidungen nur einmal gezählt wurden. Danach hatten in ihren jungen und entscheidenden Entwicklungsjahren kein geordnetes Elternhaus und Familienleben:

Stufe	Anzahl	%
A	314	64,3
B	56	62,5
C	44	77,1
D	103	82,3
gesamt	517	68,5

Dieser Zusammenstellung ist nicht mehr viel hinzuzufügen. Bedenkt man, daß sicherlich noch eine Dunkelziffer der zerrütteten, aber äußerlich nicht durch Scheidung und Trennung gekennzeichneten Familien vorhanden ist, so sind die gestörten häuslichen Verhältnisse die mitentscheidende Ursache, daß gerade diese Jungen straffällig wurden. Denn trotz Kriegs- und Nachkriegszeit kann davon ausgegangen werden, daß nicht fast drei Viertel aller Kinder dieser Generation in gestörten Familien aufwuchsen[226]. Ob Kinder in dieser Situation verstärkt Kraftfahrzeuge entwenden, läßt sich durch einen Vergleich mit anderen Untersuchungen nicht klären. Sie betreffen in der Regel keine nach Delikten geordnete Kriminellengruppen. Allerdings liegen die dort ermittelten Ergebnisse[227] im allgemeinen unter den hier gefundenen Werten.

---

[226] Siehe auch: *Ehlen* in: Recht der Jugend 1963, S. 56 = 26,5 Prozent; nach einer bei *Schelsky*, Arbeiterjugend gestern und heute, S. 228 f. zitierten Emnid-Untersuchung lebten 42 Prozent in unvollständigen Familien.

[227] Zusammenstellung bei *Hellmer*, Jugendkriminalität, S. 89: zwischen 41,8 Prozent und 62,5 Prozent und dessen eigene Untersuchung an Schwerkriminellen = 80 Prozent; *Ehlen*, S. 56: Zusammenstellung anderer Untersuchungen, deren Ergebnisse zwischen 43,7 Prozent und 56,0 Prozent liegen; *Bellon*, S. 64: 80 Prozent, allerdings mit sämtlichen Störungen der Normalfamilie wie z. B. „unharmonische Verhältnisse"; *Schlöter*, S. 76: 42,5 Prozent; *Schulz*, S. 72: 9,8 Prozent; *Seibert*, Klaus, S. 39: 7 Prozent bis 8 Prozent; siehe auch *Exner*, S. 25.

II. Familiäre Verhältnisse

2. Die wirtschaftliche und soziale Lage der Eltern

a) Wirtschaftliche Verhältnisse

Ältere Untersuchungen haben eine Verbindung zwischen ärmlichen Verhältnissen und der Kriminalität festgestellt[228]. Das gilt für das Ende der Fünfziger Jahre nicht mehr in dieser Verallgemeinerung. Einmal bestanden derartige Notsituationen kaum mehr in Deutschland. Zum andern vollzog sich durch den Wohlstand eine Wandlung zur Begehrlichkeitskriminalität[229]. Das Bedürfnis und der Wunsch, es „dem andern" gleichzutun, sind gestiegen. Und gerade bei Jugendlichen hat sich dieses Verlangen am stärksten ausgewirkt, da in dieser Altersstufe der Konflikt zwischen Anspruch und Wirklichkeit am intensivsten auftritt und am wenigsten von Verstandeskräften gesteuert werden kann[230]. Trotz einer gewissen Anhebung der wirtschaftlichen Verhältnisse bei allen Bevölkerungsschichten, wird es auch heute noch dem Jungen, der in wohlhabenderer Umgebung aufwächst, leichter fallen, seine Wünsche legal zu befriedigen. Er könnte schon eher einmal das Fahrzeug seiner Eltern benutzen. Es wäre deshalb denkbar, daß diese Jungen in den kriminellen Gruppen seltener zu finden sind.

Die Akten enthalten kaum Hinweise auf eine außergewöhnliche wirtschaftliche Situation. Das liegt hauptsächlich daran, daß sich die Eltern zu diesem Thema wenig äußerten und daher nur der Eindruck des jeweiligen Berichterstatters wiedergegeben wurde. Zwangsläufig muß er verschieden ausfallen, je nach dem Stadtgebiet, in welchem der Sozialarbeiter tätig ist. So sind diese Angaben mit äußerster Vorsicht zu behandeln, zumal hier wieder Pauschalwertungen wie „gut, günstig, schlecht, bescheiden, beengt, äußerst ungünstig" und ähnliches gebraucht wurden. Sie standen regelmäßig im äußeren Zusammenhang zu den Wohnverhältnissen der Familien. Und dabei werden die subjektiven Urteile sehr deutlich: in den von der Mittel- und Oberschicht bevorzugten Wohngebieten Zehlendorf, Wilmersdorf und Steglitz galten „beengte" Wohnverhältnisse als wirtschaftlich „ungünstige" und gar Bewohner fester Wochenendhäuser in Kleingartenkolonien als „schlechte". Anders in „ärmeren" Bezirken wie Wedding, Neukölln und Kreuzberg. Hier merkt man noch den verstaubten Berichten der Sozialarbeiter das Aufatmen an, wenn „zwar beengte, aber wirtschaftlich geordnete" Verhältnisse bemerkt wurden. Selbst feste Lauben ließen eine positive Bewertung zu, weil die Möblierung auf einen „bescheidenen Wohlstand" schließen ließ.

---

[228] *Exner*, S. 227; *Bader*, S. 178; *Sydow*, S. 84; *Schlöter*, S. 88; *Doll - Berner - Ruhfus*, S. 49.
[229] *von Hentig*, Band II, S. 19; *Mezger*, S. 211; *Exner*, S. 64.
[230] *Exner*, S. 153; *Silbereisen*, S. 17.

So kann bei der Auswertung eigentlich nur auf die äußeren Extreme des schlechten und guten wirtschaftlichen Status zurückgegriffen werden, weil sie einer einigermaßen zuverlässigen Überprüfung durch die übrigen Angaben zugänglich sind. Eine Fehlerquote muß hier trotzdem angenommen werden. Die nachfolgend genannten Zahlen können insoweit nur als Annäherungswerte verstanden werden.

Angaben zu der wirtschaftlichen Lage fanden sich überhaupt nur bei etwa der Hälfte aller Probanden:

in 224 Fällen wurde ausdrücklich festgestellt, sie sei „geordnet";
weitere 82 wurden „beengt" genannt;
bei 66 Familien war sie „ungünstig".

Doch, wie schon gesagt, sind diese Bewertungen für eine wirklich zuverlässige Aussage ungeeignet, da sie zu viele subjektive Momente enthalten.

Wenden wir uns nunmehr den beiden Extremen zu:

Stufe	gut	schlecht
A	37	12
B	1	1
C	3	1
D	6	4
gesamt	47	18

Nur in den allerwenigsten Fällen kommen die Jungen aus schlechten Verhältnissen. Fast dreimal so viele lebten in wohlhabender Umgebung. Das wird noch deutlicher, wenn man die Fälle betrachtet, die weder „ungünstig", „beengt" noch „schlecht" wirkten. Sie waren somit normal. Demnach waren 77,9 Prozent unproblematisch. Es kann daher nicht primär die wirtschaftliche Situation des Elternhauses gewesen sein, die ihre Straftat bedingte.

b) Soziale Stellung des Vaters

Eng verbunden mit dem wirtschaftlichen Status der Familie ist derjenige des Vaters im Beruf. Gleichzeitig vermag er einen Anhalt für das Milieu und die Normen zu geben, in welchen der Junge aufwächst und die sein Leben prägen, wenn man bedenkt, daß seine Ausbildung, sein Umgang und seine Berufswahl in erheblichem Maße von eben diesen häuslichen Verhältnissen bestimmt werden.

Eine Unterteilung nach „proletarischen, kleinbürgerlichen und bürgerlichen" Verhältnissen, wie sie in früheren Untersuchungen[231] durch-

---

[231] Vgl. bei *Hellmer*, Jugendkriminalität, S. 86 mit weiteren Nachweisen.

II. Familiäre Verhältnisse

geführt wurde, kann heute keine klare Aussage mehr bringen. Denn vor allem in den letzten drei Jahrzehnten haben entscheidende soziale Umwälzungen stattgefunden, die ihrerseits nicht zuletzt durch die veränderte wirtschaftliche Struktur bedingt sind. Andererseits liegt in einer solchen Gliederung wieder eine Wertung, die unterschiedlich ausfallen muß, je nach dem eigenen Standort des Bearbeiters.

Aus diesen Erwägungen wird hier die Berufsgruppe der Väter wiedergegeben. Dabei waren nur etwa 70 Prozent feststellbar. Und auch hierbei ließen sich Fehlerquellen nicht vermeiden, weil die Berufsbezeichnung mitunter zu wenig exakt angegeben war. So gehören zu der Rubrik „Arbeiter" nicht nur Facharbeiter. Soweit aus dem Vergleich sämtlicher Unterlagen ersichtlich, wurde unter „Hilfsarbeiter" nur eingereiht, wer keine Tätigkeit ausübte, die eine abgeschlossene Ausbildung erforderte. Ähnliche Schwierigkeiten ergaben sich bei den Rentnern, bei denen es sich bis auf zwei Ausnahmen durchweg um Frührentner handelte. Obgleich ihre früher ausgeübte Tätigkeit nicht ermittelt werden konnte, kann hier unterstellt werden, daß sie keine gehobene war. Diese wäre nämlich mit großer Wahrscheinlichkeit schon aus Prestigegründen mitgeteilt worden.

Die Zusammensetzung der Angestellten unterscheidet sich von anderen Untersuchungen[232], da die Väter hier mittlere oder gar höhere Positionen innehaben; nicht wenige haben eine akademische Vorbildung. Wenn man dann davon ausgeht, daß es gerade den Angehörigen höherer sozialer Schichten öfter gelingt, die Taten ihrer Kinder außergerichtlich zu regulieren, dürfte ihr Anteil sicherlich mit einer hohen Dunkelziffer belastet sein und damit um einiges über dem liegen, was die nachfolgenden Tabellen ausweisen.

Die häufigste Angabe bei den Selbständigen bilden neben „Gastwirt, Fuhrunternehmer, Kohlen-, Rohproduktenhändler" und sämtliche Arten von „Lebensmittelkaufmann". Wenn überhaupt eine Bewertung gestattet ist, so kann diese Gruppe vorsichtig als „kleinbürgerlich" bezeichnet werden, während bei den Angestellten die Tendenz zum „gutbürgerlichen" unverkennbar ist.

Beamte finden sich vor allem aus der mittleren Laufbahn, aber auch hier bis zur leitenden Stellung, wie beispielsweise zwei Schuldirektoren.

Da nur bei rund 70 Prozent der Probanden Angaben zum Vaterberuf gefunden wurden, ist die folgende Zusammenstellung nur mit Einschränkungen zu werten.

---

[232] z. B. *Beermann*, Diss., S. 76, der fast ausschließlich Angestellte in untergeordneten Tätigkeiten feststellte; auch unter Bezugnahme auf andere, mit ihm im Ergebnis übereinstimmende Untersuchungen.

Beruf	Stufe A	Stufe B	Stufe C	Stufe D	Gesamt
Hilfsarb.	24	6	5	9	44
%	6,7	9,8	12,5	9,5	7,9
Arbeiter	171	38	19	39	267
%	47,3	62,3	47,5	41,1	47,9
Rentner	19	5	3	6	33
%	5,2	8,2	7,5	6,1	5,9
Angest.	64	6	8	18	96
%	17,8	9,8	20,0	19,0	17,3
Beamter	28	3	—	4	35
%	7,7	4,9	—	4,3	6,3
Selbst.	55	3	5	19	82
%	15,3	4,9	12,5	20,0	14,7
gesamt	361	61	40	95	557

Der sozialen Stellung des Vaters und damit der Familie scheint eine gewisse Bedeutung für die erneute Straffälligkeit des jungen Kraftfahrzeug-Entwenders zuzukommen. Allerdings verläuft die Entwicklung hier teilweise anders als in der allgemeinen Jugendkriminalität. Nahezu ein Fünftel der Probanden kommen — am Vaterberuf gemessen — aus gehobenem sozialen Milieu. Eine Gefährdung in Richtung Dauerkriminalität ist erkennbar, die bei geringerer Dunkelziffer sicher noch deutlicher hervorträte. Die Tendenz bei den unteren Schichten verläuft dagegen in umgekehrter Richtung. Das geht auch daraus hervor, daß die Väter aus Arbeiterkreisen insgesamt sogar geringer vertreten sind als es ihrem Anteil an der Berliner Bevölkerung[233] entspricht. Die Selbständigen sind leicht überrepräsentiert, Beamte und Angestellte liegen geringfügig unter ihrem entsprechenden Anteil. Wenn man aber bedenkt, daß die Kinderzahl gerade in Arbeiterfamilien durchschnittlich höher liegt als in den übrigen Schichten, dann müßten eigentlich die Jungen mit Arbeitervätern weitaus häufiger als es deren Anteil an der Berliner Bevölkerung entspricht, hier anzutreffen sein. Somit kommen die Kraftfahrzeug-Entwender öfter aus gehobenen sozialen Verhältnissen, was nur bestätigt, daß die Ursachen ihrer Delinquenz nicht im wirtschaftlichen, sondern im sozialen Bereich liegen. Insoweit allerdings können wegen der durch das Material gesetzten Grenzen teilweise nur Vermutungen als Erklärungen dienen.

c) Berufstätigkeit der Mutter

In der Berufstätigkeit beider Elternteile können sich wirtschaftliche Schwierigkeiten äußern, wie sie oft in den Nachkriegsjahren bestanden. Der Verdienst der Mutter mag auch für die Erfüllung zusätzlicher materieller Wünsche verwandt werden. Darüber hinaus kann die Mit-

---

[233] Statistisches Jahrbuch Berlin 1961, S. 137.

II. Familiäre Verhältnisse

arbeit der Mutter für den Lebensunterhalt Ausdruck bereits bestehender Spannungen sein, deren Ursachen in der wirtschaftlichen Unzufriedenheit liegen, aber ebenso darin begründet sein können, daß sich die Ehepartner auseinandergelebt haben und es nur noch eine Frage der Zeit bleibt, bis die Trennung auch äußerlich vollzogen wird. Schließlich könnte die Freude am erlernten Beruf oder die Unzufriedenheit mit dem Leben als „Nur-Hausfrau" dafür bestimmend sein.

Was auch immer die Gründe für die Rückkehr in einen Beruf oder die Fortsetzung der Berufstätigkeit nach der Verheiratung sein mögen, trennen und statistisch erfassen lassen sie sich nicht. Es kann daher nur das äußere Bild einer Berufstätigkeit — getrennt nach Ehefrauen und Alleinstehenden — wiedergegeben werden. Dabei wird unterschieden zwischen einer außerhäuslichen und einer Heimtätigkeit. Die Mütter, welche infolge schwerer Krankheiten für die Versorgung des Haushaltes nahezu völlig ausfielen, wurden ebenfalls zu den Heimarbeiterinnen gezählt. Wenn sie auch zu Hause lebten und damit formal die Kinder beaufsichtigen konnten, so sind sich diese doch durch die Behinderung ihrer Mutter weitgehend selbst überlassen, ähnlich denen der Heimarbeiterinnen.

Stufe	außer Haus		im Haus		Gesamt	
		%		%		%
A	98	20,0	30	6,1	128	26,0
B	17	20,0	4	4,7	21	24,7
C	15	26,3	1	1,7	16	28,0
D	29	23,3	2	1,7	31	25,0
gesamt	159	21,1	37	4,9	196	26,0

Unterschiede sind kaum sichtbar. Einzig bei den außer Hause arbeitenden Müttern überwiegt Stufe D die Bewährten geringfügig. Sind die Mütter zu Hause beschäftigt, weisen insoweit die Stufen A und B die höhere Quote auf. Ähnlich undeutlich fallen die Abstufungen aus, wenn man die alleinstehenden, erwerbstätigen Mütter ansieht:

Stufe	außer Haus		im Haus		Gesamt	
		%		%		%
A	65	13,3	13	3,7	78	16,0
B	8	9,4	2	2,3	10	11,7
C	2	3,5	3	5,2	5	8,7
D	15	12,1	7	5,6	22	5,6
gesamt	90	11,9	25	3,3	115	15,2

Minimal überwiegen hier die außer Haus beschäftigten Mütter in Stufe A. Ohne, daß dafür der Beweis angetreten werden kann, mag für dieses Ergebnis die zuweilen anzutreffende stärkere innere Bindung der Jungen an ihre alleinstehenden Mütter ausschlaggebend sein. Gesamt gesehen ist aber die Berufstätigkeit der Mutter nicht als kriminogener Faktor zu werten, wenn man bedenkt, daß gerade bei den wiederholt Straffälligen der Stufe B in beiden Gruppen weniger Mütter erwerbstätig waren als in Stufe A. Generell wird man nur sagen können, daß die außerhäusliche Arbeit der Mutter ein zusätzliches Gefährdungsmoment darstellt. Ein Vergleich mit dem Anteil der berufstätigen Mütter an der Gesamtbevölkerung bestätigt diesen Eindruck: wenn auch keine genauen statistischen Angaben über sie vorhanden sind, so waren in Berlin überhaupt nur 33,5 Prozent der weiblichen Bevölkerung berufstätig[234]. Die hier ermittelten Zahlen liegen also erheblich darüber.

d) Wohnverhältnisse

Die persönlichen Verhältnisse eines jungen Menschen werden durch sein Zuhause geprägt: es kann beengt sein; in einem Bezirk liegen, in dem bestimmte soziale und kulturelle Vorstellungen vorherrschen. Die Wahl des Wohngebietes kann aus wirtschaftlichen Gründen oder Tradition erfolgt sein, aber auch aus vermeintlichen oder echten Prestigewünschen für einen bestimmten Bezirk getroffen worden sein. Alle diese Strömungen umgeben den Jungen in seiner Familie. Die enge Wohnung kann dazu beitragen, ihn auf die Straße zu treiben, wo er dann in Gesellschaft anderer gerät, die ihn wiederum in einer bestimmten Richtung beeinflussen.

Zahlreiche Untersuchungen, vor allem amerikanische soziologische Forschungen, haben sich dieses Problems angenommen[235]. Wenn auch bestimmte Wohnverhältnisse nicht auf besondere Kriminalitätsformen hinweisen, so bestimmen sie doch das Zusammenleben der Familien und bilden damit eine Ursache kriminellen Verhaltens an sich[236]. Besonders enge Wohnverhältnisse haben bewirkt, daß die Kinder auf die Straße angewiesen sind und sich auch noch spätabends dort aufhalten[237]. Die Spannungen in den Familien bilden oft einen weiteren Grund für ihr Ausweichen auf die Straße. Diese Atmosphäre wird teilweise hervorgerufen durch überarbeitete Eltern, denen die Um-

---

[234] Statistisches Jahrbuch Berlin 1961, S. 135.
[235] Vgl. insbesondere die Arbeiten bei *Sack - König*, Kriminalsoziologie sowie in *Heintz - König*, Soziologie der Jugendkriminalität.
[236] *Exner*, S. 42 f.; *Sutherland* in: Sack - König, S. 398; *Middendorff*, Jugendkriminalität, S. 130; *Beermann*, Diss., S. 88.
[237] *Sydow*, S. 90; *Mays*, S. 87; *Näf*, S. 54; *Sauer*, Kriminologie, S. 226; *Schulz*, S. 82 f.

II. Familiäre Verhältnisse

stellung von der Arbeitswelt auf die der Familie meistens schwer fällt.

Die Bezirke Berlins sind teilweise überwiegend durch die in ihnen herrschenden Systeme sozialen Lebens geprägt worden, wenn auch die Übergänge fließend und nicht genau mit den Bezirksgrenzen vereinbar sind. So spricht man nicht zufällig von den Villengegenden Zehlendorfs, Wilmersdorfs mit Grunewald oder Charlottenburgs in Westend, und ähnlich sind die „Arbeiterbezirke" Wedding, Neukölln sowie Kreuzberg gekennzeichnet, bei denen nicht zuletzt die „Kneipe" an jeder Straßenecke auffällt. Anders Schöneberg, Wilmersdorf, Steglitz, die teilweise „schlechte" und überwiegend „gute" Wohngegenden aufweisen. Zwar wird man nicht eine bestimmte kulturelle Einheit durch eine Anzahl von Straßen abgrenzen können. Dennoch lassen sich Trennungslinien ziehen zwischen einem Bezirk, der seiner Tradition nach seit Jahrzehnten durch die Mittelklasse geformt wird, und einem, der durch die in ihm ansässigen Betriebe geprägt wurde. Daraus ergibt sich zunächst folgendes Bild:

Die Bezirke mit der höchsten Bevölkerungs- und der größten Kinderzahl zwischen 0 und 20 Jahren besitzen die wenigsten Großwohnungen, dafür aber die meisten Ein- und Zwei-Zimmer-Wohnungen. Umgekehrt liegen die Verhältnisse Zehlendorfs. Dieser Bezirk hat den größten Bestand an Normalwohnungen mit sieben und mehr Zimmern, jedoch die geringste Bevölkerungsdichte und vor allem die wenigsten Kinder in den Familien[238]. Aufschlußreich dazu ist das Verhältnis der jungen Kraftfahrzeug-Entwender:

Insgesamt übernimmt	Charlottenburg	(81 Probanden),
gefolgt von	Steglitz	(77 Probanden)
die Führung. Erst an dritter Stelle liegt	Neukölln	(72 Probanden),
dicht dahinter	Kreuzberg	(68 Probanden).
Dann kommen	Reinickendorf	(62 Probanden)
und	Schöneberg	(60 Probanden),
mit großem Abstand	Tiergarten	(53 Probanden)
und	Wedding	(48 Probanden).
	Wilmersdorf	(44 Probanden),
	Spandau	(43 Probanden)
und	Tempelhof	(38 Probanden)
stellen die Verbindung zu her.	Zehlendorf	(34 Probanden)

Somit wohnen die Probanden keineswegs vorwiegend in den sozial ungünstig strukturierten Wohnvierteln mit ihren Mietskasernen und Sanierungsgebieten, sondern den Bezirken mit überwiegend bürgerlichem bis gutbürgerlichem Gefüge. Diese von der allgemeinen Krimi-

---

[238] Vgl. zu sämtlichen Angaben: Statistisches Jahrbuch Berlin 1961, S. 26 und S. 187.

nalität abweichende soziale Zusammensetzung[239] der Kraftfahrzeug-Entwender zeigte sich bereits in den Väterberufen.

Auf die Bewährungssituation bezogen, stehen die Probanden aus Zehlendorf und Steglitz mit Abstand in vorderster Reihe:

> fast 80 Prozent in Stufe A;
> nur 6 Prozent in Stufe B
> und 6,5 Prozent in Stufe D.

Dagegen hat Wilmersdorf, obwohl auf dem dritten Platz in Stufe A, genauso viele Probanden unter den Nichtbewährten wie Wedding: nämlich 20 Prozent. Ähnlich verläuft die Kurve in Charlottenburg, wo sich zwar zwei Drittel bewährten, aber mit 22,2 Prozent der Nichtbewährten die höchste Belastung vorhanden ist. Interessant sind auch Neukölln und Kreuzberg, denen neben Wedding die schlechteste Sozialstruktur eigen ist: beide Bezirke liegen in Stufe A günstiger als die „besseren" Bezirke Charlottenburg und Spandau; in Stufe D liegen sie ebenfalls vor dem „bürgerlichen" Wilmersdorf und Charlottenburg.

e) Zusammenfassung

Die wirtschaftlichen Verhältnisse bieten für sich gesehen keinen unmittelbaren Hinweis auf die kriminelle Gefährdung der hier untersuchten Probanden:

aa) bei nahezu 80 Prozent waren sie — an den damals herrschenden Verhältnissen gemessen — mindestens normal, teilweise sogar ausgesprochen gut;

bb) ein Drittel der Jungen entstammen — vorsichtig bewertet — gehobenen sozialen Schichten. Sie haben sich aber insgesamt schlechter geführt als die Kinder aus Arbeiterfamilien.

cc) Die Berufstätigkeit der Mutter kann höchstens als allgemeines Gefährdungsmoment hinzutreten, wobei im Einzelfall bei den Alleinstehenden die Entwicklung des Probanden sogar positiv verlief.

dd) Sozial ungünstig strukturierte Wohngebiete bilden keine vermehrte kriminelle Gefährdung für die hier untersuchten Täter. Sie weisen eine geringfügig bessere Bewährungsquote aus als ein Teil der vergleichsweise gut gelagerten Bezirke Berlins.

3. Besonderheiten in der Erziehung

Nachdem feststeht, daß weder wirtschaftlich noch sozial ungünstige Verhältnisse die Ursachen für die Taten der Kraftfahrzeug-Entwender bilden, sollen im folgenden weitere als kriminogen erkannte Faktoren überprüft werden.

---

[239] Siehe z. B.: *Frey*, Maßnahmerecht, S. 4, These 14; *Sydow*, S. 106; *Schulz*, S. 82 f.; *Beermann*, Diss., S. 21.

II. Familiäre Verhältnisse

a) Anzahl der Geschwister

Ausgehend davon, daß eine mögliche Ursache für die Fehlentwicklung die mangelnde häusliche Wärme und das Fehlen einer Bezugsperson ist[240], könnten neben Vorhanden- und Nichtvorhandensein der „richtigen" Eltern auch die Anzahl der Kinder dafür mitbestimmend gewesen sein. Denn je mehr Kinder in einer Familie leben, desto weniger vermögen sich die Eltern um jedes einzelne zu kümmern. So wird hier versucht festzustellen, ob sich tatsächlich Zusammenhänge zwischen der Kinderhäufigkeit und ihrer Lebensbewährung ergeben, wie das die Autoren anderer Untersuchungen meinen[241].

Kinder	Stufe A		Stufe B		Stufe C		Stufe D		Gesamt	
		%		%		%		%		%
1	137	28,1	21	24,7	14	24,5	28	22,6	200	26,5
2	134	27,5	22	25,8	20	35,1	35	28,2	211	28,1
3	107	21,9	20	23,6	12	22,8	28	22,6	168	22,4
4	52	10,7	13	15,3	3	5,2	17	13,7	85	11,4
5	27	5,5	3	3,5	2	3,5	9	7,2	41	5,3
6	11	2,3	2	2,3	2	3,5	4	3,2	19	2,6
7	10	2,2	1	1,2	1	1,8	2	1,6	14	1,8
8	3	0,6	2	2,3	1	1,8	—	—	6	0,8
9	1	0,2	1	1,2	1	1,8	1	0,8	4	0,6
10	—		—		—		—		—	
11	2	0,4	—		—		—		2	0,3
12	—		—		—		—		—	
13	1	0,2	—		—		—		1	0,1
14	1	0,2	—		—		—		1	0,1
15	1	0,2	—		—		—		1	0,1
gesamt:	487		85		57		124		753	

Auffallend ist, daß die Bewährtenstufe A die kinderreichsten Familien enthält. Nach den bisherigen Erkenntnissen hätten sie sich eigentlich vor allem in Stufe D sammeln müssen. Die sich hier ergebende positive Bilanz der Mehrkinderfamilien verdeutlicht auch ein Vergleich mit der Gesamtbevölkerung: danach gibt es zwar weniger Einzelkinder als zwei; die jeweils kleinere Familie ist aber häufiger vorhanden als die ihr folgende größere[242]. So spiegeln die Kraftfahrzeug-Entwender bis auf Stufe A genau die Bevölkerungsstruktur wider. Selbst das Verhältnis der Einzelkinder- zu den Zwei-Kinder-Familien weicht auch bei ihr nicht erheblich davon ab. Allerdings sollte nicht unbeachtet

---

[240] *Hellmer*, Jugendkriminalität, S. 115.
[241] *Exner*, S. 225; *Hellmer*, Jugendkriminalität, S. 87; *Beermann*, Diss., S. 86; *Klemens*, S. 43 ff. und die dort jeweils angegebene weitere Literatur.
[242] *Kruse* in: Monatsschrift für Kriminalbiologie 1937, S. 505; *Hellmer*, Jugendkriminalität, S. 87.

bleiben, daß unter den Probanden die Einzelkinder leicht überwiegen. Denn deren besonderen Probleme sind bekannt[243] und könnten zur Erkenntnis der Persönlichkeit der Jungen, die Kraftfahrzeuge entwenden, sowie der Suche nach ihren Motiven gewisse Hilfe leisten.

Weiterhin ist die Behauptung aufgestellt worden, daß die Familien mit vier und mehr Kindern — dabei vor allem diejenigen ab sieben Kinder — besonders gefährdet seien[244]. Die Erziehungssituation sei bei ihnen oft ungünstig, wirtschaftliche Schwierigkeiten förderten ein dissoziales Verhalten der Kinder und schließlich lasse gerade der große Kinderreichtum auf ein ungezügeltes Triebleben der Eltern schließen, was eine gewisse Minderwertigkeit der Erziehungspersonen zur Folge habe.

Es mag dahinstehen, ob die genannten Feststellungen zutreffend sind. Jedenfalls wurde in diesen Untersuchungen ermittelt, daß 40 bis 50 Prozent der jungen Rechtsbrecher aus Familien mit vier und mehr Kindern stammen. Für die Kraftfahrzeug-Entwender ergibt sich folgende Verteilung:

Stufe	4 u. mehr	ges.	davon: 7 u. mehr	
		%		%
A	109	22,3	19	3,9
B	22	25,8	4	4,7
C	10	17,5	3	5,2
D	33	26,6	3	2,3
gesamt	174	23,1	29	3,8

So gehören rund ein Viertel aller Probanden Familien mit mehr als vier Kindern an. Das sind im Vergleich zu den Ergebnissen der anderen Untersuchungen nur etwa halb so viele. Im Verhältnis zu ihrem Anteil an der Bevölkerungsstruktur betragen sie aber dreimal so viel[245]. Unter den neun- und mehrköpfigen Familien schneiden die Kraftfahrzeug-Entwender ebenfalls besser ab. So ermittelte zum Beispiel *Beermann* bei seinen Kriminellen nur sieben Prozent[246] aus diesem Kreis.

Damit stellt dieses Ergebnis einmal den kriminogenen Faktor „Großfamilie" in Frage. Andererseits kann es als weiteres Indiz dafür gelten, daß sich junge Kraftfahrzeug-Entwender nicht aus den Kreisen rekrutieren, die normalerweise für dissoziales Verhalten anfällig sind.

---

[243] Siehe Anmerkung 241.
[244] Siehe Anmerkung 241.
[245] *Hellmer*, Jugendkriminalität, S. 87: 8,4 Prozent.
[246] Dissertation, S. 86.

II. Familiäre Verhältnisse

b) Verhältnis zu den Halbgeschwistern

Die familiäre Situation erinnert an die der Halb- und Vollwaisen und mag gerade in den Fällen, in denen es zu häuslichen Spannungen kam, für die Jungen noch schwieriger geworden sein. So wurde in den Berichten und Urteilen oft festgestellt, daß sich der Junge gegenüber seinen Halbgeschwistern benachteiligt fühlte oder dies sogar objektiv war. Durch die Eheschließung — im allgemeinen der Mutter — wurde er innerhalb der Familie immer mehr isoliert. Weitere Kinder wurden geboren, denen der Stiefvater bewußt oder unbewußt mehr zugetan war als seinem Stiefsohn. Öfter wurde bemerkt, daß die Mutter den Jungen vor dem Stiefvater in Schutz nehmen mußte. Über die Jahre entwickelte sich somit ein gewisses Freund-Feind-Verhältnis oder es entstanden auch zwei Parteien, die dann gegenseitig zusätzliche Spannungen erzeugten oder vorhandene verstärkten. Manchmal hatte aber auch die Mutter durch die regelmäßig länger andauernde Verbindung zu ihrem zweiten Ehemann das Interesse an ihrem Sohn aus erster Ehe verloren oder ihm die jüngeren Geschwister vorgezogen. Wie hoch allerdings die Anteile der einzelnen zur Vereinsamung führenden Gründe liegen, läßt sich nicht nachweisen. Auch hierbei gingen lediglich in einigen Fällen die Ursachen aus den Bewährungsakten zweifelsfrei hervor. Die Tabelle bleibt daher auf die äußeren Daten beschränkt:

Kinder	Stufe A		Stufe B		Stufe C		Stufe D		Gesamt	
		%		%		%		%		%
2	23	17,1	1	4,5	4	20,0	11	33,3	39	18,4
3	31	28,9	3	15,0	2	15,4	6	21,4	42	25,0
4	16	30,8	1	7,7	1	33,3	5	29,6	23	27,0
5	9	33,3	1	33,3	—	—	3	33,3	13	31,7
6	2	18,1	1	50,0	—	—	1	25,0	4	21,0
7	3	30,0	—	—	—	—	—	—	3	21,4
8	1	33,0	1	50,0	1	100,0	—	—	3	50,0
9	1	100,0	—	—	1	100,0	1	100,0	3	75,0
10	—	—	—	—	—	—	—	—	—	—
11	2	100,0	—	—	—	—	—	—	2	100,0
gesamt	98	20,1	8	9,4	9	15,8	27	21,7	132	17,4

Etwa ein Fünftel aller Mehrkinderfamilien setzt sich aus Halbgeschwistern zusammen. Sie nehmen zu, je mehr Kinder jeweils in der Familie leben. In allen Riesenfamilien leben Halbgeschwister. Das könnte eine Erklärung für das häufigere Straffälligwerden dieser Kinder geben, da in ihren Familien regelmäßig größere Spannungen herrschten als in denen ohne Halbgeschwister. Auf einen längeren Zeitraum gesehen allerdings ergibt sich auch hier eine einheitliche Tendenz. Mag das Verhältnis im Familienverband zwar eine Ursache für das Straffälligwerden an sich gewesen sein, im Ergebnis haben sich diese Jungen in der Regel aber bewährt.

Hinzuzufügen wäre noch, daß in sämtlichen Stufen und bei allen Familien im allgemeinen die Halbgeschwister überwiegen. Das kann als weiteres Indiz für ihre Vereinsamung gelten.

c) Außerfamiliäre Erziehung

Die hier ermittelten Jungen wuchsen vollständig oder in überwiegendem Maße außerhalb der normalen eigenen Familie auf. Der größte Teil besteht aus Heimkindern, welche sich ihrerseits auf die Erziehungs- sowie Kinder- und Pflegeheime verteilen. In den Erziehungsheimen lebten sowohl die im Wege der freiwilligen Erziehungshilfe — FEH — dort Untergebrachten als auch diejenigen bei angeordneter Fürsorgeerziehung. In einzelnen Fällen sind die Übergänge fließend, indem teilweise freiwillige und öffentliche Erziehung bestand. Soweit letztere nicht nur kurzfristig durchgeführt wurde, sind die Probanden der Fürsorgeerziehung — FE — zugeordnet worden, da davon auszugehen ist, daß erheblichere Verwahrlosungserscheinungen vorlagen als bei den freiwillig untergebrachten Jungen, bei denen meistens tiefgreifende Zerwürfnisse mit dem Elternhaus im Vordergrund standen.

Die Heimerziehung erstreckte sich regelmäßig über Jahre, nur geringfügig unterbrochen durch kürzere Aufenthalte in der Familie oder bei einem Elternteil. Von Geburt an befanden sich vier Probanden in staatlicher Betreuung.

Stufe	FE	%	FEH	%	Heim	%	Geb. Heim	%	Großelt.	%
A	12	2,3	16	3,2	15	3,1	3	0,6	20	4,1
B	1	1,2	7	8,2	6	7,1	—	—	4	4,7
C	2	3,9	2	3,9	8	15,7	—	—	—	—
D	5	4,0	12	9,7	12	9,7	1	0,8	9	7,2
gesamt	20	2,6	37	4,9	41	5,4	4	0,5	33	4,3

Die allgemein bekannten ungünstigen Ergebnisse der familienlosen Erziehung[247] haben sich auch hier bestätigt, obwohl sich die Jungen, die Kraftfahrzeuge entwendeten, gegenüber anderen Straftätern[248] äußerst selten in Fürsorgeerziehung befanden. Wenn sich auch genaue Angaben für die in Berlin außerfamiliär aufgewachsenen Jungen nicht

---

[247] *Exner*, S. 228.
[248] Vgl. bei *Kohnle*, S. 60 f.

ermitteln ließen, so kann doch angenommen werden, daß dies nicht für nahezu jeden fünften Jungen galt.

Die Heimerziehung hat sich wesentlich ungünstiger ausgewirkt als die Erziehung durch die Großeltern der Probanden. Das läßt sich nur zu einem Teil dadurch erklären, daß die Jungen in freiwilliger Erziehungshilfe und insbesondere die Fürsorgezöglinge bereits an erheblichen Erziehungsmängeln litten. Denn selbst bei den Probanden aus Kinder- und Pflegeheimen sind fast dreimal so viele unter den Nichtbewährten als in Stufe A. Demgegenüber erreicht der entsprechende Anteil bei den von den Großeltern Aufgezogenen nicht einmal das Doppelte. Die Ursache wird man wohl darin sehen können, daß sich letztlich die für die kindliche Erziehung positiven familiären Bindungen nicht durch die bisher praktizierten staatlichen Erziehungsmaßnahmen ersetzen lassen[249].

Die Bewährung der freiwillig in Erziehungs- sowie Pflegeheimen untergebrachten Jungen bietet bis auf Stufe C ein fast vollständig übereinstimmendes Bild. Darin drückt sich ihr im Grunde gleiches Lebensschicksal aus. Sie unterscheiden sich voneinander eigentlich nur dadurch, daß die Jungen in FEH deshalb außer Haus kamen, weil die Eltern sich ihnen in der Erziehung nicht mehr gewachsen fühlten; demgegenüber mußten die anderen ins Heim, weil es niemanden gab, der regelmäßig für sie sorgen konnte. Ihr etwas labilerer Charakter zeigt sich in ihrem fünfmal so hohen Anteil an Gelegenheitstätern.

d) Ausreißer

In die vorliegende Untersuchung werden die Probanden, bei denen Vermißtenanzeigen festgestellt wurden, mit einbezogen, um das Bild ihrer Familienverhältnisse abzurunden. Denn ihr Weglaufen kann Indiz für bestehende häusliche Spannungen und Zerwürfnisse sein. Es gibt einen Hinweis auf mangelnde Geborgenheit und damit das Fehlen einer inneren Beziehung. Weglaufen von zu Hause wird vornehmlich als ein Anzeichen für eine charakterliche Schwäche gesehen[250], die ihrerseits eine Ursache dafür bildet, Versuchungssituationen nicht zu widerstehen. Abgesehen davon liegt eine konkrete Gefährdung in der Möglichkeit, während des Herumtreibens in zweifelhafte Gesellschaft zu geraten, Straftaten zu begehen und auf Grund der Labilität sich nicht mehr daraus zu lösen.

Nur vereinzelt ließ sich den Akten die entscheidende Ursache für ihr Entweichen entnehmen. Oft fand sich allein die Eintragung, der

---

[249] Für alle: *Schüler - Springorum*, S. 212.
[250] *Exner*, S. 230.

Junge werde vermißt. Auf die Fluchtmotive kann daher nicht befriedigend eingegangen werden.

Stufe	mit Kfz		ohne Tat		mit Tat		Gesamt	
		%		%		%		%
A	43	8,8	39	8,0	36	7,3	118	24,2
B	6	7,0	9	10,6	16	18,8	31	36,4
C	7	13,7	8	15,8	7	13,7	22	43,1
D	18	14,5	9	7,2	19	15,3	46	37,0
gesamt	74	9,8	65	8,6	78	10,3	217	28,8

Die meisten Entweichungen standen mit einer Straftat in Zusammenhang, wobei sich selten klären ließ, ob erst nach der Tat der Entschluß zur Flucht gefaßt wurde. Überwiegend allerdings war die Reihenfolge eindeutig. In Zusammenhang mit der Kraftfahrzeug-Entwendung standen rund 10 Prozent. Nicht bewährt haben sich davon doppelt so viele, wie in Stufe A verbleiben. Ähnlich ist das Verhältnis zwischen Entweichen und einer anderen Straftat. Einzig bei denen, die sich von zu Hause entfernten, aber keine strafbaren Handlungen ausführten, liegt der Anteil der Nichtbewährten ganz leicht unter dem der Stufe A.

Die mangelnde Willensstärke dieser Probanden zeigt sich auch in dem sehr hohen Anteil der Gelegenheitstäter. Fast jeder zweite von ihnen entwich mindestens einmal. Insgesamt läßt sich bei den Ausreißern eine ungünstige Tendenz ihrer Bewährung verfolgen, die zunimmt, je öfter sie entweichen. Vier- und mehrmals waren jedoch nur noch wenige vermißt, und die am häufigsten (10 und 11 Mal) Entlaufenen haben sich völlig bewährt. Denkbar wäre, daß sich darin ihre Energien äußern, mit denen sie an ihren häufigen Fluchtplänen arbeiten.

Der Blick auf die wegen Schulschwänzens Verurteilten und der aktenkundig gewordenen Selbstmordversuche vervollständigt das sich hier andeutende Persönlichkeitsbild:

Stufe	Selbstmordv.		Schwänzen		Gesamt	
		%		%		%
A	13	2,7	8	1,7	21	4,4
B	3	3,5	1	1,2	4	4,7
C	5	8,8	3	5,3	8	14,1
D	4	3,2	3	4,0	7	7,2
gesamt	35	4,6	15	1,9	50	6,5

Obgleich insgesamt die Anzahl der Probanden gering ist, lassen sich dennoch die ungünstigen Auswirkungen dieser Faktoren erkennen.

II. Familiäre Verhältnisse

Sie beleuchten auch den labilen Charakter der Gelegenheitstäter, die in beiden Fällen wieder die höchsten Quoten aufweisen.

Im übrigen bestätigen die bisherigen Forschungen[251] die hier gefundenen Ergebnisse. Allerdings liegen die darin ermittelten Werte teilweise erheblich über denen der Kraftfahrzeug-Entwender, was insoweit mit den Feststellungen von *Munkwitz - Neulandt*[252] über deren charakterliche Eigenschaften übereinstimmt.

e) Zusammenfassung

aa) Im Gesamten wurde festgestellt, daß Probanden aus Familien mit einem bzw. vier Kindern und mehr leichter straucheln, sich aber danach bewähren.

bb) mit der Größe der Familie nimmt die Häufigkeit von Halbgeschwistern zu, welche im Verhältnis zu den Probanden überwiegen; für eine Neigung zum Rückfall sind bei ihnen jedoch keine Anzeichen vorhanden.

cc) Nahezu jeder fünfte wurde in Heimen oder bei seinen Großeltern erzogen. Dabei hat sich deren Erziehung günstiger ausgewirkt als die staatliche.

dd) Bei rund 30 Prozent fand sich mindestens eine Vermißtenmeldung. Die Gefährdung der Ausreißer nimmt mit der Häufigkeit ihrer Entweichungen zu. Die zehn- und mehrfach Entwichenen haben sich dagegen völlig bewährt.

ee) Nur bei wenigen finden sich Verurteilungen wegen Schuleschwänzens oder Aktenvermerke wegen versuchter Selbsttötung. Die Tendenz verläuft den Ausreißern gleich.

4. Die Familiengemeinschaft

Die vorstehenden Ergebnisse drängen die Frage auf, weshalb diese Jungen überhaupt strauchelten oder gar völlig abglitten. Denn die wirtschaftliche und soziale Umgebung bot äußerlich ein gutes Bild. Zu rund 80 Prozent war sie normal bis gut. 18 Täter kamen eindeutig aus schlechten Verhältnissen, wobei nur vier den kriminellen Weg einschlugen. Hoch liegt der Anteil der Jungen aus gehobenen Schichten. Die Arbeiterfamilien sind dagegen leicht unter ihrem entsprechenden Bevölkerungsdurchschnitt vertreten. Alles scheint den allgemein als Ursache krimineller Gefährdung Jugendlicher, insbesondere der Eigentumstäter, erkannten Umständen zu widersprechen. Zwangsläufig führt der Weg bei der Suche nach den Gründen in die innere Familienordnung. Jedoch können nur Vermutungen aufgestellt werden, die sich durch objektiv nachprüfbare Daten verstärken. Doch bleibt letztlich

---

[251] *Meyer*, Fritz, S. 44 = 39 Prozent m. w. Nachw., die zwischen 7,6 Prozent und 42,6 Prozent liegen; *Suttinger* in: Bewährungshilfe 1965, S. 5 f.
[252] S. 558, 567.

die Erkenntnis, daß alle ermittelten Faktoren nicht notwendig zur Kriminalität führen müssen. Es läßt sich aus ihnen nur ableiten, daß dort, wo sie bestehen, ein erhöhter Grad von Gefährdung vorhanden ist.

Die Vereinsamung der Jungen in der Nachkriegsgesellschaft hat wesentlich zu ihrem dissozialen Verhalten beigetragen. Sie läßt sich einfach nicht übersehen, wenn rund 70 Prozent aller hier untersuchten Probanden kein normales Elternhaus erlebten, wobei nicht einmal die 18 Prozent berücksichtigt wurden, die aus irgendeinem Grunde überwiegend außerfamiliär erzogen wurden. Ebenfalls mußten die zerrütteten und disharmonischen Elternhäuser unbeachtet bleiben, deren genaue Anzahl sicherlich ein weiteres bezeichnendes Bild auf die familiäre Situation und damit die seelische Entwicklung der Kinder geworfen hätte. Wie stark belastend sie gewesen sind, zeigt die erhöhte Schlechtquote bei mehrfacher Wiederheirat, der bereits eine Scheidung vorausgegangen war. Zwar machen sich in den Familienverhältnissen der Probanden noch unmittelbar die Auswirkungen des Zweiten Weltkrieges bemerkbar — wie an dem großen Anteil der Halbgeschwister ablesbar ist. Jedoch lassen sich nicht sämtliche hier gefundenen Faktoren von dort aus befriedigend erklären. So arbeitete fast jede zweite Mutter ganztägig für den Unterhalt der Familie mit. Nur bei 15 Prozent handelte es sich um alleinstehende Frauen. Über ein Viertel jedoch war verheiratet.

Darin scheint sich die vielbeklagte Tatsache anzudeuten, daß die „moderne" Familie zur bloßen Eß- und Schlafgemeinschaft unter gemeinsamer Adresse degradiert sei[253]. Die abgespannten, berufstätigen Eltern, insbesondere die mit Arbeit und Haushalt doppelt belastete Mutter, vermögen nicht mehr das Verständnis für die Eigenarten ihrer heranwachsenden Kinder aufzubringen. Diese werden mehr und mehr sich selbst überlassen. Eine beunruhigende, ratlose Einsamkeit läßt die Jungen nach einem anderen Halt, einem Mittelpunkt suchen. So treibt es sie hinaus aus dem Familienverband, der sie längst in die Isolation gedrängt hat, zu Kameraden mit im Grunde den gleichen Problemen. Dafür könnten im übrigen auch die im ersten Teil ermittelten Zahlen von 75 Prozent in Gemeinschaft Handelnder sprechen und darüber hinaus die nahezu gleichaltrige Zusammensetzung der einzelnen Banden und Gruppen.

Die zunehmende innere Leere trachten diese noch ungefestigten jungen Menschen durch zweifelhafte Abenteuer und Mutproben zu ersetzen. „Traust Dir nich, wa!", ist die Formel, die sich immer wieder

---

[253] z. B. *Middendorff*, Jugendkriminologie, S. 96; *König* in: Heintz - König, Soziologie, S. 9; *Schulz*, S. 71; *Seibert*, Klaus, S. 39.

im Sachbericht der Protokolle aller mit den Jungen beschäftigten Behörden und Institutionen findet. Die mangelnde Bindung an die häusliche Gemeinschaft, die stete Suche nach Überwindung der Einsamkeit, der Traum verlorener Räuberromantik in einer vorwiegend auf materielle Werte ausgerichteten Zeit drücken nicht zuletzt die 30 Prozent Weglaufen aus, die zum größten Teil sogar mehrfach entwichen.

So spielt das seelische Moment für das spätere Verhalten der Jungen die entscheidende Rolle. Nicht ungünstige soziale und wirtschaftliche Verhältnisse bestimmen ihren Lebensweg in negativer Richtung. Denn es sind die Kinder aus gehobenen Schichten, die im Ergebnis stärker entgleisten.

III. Geistig-kulturelle Einflüsse

1. Schulausbildung

Inwieweit die Schule noch als das „zweite große Erziehungssystem"[254] angesehen werden kann, das sich des jungen Menschen annimmt, und ihn prägt, kann schwerlich an Hand der Zahlen abgelesen werden, die Auskunft über straffällige jugendliche Schüler geben. Denn es ist zu bedenken, daß die Strafmündigkeit erst mit 14 Jahren einsetzt, der Eintritt in das Berufsleben jedoch schon ab 15 Jahren beginnt und damit die Schulzeit ein Jahr nach Erreichen der Verantwortungsreife endet. Daher soll diese Untersuchung auch weniger das Ziel verfolgen, die Schüler unter den Kraftfahrzeug-Entwendern festzustellen, sondern sich mehr ihrer Schulausbildung im Zusammenhang mit ihrer späteren Lebensbewährung widmen.

Nahezu sämtliche kriminologischen Untersuchungen[255] kommen zu dem Ergebnis, daß kriminell gefährdete Jugendliche in der Schule schlechter abschneiden als der Durchschnitt anderer Schüler. Den Grund sieht man neben dem Intelligenzmangel in der Unterentwicklung des Willens. Die Triebhaftigkeit bleibe bestehen und werde nicht vom Verstand korrigiert, der in der entscheidenden Situation die Folgen berücksichtigen könnte[256]. Zum weiteren kann die Ursache für schlechte Schulleistungen in der Verwahrlosung des Jugendlichen liegen. Denn er ordnet sich schwerer in die Gemeinschaft ein, die er oft als Zwang

---

[254] So: *Doll - Berner - Ruhfus*, S. 95.
[255] *Glueck*, S. 67; *Stüttgen*, S. 98; *Schulz*, S. 84 ff.; *Fuhlendorf*, S. 123; *Hellmer*, Jugendkriminalität, S. 95 f.; *Kohnle*, S. 71; *Kühling*, S. 46; *Schiedt*, S. 38; *Schmidt*, Manfred, S. 86; *Klemens*, S. 51; *Suttinger* in: Bewährungshilfe 1965, S. 12.
[256] *Schulz*, S. 85.

empfindet[257]. Da er dies meistens auch nach außen zu erkennen gibt, läßt sich nicht ausschließen, daß er in der Schule ungünstiger beurteilt wird, weil er beim Lehrer weniger beliebt ist oder seine eventuellen Vergehen gegen die Schulordnung gerade deshalb strenger bewertet werden, weil er bereits gerichtlich verurteilt wurde.

Es wird daher nicht auf die Beurteilungen seitens der Schule zurückgegriffen werden, wie es verschiedentlich in anderen Arbeiten geschehen ist[258]. Dies unterbleibt auch deshalb, weil die Berichte sehr unterschiedlich ausfielen und vor allem lückenhaft sind. Charakteristisch für die Schulurteile ist, daß sie regelmäßig nur einen Auszug aus den Zensuren und allgemeine Redensendungen über das schulische und — soweit bekannt — außerschulische Verhalten des Jugendlichen enthalten. Das ist jedoch einfach zu wenig, um darauf ein einigermaßen gesichertes Urteil über die Persönlichkeit des Probanden aufzubauen. Soviel kann aber festgestellt werden: wer länger, als es die Schulpflicht vorschreibt, zur Schule geht, stammt meistens aus bildungswilligen Verhältnissen und hat selbst schon ein gewisses Maß an Einordnungsfähigkeit aufgebracht. Denn andernfalls würde ihm die Möglichkeit, weiter auf der Schule zu verweilen, nicht gegeben werden und er selbst infolge seiner Verwahrlosung sie bereits vorzeitig verlassen haben. Die sicherlich interessante Feststellung, wieviele der jungen Straffälligen die Schule schwänzten[259] — was einen starken Hinweis auf die Verwahrlosungstendenz geben kann[260] — mußte genauso fallen gelassen werden wie die andere nach ihrem Sitzenbleiben. Denn es stellte sich auf Grund des Materials das unlösbare Problem, nach zehn Jahren noch Angaben über diese Schulmißerfolge zu erlangen. In den Strafakten waren sie nur teilweise verzeichnet.

Die folgende Zusammenstellung gibt Auskunft über den Bildungsstand der Probanden. Dabei konnten von 26 Probanden überhaupt keine Angaben gefunden werden. Da dies nur 3,5 Prozent der Gesamttäterzahl bedeutet, bleiben sie ohne Einfluß auf die Ergebnisse.

Deutlich läßt sich an der Tabelle ablesen, daß die Stufe A das höchste Bildungsniveau aufweist. Während sie noch fast 3 Prozent Gymnasialabsolventen — OWZ — enthält, fehlen diese in den anderen Stufen völlig. Auch diejenigen mit Mittlerer Reife (Realschulabschluß) — OTZ — tauchen in den übrigen Stufen nur jeweils einmal auf, so daß man

---

[257] *Doll - Berner - Ruhfus*, S. 95; *Klemens*, S. 49; *Hellmer*, Jugendkriminalität, S. 95 f.
[258] Siehe insbesondere bei: *Schmidt*, Manfred, S. 84; *Klemens*, S. 50.
[259] Hier konnten nur diejenigen berücksichtigt werden, bei denen das Schuleschwänzen zu einer Verurteilung führte.
[260] *Exner*, S. 231; *Hoffner*, S. 18 ff., S. 21; *Suttinger* in: Bewährungshilfe 1965, S. 5.

fast den Eindruck haben könnte, sie hätten sich dorthin verirrt. In der Stufe der „Kriminellen" sind die Hilfsschüler fast doppelt so stark vertreten wie in Stufe A. Erneut zeigt sich die Ähnlichkeit des Täterpotentials in Stufe C und D. Im Ergebnis unterscheiden sie sich ja auch nur durch die Intensität ihrer Handlungen. Es scheint sich damit zu bestätigen, daß die Willenskräfte bei den einen weniger stark ausgebildet sind als den anderen. Dies mag auch dazu beigetragen haben, daß sie die Schule mit unterschiedlichem Erfolg besuchten und vielleicht dann in der Berufsausbildung gescheitert sind, was noch an späterer Stelle zu untersuchen sein wird.

Arten der besuchten Schulen

Stufe	Hilfssch.		Volkssch.		Realsch.		Gymnasium		Gesamt
		%		%		%		%	
A	47	9,8	378	80,7	32	6,7	14	2,8	472
B	10	12,5	69	86,2	1	1,3	—	—	80
C	8	15,8	42	82,5	1	1,9	—	—	51
D	20	16,1	103	83,1	1	0,8	—	—	124
gesamt	85	11,8	592	81,5	35	4,8	14	1,9	727

Im Gesamten entspricht der hier ermittelte Anteil der Hilfsschüler ihrer entsprechenden Beteiligung an der Bevölkerung. In bezug auf ihre Bewährungschancen deuten sich entgegen einigen Ansichten[261] jedoch Unterschiede an. Daß sie hier geringfügig schlechter als diejenigen mit qualifizierter Ausbildung abschnitten, kann allerdings dadurch begründet sein, daß sie infolge mangelnder Intelligenz leichter und öfter verurteilt werden, während sich die anderen herauszureden verstanden oder es gar nicht erst bis zur Festnahme kommen ließen.

Aufschlußreich ist in diesem Zusammenhang ein Vergleich der Volksschüler mit geregeltem Abschluß, mit einem freiwilligen 9. Schuljahr und mit abgebrochener Schulzeit:

Stufe	9. Kl.	8. Kl.	7. Kl.	6. Kl.	5. Kl.	4. Kl.	ges.
A	138	111	89	31	8	1	378
%	36,5	29,2	23,5	8,2	2,2	0,3	
B	27	16	13	11	1	1	69
%	38,9	23,3	18,9	15,9	1,5	1,5	
C	12	13	11	5	1	—	42
%	28,6	30,9	26,2	11,9	2,4	—	
D	38	25	23	12	4	1	103
%	37,2	24,3	22,3	11,6	3,8	0,8	
gesamt	215	165	136	59	14	3	592
%	36,3	27,8	22,9	9,9	2,4	0,5	

[261] Höherer Anteil als Bevölkerungsdurchschnitt: *Beermann*, Diss., S. 90; *Fuhlendorf*, S. 123; *Schulz*, S. 84; wie hier: *Hellmer*, Jugendkriminalität, S. 95.

2. Teil: Der Sozialbereich

Ein gutes Drittel aller Probanden besuchte die Schule nach beendeter Schulpflicht freiwillig weiter. Dabei fällt auf, daß ihre Anzahl unter den Dauerkriminellen etwas höher liegt als in Stufe A. Die Gelegenheitstäter wollten sich am wenigsten dem Zwang der Schule aussetzen, genauso wie sie die geringsten Widerstandskräfte gegen Versuchungen zu mobilisieren wußten. Bedenkt man, daß für einen Teil der Täter noch der siebenjährige Volksschulabschluß galt, so gelangten etwa 13 Prozent nicht zum Schulabschluß. Zusammen mit den Hilfsschülern hat damit rund ein Viertel aller Probanden keine abgeschlossene Schulausbildung.

Andere Untersuchungen[262] kommen dabei zu weit höheren Angaben, die bis zu rund 55 Prozent[263] reichen. Dies bedeutet ebenfalls, daß sich die Kraftfahrzeug-Entwender aus einem anderen Personenkreis zusammensetzen als das Gros der eigentlichen Kriminellen. Ihre relativ guten Bildungsvoraussetzungen scheinen es ihnen ermöglicht zu haben, die Bewährungsproben im weiteren zu bestehen, wobei sicherlich die familiären Verhältnisse eine gewisse Rolle gespielt haben.

Da andererseits aber in Stufe D die höchste Anzahl der schlechten Schüler — gemessen an ihrem Schulerfolg — sich zusammenfindet und eine Erklärung dafür in ihrer intellektuellen Minderbegabung zu suchen sein wird, sei nachfolgend der Versuch unternommen, Zusammenhänge zwischen der Bildung des Täters und der von ihm begangenen Deliktsart zu ermitteln. Denn denkbar wäre, daß sich gerade der Intelligentere bei seiner Feststellung herausredete, er habe das Kraftfahrzeug noch an den Wegnahmeort zurückstellen wollen, während der weniger Gescheite bei der Wahrheit bleibt. Möglich wäre andererseits, daß ersterer das Fahrzeug an den Wegnahmeort zurückbringt, weil er die Folgen seines Handelns einkalkuliert, während derjenige, der nur seine Wünsche und Triebe zu befriedigen trachtet, sich keine Gedanken mehr über die Folgen seines Handelns macht.

Zur besseren Übersicht soll hier ihr prozentualer, an der Gesamttäterzahl aufgeschlüsselter Anteil wiedergegeben werden:

Art	248 b (e)	248 b (u)	242 (Rpr)	242 (n)	242 (Sch)	242 (e)
Hilfssch.	13,3	10,4	9,5	10,5	10,5	14,1
Volkssch.	77,7	77,9	82,1	89,5	83,6	79,7
4—6 Kl.	6,6	13,9	17,5	15,6	7,7	8,8
Realsch.	5,5	10,4	4,1	—	3,9	3,8
Gymnasium	2,2	1,1	4,1	—	1,5	2,1

Bei 248 b (e) ergibt sich eine geringfügige Verschiebung sowohl zuungunsten der Hilfsschüler als auch zugunsten der besser Vorgebildeten,

---

[262] Vgl. die Angaben bei *Stüttgen*, S. 98.
[263] *Stüttgen*, S. 98.

III. Geistig-kulturelle Einflüsse

was bedeutet, daß in dieser Gruppe nur etwa ein Fünftel keinen normalen Schulabschluß aufwies. Bei 248 b (u) läßt sich eine leichte Überlegenheit in den Bildungsvoraussetzungen erkennen, so daß der Verdacht einer „Schutzbehauptung" und des guten Herausredens auf Grund besserer geistiger Potenz zumindest wahrscheinlich erscheint. Anders 242 (Rpr): gesamt lag die Schulbildung dieser Täter nicht nur geringfügig unter dem Durchschnitt, sondern auch stärker unter dem der Vorgruppe. Damit scheint sich zu bestätigen, daß diesen Tätern wohl teilweise nicht geglaubt wurde, weil ihre Einlassungen nicht so überzeugend klangen und zum andern ihre Schulbildung eher einen Anlaß für Vorurteile bot. Im Vergleich zu den Vorgruppen liegt 242 (Sch) insgesamt günstiger. Wenn sie auch weniger Probanden enthält, die weiterführende Schulen besuchten, so stellt sie weniger Hilfsschüler und solche ohne Schulabschluß, als es dem Durchschnitt entsprechen würde. Bei 242 (e) fällt vor allem der höchste Anteil Hilfsschüler auf, während im übrigen etwa Durchschnittswerte vorhanden sind. Einzig bei denen, die keinen Schulabschluß erreichten, zeigt sich ein günstiges Ergebnis. Überhaupt keiner aus der Gruppe 242 (n) hat eine weiterführende Schule besucht, so daß diese Gruppe die niedrigste Schulausbildung vorweist.

Zusammenfassung

negativ über Durchschnitt:

Hilfsschüler:	248 b (e), 242 (e)
ohne Abschluß:	248 b (u), 242 (Rpr), 242 (n)

negativ unter Duchschnitt:

Volksschule:	248 b (e), 248 b (u), 242 (e)
Realschule:	242 (Sch), 242 (e), 242 (n)
Gymnasium:	242 (Sch), 248 b (u)

positiv über Durchschnitt:

Volksschule:	242 (Rpr), 242 (Sch), 242 (n)
Realschule:	248 b (e), 248 b (u)
Gymnasium:	248 b (e), 242 (Rpr), 242 (e)

positiv unter Durchschnitt:

Hilfsschule:	248 b (u), 242 (Rpr), 242 (Sch), 242 (n)
ohne Abschluß:	248 b (e), 242 (Sch), 242 (e).

2. Der Beruf

Das Verhalten im Beruf und während der Berufsausbildung vermag gewisse Hinweise auf die charakterlichen Anlagen zu liefern, denn die durch den Eintritt ins Berufsleben bedingten Änderungen der äußeren

Lebensverhältnisse bedeuten eine erhebliche innere Umstellung[264]. Wer in diesen Jahren versagt, zeigt, daß er mit den Anforderungen, welche die Gesellschaft an ihn stellt, nicht fertig werden kann und wahrscheinlich immer Schwierigkeiten haben wird. Allerdings sollte man sich hüten, den einst als prognostisch sehr hoch eingeschätzten Merkmalen des Lehrabbruchs und des Arbeitsplatzwechsels[265] entscheidende Bedeutung beizumessen. Denn in einer Zeit der Vollbeschäftigung, einer Epoche, in der nahezu täglich neue Berufe entstehen und alte sich verändern oder völlig verschwinden, hat die Berufswahl „fürs Leben" einerseits und der Arbeitsplatz bei einem einzigen Lehrmeister seine ehemals große Bedeutung fast völlig eingebüßt. Das wird auch dadurch deutlich, daß ehemals handwerkliche Berufe heute ebenfalls in der Industrie gelernt werden können und Lehrabschlußprüfungen sowie ihre Erfordernisse von Industrie- und Handelskammern einerseits und Handwerkskammern andererseits wechselseitig anerkannt werden.

Bedeutsamer könnte daher neben den Angaben über den Lehrabbruch sowie den Arbeitsplatzwechsel die Arbeitsmoral des jeweiligen Probanden sein. Denn sie zeigt doch in viel stärkerem Maße die Verwahrlosungstendenz an, als dies Lehrabbruch und Arbeitsplatzwechsel vermögen. Und gerade ersterer könnte nur eine Folge der allzu frühen Entscheidung für einen bestimmten Beruf sein, in einem Alter, in dem der Mensch dazu noch gar nicht fähig ist[266]. Daß eine derartige Tendenz in starkem Maße vorhanden ist, zeigen die Gesetze zur Berufsfortbildung, welche dieser Sachlage dadurch Rechnung tragen, daß sie u. a. Umschulungen ermöglichen und es gestatten, später die einst versäumten Lehrabschlußprüfungen nachzuholen[267]. Diese Regelung kannte übrigens bereits früher die Handwerksordnung, indem § 37 Absatz 2 vorsah, daß derjenige die Gesellenprüfung ablegen konnte, der das Doppelte der Zeit, welche für die Berufsausbildung vorgesehen war, in diesem Beruf gearbeitet hatte. Wie durch Rücksprache bei der Handwerkskammer Berlin bestätigt wurde, ist dies eine Möglichkeit, von der oft Gebrauch gemacht wird, nachdem der junge Arbeiter einst seine Lehre „geschmissen" hatte, um mehr zu verdienen, und nunmehr mit 20, 25 Jahren feststellt, daß seine ehemaligen Mitlehrlinge mehr als er verdienen und bessere Zukunftschancen haben. Dazu kommt meistens

---

[264] *Doll - Berner - Ruhfus*, S. 30; *Schelsky* in: Arbeitslosigkeit, S. 273; *Sydow*, S. 76.
[265] *von Hentig*, Band II, S. 2; *Sydow*, S. 76 und S. 106; *Munkwitz*, S. 109; *Beermann*, Diss., S. 41 f. und S. 91; *Klemens*, S. 53 Anm. 127 f.; *von See*, S. 42 und die dort angegebene weitere Literatur; *Fuhlendorf*, S. 105 m. w. Nachw.
[266] *Rudolph* in: Arbeitslosigkeit, S. 27; *Doll - Berner - Ruhfus*, S. 30; *Beermann*, Diss., S. 91.
[267] Berufsbildungsgesetz vom 14. August 1969 (BGBl. I, S. 1112).

III. Geistig-kulturelle Einflüsse

noch die geplante Eheschließung, die das Pflichtbewußtsein weckt. Daraus folgt aber gleichzeitig, daß der einstige Lehrabbruch keineswegs Anzeichen bestehender oder beginnender Verwahrlosung war, sondern sehr oft nur in dem Wunsch nach einer pralleren Lohntüte wurzelte.

Neben diesen Lehrabbrechern, die im allgemeinen als Anlerner, Helfer oder gar Hilfsarbeiter weiterbeschäftigt sind und deren Berufsangaben zuweilen von ihrer momentanen Tätigkeit abgeleitet werden, stehen diejenigen, welche überhaupt niemals eine Lehrausbildung begonnen haben und nur in einem Hilfsarbeiter- oder ähnlichen Verhältnis arbeiteten. Auch bei ihnen erscheint es nach dem oben Gesagten nicht angebracht, in jedem Fall eine derartige Tätigkeit — wie es in anderen Untersuchungen geschieht — als schlechtes Prognoseanzeichen zu werten. Bedeutsamer dürfte ebenfalls die Arbeitsmoral der Hilfsarbeiter sein. Denn mitunter kann man in den Berichten lesen, daß die Eltern darauf bestanden hatten, daß der Junge sofort möglichst viel Geld verdienen sollte, und somit einen Versuch, überhaupt eine Lehrausbildung zu beginnen, von Anfang an unterbanden. In einigen Fällen wiederum nahm der Junge keine Lehrstelle an, weil ihn die Not der Familie dazu zwang, für sie den Unterhalt zu verdienen. Es waren dies meist vaterlose Haushalte mit einer kranken Mutter und mehreren Geschwistern.

Den folgenden Statistiken kann keine völlige Zuverlässigkeit beigemessen werden. Sie sind nur der Versuch, aus dem vorhandenen Aktenmaterial, das — wie mehrfach betont — nicht für alle Merkmale vollständig war, die zuverlässigsten Ergebnisse herauszuholen, um damit auch als Ergänzung und Unterstützung anderer Untersuchungen zu dienen. Sie haben aber den Vorteil, daß bei denen, die immer wieder in Erscheinung treten, die Angaben vollständig sind. Diese Täter bilden aber im Grunde das eigentliche Problem, für dessen Lösung diese Untersuchung einen Beitrag leisten soll. Bei denen, die nicht wieder auffällig wurden, handelt es sich ohnehin um eine Zufalls- oder vorübergehende Störung. Aber auch bei ihnen wurden Angaben — soweit vorhanden — verwertet. Dabei ließ sich allerdings nicht immer klären, ob diejenigen, die einst ihre Lehre abbrachen, sie später in einem neuen Lehrverhältnis abgeschlossen haben. So kann der Lehrabbruch nichts Endgültiges darüber aussagen, ob jemand weiterhin in einem Hilfsarbeiterverhältnis tätig war oder sich zu einem späteren Zeitpunkt doch noch der Lehrabschlußprüfung unterzog. Jedoch vermag ein Lehrabbruch insofern einen Anhalt zu geben, als festgestellt werden kann, ob bei denen, die sich bewährten, die Lehrabbruchsfälle geringer sind als bei den hartnäckig Straffälligen, wie es in früheren Untersuchungen festgestellt wurde[268]. Gleiches gilt für Arbeitsplatzwechsel und die

---
[268] Siehe Anm. 265.

Arbeitsmoral. Eine Aussage über die tatsächliche Anzahl der Täter mit abgeschlossener Ausbildung ist an Hand des zur Verfügung stehenden Materials unmöglich. Es hätte bedeutet, jeden einzelnen Täter, über den kein ausführliches Aktenmaterial vorhanden war, zu befragen. Damit wäre aber gerade bewirkt worden, was es zu vermeiden gilt: daß ein in seiner Jugend straffällig Gewordener noch nach zehn Jahren mit seiner damaligen Tat oder Jugendsünde konfrontiert wird und daraus womöglich unabsehbare Folgen für seine weitere Entwicklung entstehen.

a) Berufsausbildung

Stufe	Lehrlinge	%	Gesellen	%	ohne	%	Gesamt	%
A	257	57,9	97	21,6	90	20,5	444	90,4
B	53	65,4	12	14,9	16	19,7	81	95,1
C	28	57,2	7	14,2	14	28,6	49	86,0
D	54	45,0	27	22,5	39	32,5	120	96,7
gesamt	392	56,4	143	20,8	159	22,8	694	92,2

Bei 92 Prozent der Täter waren Angaben zum Beruf und der weiteren beruflichen Entwicklung vorhanden. Innerhalb der Stufen schwanken diese zwischen 3 Prozent und 14 Prozent ohne eindeutige Feststellungen. Trotzdem erscheint diese Fehlquote nicht so groß, als daß auf die Angaben insgesamt verzichtet werden sollte. Denn die meisten Unbekannten sind in der Stufe C, also bei denen, die ohnehin als Gelegenheitstäter „die Kriminalität des Volkes" darstellen. Demgegenüber fand sich — von der Sache her bedingt — bei den Dauerkriminellen bis auf 3 Prozent alles wieder. In Stufe A fehlen zwar nahezu 10 Prozent, was aber nicht hindert, doch den Versuch eines Vergleichs zu unternehmen. Denn die Unterschiede zwischen A und D sind teilweise erheblich.

Immerhin haben bei Stufe D rund ein Drittel niemals den Versuch einer Lehrausbildung gemacht. Abgeschlossen dagegen haben eine solche sogar mehr als bei A, wobei der Fehler hier allerdings in den nicht fortgeführten Akten liegen kann. Andererseits deutet dies darauf hin, daß weniger der erfolgreiche Abschluß eines Lehrberufes als überhaupt eine Ausbildung wichtiger für den späteren Erfolg oder Mißerfolg im Leben ist[269]. Vergleicht man dieses Ergebnis mit dem der Stufe B, einer Gruppe, die sich immerhin für einen gewissen Zeitraum kriminell betätigte, so finden sich dort noch weniger mit gesichertem

---

[269] a. A. z. B. *Sydow*, S. 106, der eine abgeschlossene Ausbildung zu den positiven Prognosemerkmalen zählt.

III. Geistig-kulturelle Einflüsse

Abschluß. Allerdings unterzogen sich bei ihnen ebenso wenige wie in Stufe A niemals einer Lehrausbildung. Es scheint daher sehr viel für die Annahme zu sprechen, daß die Ursache späteren Versagens früher liegen muß. Dies könnte der Grund sein, aus dem sich ein Junge überhaupt keiner Berufsausbildung unterzog. Allein an seinen geistigen Fähigkeiten kann es nicht gelegen haben, denn die Anzahl der Hilfsschüler ist in keinem Fall so groß wie die der Probanden ohne Berufsausbildung. Dies führt zu der Frage nach ihrer Arbeitsmoral.

Zunächst sollen die Lehrabbrecher und ihr Verhältnis zur Arbeit untersucht werden, da der Lehrabbruch verschiedene Ursachen haben kann. Die Lehre mußte nicht nur aus den bereits erwähnten Gründen aufgegeben werden, sondern in vielen Fällen wurde sie wegen des laufenden Strafverfahrens beendet. Wie viele dieser Jungen den Weg zurückfanden, war nicht aufklärbar. Nur bei einigen der Stufe B und D konnte festgestellt werden, daß sie später ihre Ausbildung abschlossen — manchmal hinter Gittern, manchmal unter Bewährungsaufsicht.

Stufe	Lehre		Abbruch		guter Arb.		unlustig	
		%		%		%		%
A	257	57,9	131	50,9	19	14,5	7	5,3
B	53	65,4	40	75,4	7	17,5	3	7,5
C	28	57,2	18	64,3	1	5,5	—	—
D	54	45,0	27	50,0	—	—	7	25,9
gesamt	392	56,4	210	53,5	27	12,9	17	8,1

Bei einem Vergleich der Bewährungsstufen scheint sich die geäußerte Vermutung zu erhärten. Nicht an sich der Lehrabbruch — er ist in Stufe D sogar geringer als bei A — sondern die Einstellung zum Beruf, zur Arbeit selbst, ist bedeutsamer. Keiner der Nichtbewährten erhielt das Zeugnis ausgestellt, ein arbeitsamer oder guter Arbeiter zu sein. Dafür war allein bei 25 Prozent der Lehrabbrecher ihre Arbeitsunlust vermerkt, bei Stufe A jedoch nur bei 5 Prozent. Noch deutlicher zeigt sich dies in Stufe B. Bei ihr haben sogar 75 Prozent der Jugendlichen die Lehre abgebrochen, wobei nicht immer feststellbar ist, ob die Straftat erst Anlaß oder die Folge des Lehrabbruchs war. Und obgleich bei ihr die Lehrabbrecher am stärksten vertreten sind, haben sie doch im Ergebnis eine günstige Lebensbewährung gezeigt, indem sie zumindest in den letzten vier Jahren — einige bis zu acht Jahren — nicht wieder straffällig wurden. Fast einem Fünftel dieser Lehrabbrecher, und damit dem höchsten Prozentsatz überhaupt, wurde eine gute Arbeitsmoral bescheinigt, so daß der Verdacht naheliegt, ihre Straftaten seien die Ursache für ihren Lehrabbruch gewesen. Ebenso dürfte als sicher gelten, daß es für sie schwierig war, in einer neuen Lehrstelle unterzukommen. Doch als zuverlässige und fleißige Arbeiter konnten sie wieder einen Erwerb finden, der ihnen — wahrscheinlich — den Weg zurück in die Gesellschaft geebnet hat. Anders demgegenüber bei den Nichtbewährten. Ihre Arbeitsunlust dürfte ihnen ein Hemmnis auf der Suche nach einem dauerhaften Arbeitsverhältnis gewesen sein.

Die Stufe C ähnelt wieder eher der Stufe D. Wenn auch keiner ihrer Lehrabbrecher als arbeitsunlustig bezeichnet wurde, so hat aber auch nur ein einziger ein Lob erhalten.

Ob die mangelnde Arbeitsmoral ausschlaggebend für den Lebenserfolg war, soll nun an Hand derjenigen überprüft werden, die niemals eine Lehrausbildung begannen und denen andere Untersuchungen eine negative Prognose zuordneten.

Stufe	ges.	ohne		gute Arb.		unlustig		arb.scheu	
			%		%		%		%
A	90	20,5		21	23,3	7	7,3	1	1,1
B	16	19,7		5	31,3	—	—	—	—
C	14	28,6		7	50,0	2	14,2	1	7,1
D	39	32,5		3	7,2	13	35,9	3	7,2
gesamt	159	22,8		36	22,6	22	13,8	5	3,1

Die festgestellte Tendenz setzt sich auch in dieser Gruppe fort. Wieder findet sich der größte Prozentsatz Arbeitsunwilliger und sogar Arbeitsscheuer unter den Nichtbewährten. Über ein Drittel aller Berufslosen gelten in Stufe D als mindestens arbeitsunlustig. Gute Arbeiter finden sich in gleicher Anzahl wie die ausgesprochen arbeitsscheuen. Aufschlußreich ist dazu Stufe B: kein einziger gehört zu denen, die wenig oder gar keine Lust zum Arbeiten verspürten, dagegen zeichnete sich nahezu ein Drittel durch Arbeitseifer aus. Die Stufe C weicht nur scheinbar von dem oben ermittelten Ergebnis ab, wenn bei ihr sogar 50 Prozent aller Berufslosen als zuverlässige Arbeiter bewertet wurden. Denn gleichzeitig stellen sie ein ebenso großes Kontingent Arbeitsscheuer wie in Stufe D. Und auch im Gesamten neigen von den Gelegenheitstätern weitaus mehr als in den Stufen A und B zur Arbeitsunlust.

An den Arbeitsplatzwechslern sollen die hier gefundenen Ergebnisse überprüft werden. Ihnen wurden diejenigen zugeordnet, die innerhalb weniger Monate mehr als dreimal den Arbeitsplatz wechselten. Die folgende Zusammenstellung betrifft Lehrlinge und Gesellen insgesamt.

Bei den Arbeitsplatzwechslern stellt sich die Situation verändert dar. Einmal ist ein Ansteigen der Wechsler mit der Schlechtstufe zu erkennen und zum anderen überwiegen bis auf Stufe A immer diejenigen, die als arbeitsunlustig bezeichnet wurden. Dieser Unterschied zu den Lehr-

III. Geistig-kulturelle Einflüsse

Stufe	Lehrl./Ges.	%	Wechsler	%	gute Arb.	%	unlustig	%
A	354	79,5	78	22,0	8	10,2	5	6,4
B	65	80,3	20	30,7	1	5,0	3	15,0
C	35	71,4	12	34,2	—	—	—	—
D	81	67,5	30	37,5	—	—	6	20,0
gesamt	535	77,2	140	26,1	9	6,4	14	10,0

abbrechern läßt sich daraus erklären, daß für den Wechsel des Arbeitsplatzes andere Gründe maßgebend sind. Meistens lagen die Ursachen für ihn im Betriebsklima, das entweder durch bestimmte Verhaltensweisen des Vorgesetzten oder der Kollegen hervorgerufen wurde oder der Proband selbst verursacht hatte. Mögen es die immer wieder genannte Unpünktlichkeit, Unzuverlässigkeit oder das Krankfeiern sein, alles Ursachen, die im ganz privaten Bereich des Jungen liegen und die allesamt gewisse Anzeichen einer persönlichen Schwäche tragen. Hin und wieder wird auch eine bessere Entlohnung oder eine günstigere Verbindung zum Arbeitsplatz den Wechsel beeinflußt haben. Doch dürften diese Fälle sehr selten auftreten, weil das Lohnniveau innerhalb der Stadt, insbesondere durch Tarifverträge, einheitlich gestaltet ist.

Daß hauptsächlich charakterliche Eigenschaften zu einer Veränderung des Arbeitsplatzes führen, dafür spricht sowohl die große Anzahl der unlustigen Arbeiter, als auch ihr Überwiegen im Verhältnis zu denen, die als arbeitsfreudig eingestuft wurden. So gesehen kann der häufige Wechsel des Arbeitsplatzes, der nicht durch eine Berufsveränderung bedingt ist, tatsächlich ein Anzeichen krimineller Gefährdung bedeuten.

Die folgende Untersuchung, die sich auf die Berufslosen erstreckt, bestätigt dieses Ergebnis:

Stufe	ges.	ohne %	Wechsler	%	gute Arb.	%	unlustig	%
A	90	20,5	24	26,6	5	20,8	5	20,8
B	16	19,7	5	31,2	—	—	—	—
C	14	28,6	5	35,7	1	7,1	—	—
D	39	32,5	14	35,9	—	—	3	21,3
gesamt	159	22,8	48	30,2	6	12,5	8	16,6

Der Kontrolle dienen die folgenden Erhebungen. Sie beschäftigen sich mit der Arbeitsmoral derjenigen, die weder ihre Arbeitsplätze gewechselt noch ihre Lehre abgebrochen haben. Betrachtet man zunächst diejenigen, die wahrscheinlich ihre Ausbildung beendeten, so ist auch hier eine Differenzierung deutlich erkennbar, ausgehend von den völlig Resozialisierten bis zu den Dauerkriminellen abfallend.

Stufe	Lehrl./Ges.		gute Arb.		unlustig	
		%		%		%
A	223	63,5	38	17,0	2	0,9
B	25	32,2	3	12,0	—	—
C	17	48,0	2	11,6	4	23,5
D	54	66,6	6	11,1	1	1,8
gesamt	325	60,7	49	15,1	7	2,1

Die erhebliche Bedeutung der Einstellung zur Arbeit dokumentiert erneut die Stufe B. Nicht ein einziger offenbarte Arbeitsunlust, dafür wurden 12 Prozent positiv beurteilt. Bei den Berufslosen setzt sich dieser Trend fort:

Stufe	ges.	ohne		gute Arb.		unlustig	
			%		%		%
A	66	73,4		16	24,2	3	4,5
B	11	68,8		3	27,2	4	36,2
C	9	64,3		6	66,6	3	33,3
D	25	64,1		3	12,0	15	60,0
gesamt	111	29,8		28	25,2	25	22,3

So waren in Stufe B zwar mehr als in A als sehr gute Arbeiter bewertet worden, jedoch liegt bei B der Prozentsatz der Unlustigen neunmal höher. Noch stärker wird der Unterschied zu Stufe D. Hier waren fast zwei Drittel der Berufslosen, die an ihrem Arbeitsplatz ausharrten, nicht gerade positiv zu ihrer Tätigkeit eingestellt. 12 Prozent von ihnen mußten sogar als arbeitsscheu bezeichnet werden. Stufe C fällt hier etwas aus dem Rahmen mit zwei Dritteln arbeitsamen Probanden. Allerdings zählen zu den arbeitsunlustigen 11,1 Prozent ausgesprochen Arbeitsscheuer, was ungefähr der in Stufe D enthaltenen Anzahl gleicht.

Zusammenfassung

a) Die Untersuchungen haben gezeigt, daß die Einstellung des Probanden zur Arbeit weitaus bedeutsamer für seine Entwicklung sein kann als ein erlernter Beruf.

b) Auch der Lehrabbruch offenbart bei den Probanden keineswegs eine kriminelle Gefährdung. Erst die Kenntnis ihrer jeweiligen Arbeitsmoral ermöglicht eine einigermaßen sichere Entscheidung.

c) Etwas anders sind die Arbeitsplatzwechsler zu beurteilen: hier deutet sich in einem häufigeren Wechsel doch eine Gefährdung an, die wohl auf charakterliche Schwäche zurückzuführen sein wird.

III. Geistig-kulturelle Einflüsse

b) Berufsbezogene Kriminalität

Oft ist insbesondere von den Beamten der Ermittlungsbehörden zu hören, die Kraftfahrzeug-Entwender seien „alles Kriminelle", weil sie sich als Berufslose von Gelegenheitsarbeiten ernährten; oder aber, sofern sie überhaupt einen Beruf erlernt hätten, seien sie im Kraftfahrzeug-Handwerk tätig. Diese Ansicht bekommt Nahrung aus der Tatsache, daß es nach Auskunft des Landeskriminalamtes eine Zeit gegeben haben soll, wo nachts entwendete Fahrzeuge am nächsten Tag vor der Berufsschule für das Kraftfahrzeug-Handwerk wiederaufgefunden wurden. Auch die Angabe der Berufslosigkeit erscheint zumindest aus der Sicht des Landeskriminalamtes nicht verfehlt. Denn einmal erstreckt sich seine Zuständigkeit erst auf Wiederholungstäter und zum andern geben die Täter oft ihre momentane Beschäftigung an, die oft als Folge des Lehrabbruchs tatsächlich eine Hilfs- oder Gelegenheitsarbeit sein kann.

Allerdings läßt sich die Ansicht, es handele sich bei den Jungen „ohnehin um Verwahrloste", insoweit nicht rechtfertigen, als nur 22,8 Prozent niemals eine Berufsausbildung begonnen hatten und von ihnen immerhin ein gutes Fünftel als arbeitsam und nur 14 Prozent als arbeitsunlustig bis arbeitsscheu bezeichnet wurden. Noch deutlicher wird das Mißverhältnis, wenn man die Probanden insgesamt betrachtet: dann waren knapp 6 % ihrer Beschäftigung nicht zugetan; weitere 17 % aber als arbeitsam beurteilt worden. 90 % hatten somit keinen Anlaß zu Klagen gegeben.

Im folgenden soll daher überprüft werden, ob die Feststellung gerechtfertigt ist, daß Angehörige gewisser Berufe Kraftfahrzeuge entwenden. Fast sämtliche vergleichbaren Arbeiten gliedern nach Berufssparten auf, wobei die Ergebnisse unterschiedlich und der Wert derartiger Untersuchungen streitig sind[270]. Es besteht jedoch darüber Einigkeit, als es zwar keine berufsbezogene Kriminalität gebe, ein Beruf aber erst die Gelegenheit biete, eine bestimmte Straftat zu begehen. Er vermittle mitunter erst die Fähigkeiten, sich in einer bestimmten Weise zu betätigen[271]. Soweit ersichtlich ist trotzdem bislang nirgends eine Verbindung zwischen Tätern, die Kraftfahrzeuge entwenden und Kraftfahrzeug-Handwerker-Berufen gefunden worden.

Nun handelt es sich vorliegend hauptsächlich um junge Täter, die noch in ihrer Berufsausbildung stehen und sie zum überwiegenden Teil

---

[270] für: *Exner*, S. 240 ff.; *Sauer*, Kriminologie, S. 175; *Doll - Berner - Ruhfus*, S. 31 f.; *Schulz*, S. 89; *Brunotte*, S. 259; *Schlöter*, S. 93; ohne Bedeutung: *Bader*, Soziologie, S. 158; *von Hentig*, Band III, S. 388 ff.; *Nottebaum*, S. 161; *Fuhlendorf*, S. 103; *Beermann*, Diss., S. 33; *Schmidt*, Manfred, S. 93.

[271] Vgl. für alle: *Exner*, S. 240 f.

sogar mindestens einmal abgebrochen haben. Es ist daher zweifelhaft, ob der zum Zeitpunkt der Festnahme angegebene Beruf tatsächlich derjenige ist, in dem der Täter die längste Zeit gearbeitet hat, so daß Rückschlüsse auf die erlernten Fähigkeiten erlaubt wären. Bei dem Vergleich des verschiedenen Aktenmaterials wurde jedoch festgestellt, daß die meisten ihre Hilfsarbeitertätigkeit mit der Bezeichnung ihres ehemaligen Lehrberufes angaben — wenn auch etwas später der Vermerk „z. Z. ohne" erfolgte. Es kann deshalb davon ausgegangen werden, daß die angegebenen Berufe oder Berufsarten im allgemeinen auch stimmen. Soweit allerdings keine eindeutigen Feststellungen getroffen werden konnten — zum Beispiel, wenn mehrere verschiedene Lehrverhältnisse abgebrochen wurden — wird der Täter entweder mit dem überwiegend ausgeübten geführt oder, wenn eine bestimmte Richtung nicht klar erkennbar war, als „ohne" eingestuft.

Die 753 Jugendlichen und Heranwachsenden gehörten
   158 verschiedenen Berufen und
     5 Schulgattungen an.

Unter ihnen sind im ganzen 183 Lebensstellungen vertreten: nur je einmal finden sich 81 der 158 Berufe; zweimal sind 24 Berufe vorhanden; dreimal 7 Berufe zu verzeichnen; mehrfach alle übrigen.

Für die Fragestellung erscheint es sinn- und zwecklos, jeden in dem Material vertretenen Beruf einzeln aufzuführen. Daher wurden an Hand des „Verzeichnisses der im Lande Berlin anerkannten Lehr- und Anlernberufe"[272] und der „Klassifizierung der Berufe"[273] Berufsgruppen zusammengestellt. Dabei wird nicht, wie in anderen kriminologischen Untersuchungen üblich, nach handwerklichen, kaufmännischen und industriellen Berufen unterschieden, da, wie schon erwähnt, eine strikte Trennung heute kaum noch möglich ist. Außerdem ergaben sich größte Schwierigkeiten und Unsicherheiten bei dem Versuch festzustellen, in welchem Bereich die Jungen gelernt hatten, weil, wie dies aus den Adressen der Lehrbetriebe entnommen werden konnte, mitunter zwischen Industrie- und Handwerksbetrieb gewechselt wurde. Abgesehen davon hätte eine derartige Unterteilung für die vorliegende Fragestellung auch wenig Sinn. Denn damit wäre noch nichts darüber ausgesagt, ob die jeweiligen Täter nun in einem Beruf, der mit Kraftfahrzeugen in Berührung kommt, tätig waren (sind) oder nicht. Daher wurde ver-

---

[272] Stand vom 1. August 1968; Herausgeber: Senator für Arbeit, Gesundheit und Soziales.

[273] Berufstätigkeiten in der Bundesrepublik Deutschland, herausgegeben vom Bundesministerium für Arbeit und Sozialordnung in Zusammenarbeit mit der Bundesanstalt für Arbeitsvermittlung und Arbeitslosenversicherung sowie dem Statistischen Bundesamt, Bonn—Nürnberg—Wiesbaden 1966.

III. Geistig-kulturelle Einflüsse

sucht, alle die Berufe zusammenzustellen, die unmittelbar am und mit dem Kraftfahrzeug zu tun haben. Ihnen verwandte sind diejenigen, welche mit ähnlichen Werkzeugen umzugehen pflegen, wie beispielsweise Klempner, Installateure, Schlosser, Mechaniker; ihnen entgegengesetzt die „untechnischen" Berufe, zu denen Friseure, Bäcker, Maler, Schneider und ähnliche zählen. Eine indifferente Gruppe bilden die Bergleute, Seeleute, Lager-, Transport- und ähnlichen Hilfsarbeiter. So gegliedert ergab sich, daß

66 Täter unmittelbaren Zugang zu Kraftfahrzeugen hatten;

87 Täter waren in technischen Berufen beschäftigt. Dies macht zusammen: 20,2 Prozent. 8,7 Prozent waren als Tankwarte, Kraftfahrzeug-Handwerker, Fahrer und ähnliches tätig.

289 Täter und damit rund 40 Prozent übten untechnische Berufe aus.

312 Täter betätigten sich in nicht genau klassifizierbaren Beschäftigungen, die größtenteils im Ladeeinsatz ausgeführt wurden. Dies sind nochmals 41,0 Prozent.

Aus dieser Aufteilung ergibt sich eindeutig, daß zum Zeitpunkt ihrer Ergreifung die wenigsten in Kraftfahrzeug-Handwerker-Berufen tätig waren und auch nur wenige mit Werkzeugen umgingen, die sich für Kraftfahrzeug-Handwerker eignen. Kann somit gesagt werden, daß die Kraftfahrzeug-Entwendung keineswegs eine Spezialtat der im Kraftfahrzeug-Handwerk Tätigen ist, bleibt die Frage offen, wie es zu einer derartigen Meinungsbildung kommen konnte.

Eine Erklärung dafür könnte es sein, daß die Angehörigen anderer Berufe nicht in so großer Anzahl auftreten, obwohl sich beispielsweise 41 Bäcker an Kraftfahrzeug-Entwendungen beteiligten. Auch finden sich

29 Kaufleute
17 Maler
14 Rohrleger
13 Schweißer
11 Fleischer

um nur die zu nennen, die in etwa gleich starker Massierung auftreten, wie die Angehörigen der Kraftfahrzeug-Berufe. Trotzdem ist noch von keiner Seite behauptet worden, die Kraftfahrzeug-Entwendung sei ein „typisches Delikt der Bäcker". Vielleicht spielt bei diesem Urteil auch ein wenig die Vorstellung mit, daß man zum Öffnen und Ingangsetzen eines Kraftfahrzeuges besondere Fähigkeiten benötige, die eben nur und besonders von denen beherrscht würden, die in diesen Berufen Erfahrungen erworben hätten. Das mag eventuell für ältere Zeiten, als das Kraftfahrzeug noch nicht so verbreitet war, zutreffend gewesen sein. Heutzutage jedenfalls gehört der Umgang mit ihm zum Allgemeingut[274], und die Nachlässigkeit seiner Halter begünstigt in starkem Maße sowohl das Öffnen als auch das Ingangsetzen[275] eines Fahrzeuges.

Bei Tankwarten und ihnen verwandten Berufen läßt sich allerdings ein unmittelbarer Zusammenhang mit ihrer Tätigkeit erkennen. Sie nutzten öfter die Gelegenheit, sich ein an ihrem Arbeitsplatz untergestelltes Fahrzeug zu „leihen". Allerdings ist ihr Anteil an der Gesamttäterzahl mit 15 Probanden gering. Die dem entgegenstehende Meinung ist wohl daraus erklärbar, daß Kraftfahrzeuge an sich nicht von Einzelgängern entwendet werden[276]. Meistens laden sie ihre Freunde zur nächtlichen „Spritztour" ein. Werden sie dann gestellt, so bleibt als „Haupttäter" der Tankwart im Gedächtnis, weil er ja erst die Gelegenheit zum Fahren bot.

Eine Unterteilung in Lehr- und Anlern- sowie Helfer-Berufe einerseits und Hilfsarbeiter mit den Gelegenheitsarbeitern im Ladeeinsatz ergibt folgendes Bild:

Art	Zahl	%
Lehrlinge	354	47,0
davon abgeschl.	77	10,2
Anlerner	25	3,3
Helfer	24	3,3
Hilfsarbeiter	80	10,6
Gelegenheitsarbeiter	204	27,1
Vorberuflich	66	8,7

Ein gutes Viertel war danach bei seiner Stellung mit Gelegenheitsarbeiten beschäftigt. Weitere 10 Prozent führten Hilfsarbeitertätigkeiten aus. Aber genauso viele hatten bereits eine abgeschlossene Ausbildung vorzuweisen, und 40 Prozent befanden sich in einer Lehr- oder Lernausbildung. Dies zeigt, daß selbst zum Festnahmezeitpunkt die Täter keineswegs schon so heruntergekommen waren, daß sie „in der Regel" als verwahrlost anzusehen wären. Das Gegenteil ist der Fall. Regelmäßig handelt es sich bei ihnen um noch in der Ausbildung Stehende, obwohl der erhebliche Anteil Gelegenheitsarbeiter nicht zu übersehen ist. Allerdings muß auch insoweit die Frage unbeantwortet bleiben, ob die Tat der Ausdruck einer bereits eingetretenen Verwahrlosung war oder sich diese vielmehr erst als Folge der Kraftfahrzeug-Wegnahme darstellt. Da jedoch nur ein ganz geringer Prozentsatz als arbeitsunlustig oder arbeitsscheu bezeichnet wurde, spricht viel dafür, daß der

---

[274] *Schmidt*, Manfred, S. 92 f. fand überhaupt keinen Angehörigen der kraftfahrzeugtechnischen Berufe unter seinen Probanden.
[275] Siehe auch: *Lindner*, S. 56; *Wensky*, S. 413; *Weinzierl*, S. 47; *Händel*, S. 601; *Osterkorn*, S. 35; *Schlöter*, S. 132; *Berndt*, S. 64.
[276] Vgl. Zwischenergebnis I, B III 8 Nr. 2 a.

III. Geistig-kulturelle Einflüsse

Weg zum Ladeeinsatz größtenteils erst die Folge einer Straftat oder einer aus anderen Gründen abgebrochenen Lehre war.

Vergleiche mit anderen kriminologischen Untersuchungen sind nur bedingt möglich, weil oft nicht unterschieden wird zwischen dem Beruf, der zum Festnahmezeitpunkt ausgeübt wurde sowie demjenigen, zur Zeit der Tat und einer Lehrausbildung. Auch soweit eine Unterscheidung zwischen erlerntem und ausgeübtem Beruf getroffen wird, begnügt man sich mit der Feststellung, daß der in den Akten vermerkte auch derjenige sei, der die Tat mitverursacht habe, obwohl diese Angabe doch meistens den Beruf im Zeitpunkt der Festnahme betrifft. Insoweit ist eigentlich allgemein immer wieder festzustellen, daß die ungelernten oder gar Gelegenheitsarbeiter einen „erschreckend hohen" Anteil stellen[277]. Daraus läßt sich jedoch niemals mit Sicherheit entnehmen, ob die Gelegenheitsarbeit schon vor der Tat verrichtet wurde oder nur ihre Folge war und eventuell erst weitere Taten provozierte, wie es bei den hier untersuchten Probanden den Anschein hat. Der Beweis muß aber — wie bereits erörtert — schuldig geblieben werden.

Zusammenfassung

aa) Die Kraftfahrzeug-Entwender lassen keine berufsgebundene Kriminalität erkennen. Nur rund 9 Prozent sind in Berufen tätig, welche mit Kraftfahrzeugen in Berührung kommen:

Kfz.		technisch		untechn.		unbestimmt	
	%		%		%		%
66	8,7	87	11,5	289	38,5	311	41,3

bb) Bei ihrer Festnahme befanden sich gut 50 Prozent in einem Lehr- oder Anlernverhältnis oder hatten bereits ihre Ausbildung erfolgreich abgeschlossen. Über ein Drittel übte eine Hilfsarbeitertätigkeit aus, wobei mehr als ein Viertel Gelegenheitsarbeiten verrichtete.

3. Die Motivationslage

Die Beschreibung der Ursachen, welche möglicherweise zu der Delinquenz der Kraftfahrzeug-Entwender geführt haben könnten, wäre unvollständig, würden bestimmte psychologische Fakten unerörtert bleiben. Bisher wurden die Umwelteinflüsse und ihre Folgen dargestellt.

---

[277] *Doll - Berner - Ruhfus*, S. 35; *Bellon*, S. 69; *Sydow*, S. 76 und S. 105; *Fuhlendorf*, S. 102 und S. 123; *Schulz*, S. 92; *Beermann*, Diss., S. 31; *von See*, S. 41.

Nunmehr soll versucht werden, die für die Täter maßgebenden Motive aufzuzeigen und sie zu erläutern. Jedoch geht es der Untersuchung nicht darum, neue Spielarten der menschlichen Psyche zu entdecken, sondern um eine möglichst vollständige Erfassung des soziologischen Gehalts der Taten.

Dabei ergeben sich Schwierigkeiten in zweifacher Hinsicht. Einmal werden die Handlungen selten durch ein einziges Motiv bestimmt, sondern durch ein ganzes Motivbündel[278] gesteuert. Zum anderen machten die wenigsten Täter konkrete Angaben darüber, welche Gründe, Wünsche oder Vorstellungen sie zu der Benutzung des Kraftfahrzeuges veranlaßt hatten. Zwar ließ sich aus der Fülle des Materials und ihrer darin enthaltenen eigenen Aussagen mit den verschiedenen Varianten und Nuancen sowie den Urteilsbegründungen und den JGH-Berichten als auch den gesamten Tatumständen entnehmen, was die Antriebsfedern gewesen sein könnten oder müßten. Sie jedoch prozentual zu erfassen, erschien nicht ratsam, weil die Entscheidung, welches Motiv vorherrschte, in den seltensten Fällen klar getroffen werden konnte.

Dennoch ist als hervorstechendstes Merkmal die Fahrleidenschaft der Jugendlichen und jungen Männer zu erkennen. Sie kommt am deutlichsten darin zum Ausdruck, daß selbst von den 183 Tätern, die als „echte" Diebe eingestuft wurden, noch 104, die auch äußerlich keine Veränderung an den Fahrzeugen vorgenommen hatten, angaben, sie hätten nur fahren wollen. Nur 10 Prozent entwendeten ein Fahrzeug, um sich Ersatzteile für das eigene zu beschaffen, wobei dann letztlich ebenfalls die Fahrleidenschaft (mit dem eigenen Fahrzeug) die Antriebsfeder gewesen sein dürfte.

Der jugendlichen Gemütslage[279] entspricht in starkem Maße die Freude am Fahren: mit einem Male fühlen sie sich frei; als Herr über die Technik; niemand — vor allem nicht „die Alten" — können in diesem Moment Befehle erteilen.

Die Grenzen zur Geltungssucht, zum Erlebnishunger und zum Abenteuerdrang lassen sich nicht klar ziehen. Wie häufig ist in den Berichten zu lesen, daß zwei, drei Jungen beim abendlichen Bummel durch die mit Fahrzeugen vollstehenden Straßen an einem vorbeikamen, das durch seine Ausstattung ihre Neugierde erregte. Zufällig wird eine offene Wagentür entdeckt. Und „eigentlich" wollte man „nur mal" hinter dem Lenkrad sitzen, um sich ein bißchen an der Vorstel-

---

[278] *Bader*, Soziologie, S. 183.
[279] So auch: *Bellon*, S. 88; *Niggemeyer*, S. 8; *Osterkorn*, S. 45; *Lindner*, S. 56; *Rohling*, S. 301; *Middendorff*, Jugendliche Banden, S. 160 f.; dergl. Jugendkriminalität, S. 137; *Wensky*, S. 414.

III. Geistig-kulturelle Einflüsse

lung berauschen zu können, selbst ein „so dolles Ding" zu fahren. Oft bildet das auslösende Moment die auffordernde Frage „traust Dir nich, wa?!". Leicht abgewandelt, im Grunde aber gleichgelagert, ist die Situation, wenn der Junge vor seiner Freundin zeigen will, wie „männlich" er doch sei und ihr entweder durch einen „schicken" Wagen imponieren möchte oder ihr zeigt, daß er sich sehr wohl traue, fremde Fahrzeuge zu benutzen.

Die Renommiersucht wird auch dort deutlich, wo in einem Jugendlokal einer mit seinen „Erfolgen" prahlt. Ein Zuhörer wollte „eigentlich" nur sehen, ob der andere nicht nur angegeben hatte. So führte dieser gleichsam als Anleitung für die übrigen seine „Fähigkeiten" vor. Manchmal unternahmen mehrere gemeinsam eine Spazierfahrt, wobei dann der Ratschlag gegeben wurde, sich doch selbst „eins" zu besorgen, wenn man hinter dem Steuer sitzen wolle.

Soweit es sich um die 14- bis 15jährigen handelt, erscheint als Hauptmotiv weniger das Fahren oder die Geltungssucht, sondern die Abenteuerlust und der Wandertrieb. Ein großer Teil gerade dieser Altersstufe[280] wurde vom Fernweh überrollt. Er wollte zur See, „irgendwohin" oder gar in die Fremdenlegion, weil er sich mit seinem Lehrherrn bzw. den Eltern überworfen hatte. Den Weg nach Westen traten sie meistens noch per Bahn oder Anhalter an. Taten nach langer Wanderung die Füße weh und besaßen sie auch kein Geld mehr, so entwendeten sie ein Moped, Krad oder gar Auto. Dabei verändert sich das Motiv in Richtung „Kraftfahrzeug als Fortbewegungsmittel".

Für gleichen Zweck mußte es oft herhalten, wenn die letzte U-Bahn weggefahren war oder die Lust, auf einen Nachtbus zu warten, zu gering war. Eine Taxe war dann zu teuer oder es fehlte einfach am Geld, da dieses gerade in einem Lokal verbraucht worden war.

Liest man die genannten oder erkennbaren Beweggründe der Jugendlichen und Heranwachsenden, die Kraftfahrzeuge entwenden, so wird nur zu deutlich, eine wie enge Bindung an ihre Altersstufe besteht, die gekennzeichnet ist von Gegensätzen und Konflikten. Zu Hause bleibt der Junge meistens „das Kind", dessen Rechte hinter denen der Erwachsenen zurückstehen müssen, und das meist nicht sehr ernst genommen wird. Nichts ist dann natürlicher, als genau diese Position der Erwachsenen anzustreben. Der junge Mensch sehnt sich nach Bestätigung und unterliegt dem Glauben, diese sei durch die äußeren Statussymbole zu erreichen. So flüchtet er in eine Scheinwelt, die Welt seiner Sehnsüchte, die ihm aber durch die Werbung als die reale hingestellt wird. Insofern will er überhaupt nicht außerhalb der Gesell-

---

[280] *Glueck*, S. 82.

schaft stehen, sondern in ihr und von ihr anerkannt werden. So klafft der Widerspruch zwischen Wünschen und Können[281], der dann die Taten mehr impulsiv steuert als planmäßig ausführen läßt[282].

IV. Zwischenergebnis III

1. Die familiäre Situation der hier untersuchten Jahrgänge ist geprägt durch den Zweiten Weltkrieg und seine Folgen:

    a) einer sehr hohen Anzahl der „Halbfamilien": 70 Prozent wuchsen ohne ihre beiden leiblichen Elternteile auf; 18 Prozent wurden überwiegend außerfamiliär erzogen;

    b) 28 Prozent lebten mit Halbgeschwistern zusammen;

    c) 40 Prozent aller Mütter waren berufstätig.

2. Die wirtschaftliche und soziale Lage dieses Täterkreises ist günstig zu bewerten:

    a) 80 Prozent kommen aus normalen bis guten wirtschaftlichen Verhältnissen;

    b) die gehobene soziale Schicht ist überrepräsentiert; die Arbeiterfamilien liegen leicht unter dem Durchschnitt.

3. Die Bildungsvoraussetzungen der Probanden waren gut:

    a) nur rund ein Viertel hat keinen normalen Schulabschluß;

    b) 23 Prozent haben niemals eine Berufsausbildung begonnen;

    c) 6 Prozent galten als arbeitsunlustig oder arbeitsscheu; 17 Prozent wurden als besonders arbeitsam beurteilt.

4. Eine berufsbezogene Kriminalität läßt sich nicht nachweisen:

    a) nur 20 Prozent waren in technischen und davon rund 9 Prozent in Berufen tätig, die unmittelbaren Zugang zu Kraftfahrzeugen gaben;

    b) 37,8 Prozent arbeiteten bei ihrer Festnahme als Hilfs- oder Gelegenheitsarbeiter.

5. Die hier ermittelten Ergebnisse lassen nur bedingt eine Prognose zu:

    a) so haben sich günstig entwickelt: die Probanden aus Arbeiter- und kinderreichen Familien sowie solche bei positiver Einstellung zur Arbeit, wobei es unerheblich war, ob sie einen erlernten oder Hilfsarbeiter-Beruf ausübten;

---

[281] *Spranger*, S. 137; *Exner*, S. 153; *Middendorff*, Jugendkriminalität, S. 43; *Silbereisen*, S. 17.

[282] Ebenso: *Exner*, S. 153; *Hinrichsen*, S. 25.

b) einen negativen Einfluß zeigten: wirtschaftlich gute Verhältnisse, erneute Wiederverheiratung der Mutter, das Zusammenleben mit Halbgeschwistern und ein häufiger Wechsel des Arbeitsplatzes (ohne Berufsveränderung) verbunden mit mangelnder Arbeitsmoral.

Schlußbemerkung

Ich möchte meine Ausführungen nicht beschließen ohne allen denjenigen zu danken, die mir Anleitung und Hilfe gewährten und es somit ermöglichten, diese Untersuchung durchzuführen.

Mein Dank gilt insbesondere Herrn Professor Blei, der mir die Möglichkeit eröffnete, Fragen der Jugendkriminalität in einer Dissertation zu behandeln. Er hat mich dadurch veranlaßt, in eine interessante und problematische Materie einzudringen. Auch für die weitere bereitwillige Förderung der Arbeit möchte ich ihm an dieser Stelle danken.

Ich schulde weiter Dank den Beamten der Berliner Kriminalpolizei, Staatsanwälten, Jugendrichtern, Vollzugsbeamten, den Mitarbeitern der Sozialen Gerichtshilfe und anderen mit der Jugend- und Strafrechtspflege betrauten Persönlichkeiten für die mir gewidmete Zeit und aufgewandte Mühe. In den vielen Gesprächen wurde ich mit den Problemen und Schwierigkeiten ihrer Aufgabengebiete vertraut gemacht, aber auch mit Gedanken konfrontiert, die weit über den Bereich der vorliegenden Untersuchung hinausgingen. Ihre aufschlußreichen Hinweise und Anregungen haben zur Vervollständigung der Arbeit beigetragen.

Danken möchte ich auch den Akten- und Registerführern bei der Staatsanwaltschaft, dem Amtsgericht, dem Polizeipräsidenten und der Sozialen Gerichtshilfe für ihre großzügige Hilfsbereitschaft und ihr Entgegenkommen, mir den notwendigen Aufenthalt bei ihnen zwischen Aktenstaub und Regalen, auf Böden, in Kellern und Lagerräumen möglichst angenehm zu gestalten.

Zusammenfassung der wichtigsten Ergebnisse

1. Die durch die Rechtsprechung getroffene Unterscheidung zwischen Diebstahl und unbefugtem Gebrauch an Hand der Zueignungsabsicht ist unbefriedigend: sie führt zu ungerechten Ergebnissen. Denn eindeutige Unterschiede zwischen den nach § 248 b StGB und den nach § 242 StGB Verurteilten bestehen nicht.

2. Das Delikt tritt in zwei großen Formen auf, die sich jeweils noch in verschiedene Untergruppen aufgliedern lassen. Hier wurde nach dem Verwendungszweck unterschieden:

   Danach nahmen 87 Prozent das Fahrzeug an sich, um nur zu fahren; 11 Prozent davon benutzten es jedoch länger als einige Nachtstunden, wobei ihr Entschluß dazu regelmäßig erst neu dadurch ausgelöst wurde, daß sie das Fahrzeug noch an seinem Abstellplatz vorfanden. 13 Prozent entwendeten es, um sich Teile für das eigene „billig" zu besorgen. Kein einziges Mal ist ein Kleinkraftrad oder gar Auto zum Verkauf gestohlen worden.

3. Die Kraftfahrzeug-Entwendung hat episodenhaften Charakter: insgesamt haben sich zwei Drittel der Täter bewährt; 16,4 Prozent sind als bisher nicht resozialisiert einzustufen. Der Lebenserfolg ist in allen Erscheinungsformen etwa gleich groß mit einer leichten Neigung zu Lasten derjenigen, die das Fahrzeug an den Wegnahmeort zurückstellten. 75 Prozent sämtlicher Täter handelten in Gemeinschaft; zwei Drittel der Heranwachsenden wiesen Retardierungserscheinungen auf.

4. Die Probanden entstammen allgemein wirtschaftlich und sozial guten Verhältnissen, jedoch zu 70 Prozent aus gestörten Familien. Ihre Bildungsvoraussetzungen können als günstig bewertet werden. Eine berufsbezogene Kriminalität ließ sich nicht nachweisen.

Literaturverzeichnis

Aschaffenburg, Gustav: Das Verbrechen und seine Bekämpfung, 3. verb. Auflage, Heidelberg 1923.

Bader, Karl S.: Soziologie der deutschen Nachkriegskriminalität, Tübingen 1949.

— Zur Kriminalität und strafrechtlichen Behandlung der Jungtäter, in: SJZ 1948, S. 669—673.

Beermann, Friedrich: Arbeitsschicksal und Gesetzesverletzung im Spiegel der Jugendkriminalität der Nachkriegsjahre, Dissertation Hamburg 1952.

Beermann, Fritz: Arbeitsschicksal und Kriminalität der Jugendlichen, in: Arbeitslosigkeit und Berufsnot der Jugend, S. 233—268.

Behrens, Friedrich: Die spätere Straffälligkeit ehemaliger Jungtäter, Dissertation Göttingen 1964

Bellon, Richard: Anwendungsbereich und Wirksamkeit der bestimmten Jugendstrafe, in: Schriftenreihe Anales Universitatis Saraviensis, Rechts- und Wirtschaftswissenschaftliche Abt., Heft 19, Köln—Berlin—Bonn—München 1966.

Berndt: Diebstahl aus Kraftfahrzeugen, in: Diebstahl, Einbruch, Raub, hrsg. von BKA Wiesbaden 1958, S. 61—67.

Börtzeler, Fritz: Verurteilung wegen Diebstahls nach der neuen Fassung der §§ 243, 244 StGB, in: NJW 1971, S. 682—684.

Brunotte, Wolfgang: Die Kriminalität der Heranwachsenden in Niedersachsen in den Jahren 1948 bis 1954, Dissertation Göttingen 1956.

Cressey, Donald R.: Epidemiology and Individual Conduct: A Case in Criminology, übersetzt von Manfred Güllner, in: Sack - König, Kriminalsoziologie, S. 400—428.

Dalcke, A. - *Fuhrmann*, Ernst - *Schäfer*, Karl: Strafrecht und Strafverfahren, 27. völlig neu bearb. und erw. Aufl., Berlin 1961.

Dallinger-Lackner: Kommentar zum Jugendgerichtsgesetz, 2. Aufl., München—Berlin 1965.

— Rechtsprechung zum Jugendgerichtsgesetz, Erg. Band II, 1958.

Doll, Ottmar - *Berner*, Georg - *Ruhfus*, Wilhelm: Jugendliche Rechtsbrecher und ihr Beruf, in: Krim. Abh. Exner, Heft 42, Leipzig 1939.

Eggenweiler, Paul: Die Psychologie des Diebstahls, in: Deutsche Zeitschrift für Gerichtliche Medizin, Band 19 (1932), S. 92—117.

Ehlen, Günther: Kriminalität Jugendlicher aus unvollständigen Familien, in: Recht der Jugend 1963, S. 53—56.

Elster, Alexander: Uneheliche, in: HdK, 2. Band, S. 836—840, Berlin—Leipzig 1936.

Eschenbach: Die Täterpersönlichkeit des Diebes (Einbrechers) und seine Opfer, in: Diebstahl, Einbruch, Raub, hrsg. vom BKA Wiesbaden 1958, S. 35—45.

Exner, Franz: Kriminologie, 3. verb. und erg. Aufl. der Kriminalbiologie, Berlin—Göttingen—Heidelberg 1949.

Frank, Reinhard: Das Strafgesetzbuch für das Deutsche Reich, 18. neubearb. Auflage, Tübingen 1931.

Frey, Erwin: Reform des Maßnahmerechts gegen Frühkriminelle, Basel 1951.
— Der frühkriminelle Rückfallverbrecher, in: Schweizer kriminologische Studien Vol. 4, Basel 1951.

Fromm, G. E.: Pflichtversicherung für Kfz-Halter und Kraftfahrversicherungsbedingungen, 2. neubearb. und erw. Auflage, Berlin 1961.

Fuhlendorf, Hinrich: Die Jugendkriminalität nach dem Kriege, Dissertation Hamburg 1960.

Geerds, Friedrich: Über Diebstahl und unbefugten Gebrauch von Kraftfahrzeugen, in: Kriminalistik 1960, S. 106—110.

Glueck, Sheldon und Eleanor: Jugendliche Rechtsbrecher, Wege zur Vorbeugung, Stuttgart 1936, 1963.

Graichen, Herbert: Die Kriminalität der Jugendlichen im Amtsgerichtsbezirk Pößneck (1923—1935), in: Untersuchungen zur Kriminalität in Thüringen, hrsg. von H. v. Weber, Heft 7.

Gretlein, Gerhard: Kommentar zum Jugendgerichtsgesetz, 3. neubearb. und erw. Auflage, Berlin 1969.

Händel, Konrad: Kraftfahrzeugdiebstähle in der Bundeskriminalstatistik, in: Zeitschrift für das Versicherungswesen (ZfVW) 1968, S. 600—602.

Heinen: Diagnose und Prognose der männlichen Frühkriminalität, in: Diebstahl, Einbruch, Raub, hrsg. vom BKA Wiesbaden 1958, S. 27—33.

Heintz, Peter - *König,* René: Soziologie der Jugendkriminalität, in: Kölner Zeitschrift für Soziologie und Sozialpsychologie, Sonderheft 2, 4. Auflage, Köln—Opladen 1968.

Hellmer, Joachim: Jugendkriminalität in unserer Zeit, Frankfurt a. M—Hamburg 1966.
— Rückfallverbrechertum und Frühkriminalität, in: ZStW Band 72 (1960), S. 397—417.
— Zum gegenwärtigen Stand von der Lehre vom Verbrechen, in: JZ 1963, S. 193—200.

Hentig, Hans von: Das Verbrechen, Band II, 1962; Band III, 1963, Berlin—Göttingen—Heidelberg.

Hinrichsen, Kurt: Einführung in das Jugendkriminalrecht, Berlin 1957.

Hoffner, Manfred: Kriminalität und Schule, in: Krim. Abh. Exner, Heft 17, 1932.

Illchmann-Christ, A.: Die rechtliche Stellung der strafunmündigen Minderjährigen de lege lata und de lege ferenda, in: ZStW Band 65 (1953), S. 226 bis 266.

Klemens, Klaus Ulrich: Die kriminelle Belastung der männlichen Prostituierten, Dissertation Berlin 1965.

Kohnle, Edgar Friedrich: Die Kriminalität entlassener Fürsorgezöglinge und die Möglichkeit einer Erfolgsprognose, in: Krim. Abh. Exner, Heft 33, Leipzig 1938.

König. René: Einige Bemerkungen zur Stellung des Problems der Jugendkriminalität in der allgemeinen Soziologie, in: Heintz - König, Soziologie der Jugendkrimnaltät, S. 1—11.

Kosyra - Gühring - Beuter: Die widerrechtliche Wegnahme von Motorfahrzeugen, in: Kriminalistik 1956, S. 43—44.

Kruse, Hans: Die Straffälligkeit der Jugend in Hamburg in den Jahren 1930 bis 1936, in: Monatsschrift für Kriminalbiologie 1937, S. 497—516.

Kühling, Paul: Zur Kriminologie und strafrechtlichen Behandlung Heranwachsender, Dissertation Hamburg 1957.

Lindner, Kurt: Diebstähle von Kraftfahrzeugen und Fahrrädern, in: Diebstahl, Einbruch, Raub, hrsg. vom BKA Wiesbaden 1958, S. 53—60.

Liszt, Franz von: Die psychologischen Grundlagen der Kriminalpolitik, in: Strafrechtliche Aufsätze und Vorträge, Band II, Nr. 21, S. 170—213, Berlin 1905.

Mayer, Hellmuth: Strafrechtsreform für heute und morgen, Berlin 1962.

Mays, John Barron: Jugendkriminalität und Subkultur, in: Heintz - König, Soziologie, S. 78—102.

Meixner, Franz: Kriminaltaktik, Band II, 2. Auflage, Heidelberg 1965.

Meyer, Fritz: Rückfallprognose bei unbestimmt verurteilten Jugendlichen, in: Kriminologische Untersuchungen, hrsg. v. Weber, Heft 6, Bonn 1956.

Mezger, Edmund: Kriminologie, München—Berlin 1951.

Middendorff, Wolf: Jugendkriminologie, Ratingen bei Düsseldorf 1956.

— Jugendliche Banden, in: Diebstahl, Einbruch, Raub, hrsg. vom BKA Wiesbaden 1958, S. 153—162.

— Kriminologische Reisebilder, Hamburg—Husum 1967.

Monahan, Thomas P.: Family Status and the Delinquent Child, A Reappreisal and some New Findings, übersetzt von Renate Künzel, in: Sack - König, Kriminalsoziologie, S. 73—90.

Montagu, M. F. Ashley: The Biologist Looks at Crime, übersetzt von Ingas und Diethelm Brüggemann, in: Sack - König, Kriminalsoziologie, S. 226 bis 243.

Munkwitz, Werner: Die Prognose der Frühkriminalität, in: Jugend im Blickpunkt, Berlin Oktober 1967.

Munkwitz, Werner - *Neulandt*, Günter: Autodiebstahlsdelikte Jugendlicher, in: Deutsche Zeitschrift für gerichtliche Medizin, Band 46 (1957), S. 555 bis 568.

Näf, Hans: Ursachen der Jugendkriminalität, in: Psychologische Praxis, Heft 12, Basel 1953.

Nährich, Walter: Die Kriminalität der unehelich Geborenen, Bonn 1951.

Niggemeyer: Überblick über die gegenwärtige Situation der Diebstahls-, Einbruchs- und Raubkriminalität, in: Diebstahl, Einbruch, Raub, hrsg. vom BKA Wiesbaden 1958, S. 7—10.

Noetzel, Annemarie: Der Gebrauchsdiebstahl an körperlichen Gegenständen im geltenden und zukünftigen Recht, Dissertation Köln 1935.

Nottebaum, Theodor: Kriminalität der Lehrlinge in der Industriestadt Bochum (1948—1952), Dissertation Hamburg 1955.

Osterkorn, Alois: Kraftfahrzeug und Verbrechen, in: Krim. Abh. Exner, Heft 35, Leipzig 1938.

Peters, Karl: Kommentar zum Reichsjugendgesetz, 2. Auflage, Berlin 1944.

Phillip, Erhard: Gerichtspsychiatrische Erfahrungen bei der Begutachtung homosexuellen Verhaltens, in: Der medizinische Sachverständige 1965, S. 1—8.

Piewitz, Erich: Allgemeine Bedingungen für die Kraftfahrzeugversicherung (AKB), 3. neubearb. Auflage, Berlin 1963.

Richter, R.: Anmerkung zum Urteil des RG vom 23. September 1935, in: JW 1935, S. 3389.

Rilk: Anmerkung zum Urteil des RG vom 20. August 1935, in: JW 1935, S. 3388.

Roesner, Ernst: Kriminalität im Jugendalter, in: HdK, 1. Band, S. 840—857, Berlin—Leipzig 1933.

Rohling, Walter: Diebstahl oder unbefugte Ingebrauchnahme eines Fahrzeugs?, in: DJ 1938, S. 301—303.

Rudolph, Fritz: Der jugendliche Arbeitslose und seine Familie, in: Arbeitslosigkeit und Berufsnot, S. 7—59.

Rudolphi, Hans-Joachim: Der Begriff der Zueignung, in: GA 1965, S. 33—56.

Sack, Fritz - *König*, René: Kriminalsoziologie, Frankfurt a. Main 1968.

Sauer, Wilhelm: Kriminalsoziologie, Berlin—Leipzig 1933.

— Kriminologie als reine und angewandte Wissenschaft, Berlin 1950.

Schaffstein, Friedrich: Jugendstrafrecht, Stuttgart 1959.

Schaudwet, Manfred: Die Kraftfahrzeugentwendung in der Rechtsprechung, in: JR 1965, S. 413—415.

Schelsky, Helmut: Die Jugend in der industriellen Gesellschaft und die Arbeitslosigkeit, in: Arbeitslosigkeit und Berufsnot, S. 269—314.

— Die skeptische Generation. Eine Soziologie der deutschen Jugend, Düsseldorf—Köln 1963.

Schiedt, Robert: Ein Beitrag zum Problem der Rückfallprognose, Dissertation München 1936.

Schlöter, Hans W.: Die Kriminalität der Jugendlichen im Amtsgerichtsbezirk Hagen in der Zeit von 1945—1952, Dissertation Bonn 1958.

Schmidt, Manfred: Diebstahl und unbefugter Gebrauch von Kraftfahrzeugen in kriminologischer und strafrechtlicher Betrachtung, Dissertation Kiel 1967.

Schmidt, Wolfgang: Sicherung des verlassenen Kraftfahrzeugs, in: Deutsches Autorecht 1966, S. 124—128.

Schönke - Schröder: Strafgesetzbuch, 15. neubearb. Auflage, München—Berlin 1970.

Schüler-Springorum, Horst: Sozial auffällige Jugendliche, in: Jugendkriminalität, Strafjustiz und Sozialpädagogik, hrsg. von Berthold Simonsohn, Frankfurt a. Main 1969.

Schulz, Joachim: Die Entwicklung der Jugendkriminalität in Niedersachsen in den Jahren 1948—1952, Dissertation Göttingen 1954.

Schuricht, Joachim: Lebensläufe vielfach rückfälliger Verbrecher, in: Krim. Abh. Exner, Heft 10, Leipzig 1930.

See, Otto von: Fahrrad- und Autodiebstahl sowie mißbräuchliche Fahrzeugbenutzung bei Jugendlichen und Heranwachsenden nach den Akten der Hamburger Jugendgerichtshilfe aus dem Jahre 1954, Dissertation Hamburg 1957.

Seibert, Claus: Unbefugter Fahrzeuggebrauch, in: NJW 1958, S. 1222.

Seibert, Klaus: Die Jugendkriminalität Münchens in den Jahren 1932 und 1935, in: Krim. Abh. Exner, Heft 26, Leipzig 1937.

Short, James F. jr. - *Nye,* Ivan F.: Reported Behavior as a Criterion of Deviant Behavior, übersetzt von Klaus Wieken, in: Sack - König, Kriminalsoziologie, S. 60—70.

Silbereisen, Sigmund: Die spätere Straffälligkeit jugendlicher Rechtsbrecher, in: Krim. Abh. Exner, Heft 45, Leipzig 1940.

Spranger, Eduard: Psychologie des Jugendalters, 24. Auflage, Heidelberg 1955.

Steinemann, Käthe: Zur Intensivierung der Kriminalitätsprophylaxe im männlichen Jugendstrafvollzug, in: Forschungsberichte, Heft 5, S. 31—52.

Stiefel, Ernst - *Wussow,* Werner: Kraftfahrversicherung, 6. neubearb. Auflage, München—Berlin 1966.

Stüttgen, Reinhard: Zur Sittlichkeitskriminalität Minderjähriger, Dissertation Hamburg 1958.

Sutherland, Edwin H.: A Statement of the Theory of Differential Contacts, übersetzt von Karl-Dieter Opp, in: Sack - König, Kriminalsoziologie, S. 395—399.

Suttinger, Günter: Ursachen und Funktion des Verbrechens, in: Bewährungshilfe 1965, S. 3—23.

— Urteils- und Entlassungsprognose aus psychologischer Sicht, in: Gerichtliche Psychologie, hrsg. von Blau - Müller - Luckmann, S. 304—327, Neuwied—Berlin 1962.

Sydow, Karl-Heinz: Erfolg und Mißerfolg der Strafaussetzung zur Bewährung, in: Kriminologische Untersuchungen, hrsg. von Weber und Würtenberger, Heft 13, Bonn 1963.

Toby, Jackson: The Differential Impact of Family Disorganization, übersetzt von Gerd Christiansen, in: Sack - König, Kriminalsoziologie, S. 91—104.

Tönnies, Ferdinand: Uneheliche und verwaiste Verbrecher, in: Krim. Abh. Exner, Heft 14, Leipzig 1930.

Weinzierl: Bekämpfung von Kfz-Diebstählen, in: Diebstahl, Einbruch, Raub, hrsg. vom BKA Wiesbaden 1958, S. 47—51.

Wend, Johannes: Untersuchungen an Straflisten vielfach rückfälliger Verbrecher, in: Krim. Abh. Exner, Heft 23, Leipzig 1936.

Wensky, O.: Autodiebstahl — eine psychologische kriminalistische Deliktsanalyse, I. Teil, in: Kriminalistik 1955, S. 412—415.

Wersdörfer, Rudolf: Unbefugter Fahrzeuggebrauch und Strafantrag, in: NJW 1958, S. 1031—1032.

Sammlungen

Klassifizierung der Berufe: Berufstätigkeiten in der Bundesrepublik, herausgegeben vom Bundesministerium für Arbeit und Sozialordnung in Zusammenarbeit mit der Bundesanstalt für Arbeitsvermittlung und Arbeitslosenversicherung sowie mit dem Statistischen Bundesamt, Bonn — Nürnberg — Wiesbaden 1966.

Polizeiliche Kriminalstatistik: Jahresbericht 1959, 1960, 1961, herausgegeben vom Landeskriminalamt Berlin.

Polizeiliche Kriminalstatistik der Bundesrepublik Deutschland: 1959, 1960, 1961, 1962, 1963, 1964, 1965, 1966, 1967, 1968, 1969, herausgegeben vom Bundeskriminalamt Wiesbaden.

Die rechtskräftig abgeurteilten Personen in Berlin (West), in: Berliner Statistik, Sonderheft 82, Dezember 1960; 90, Juli 1962; 95, September 1963, herausgegeben vom Statistischen Landesamt Berlin.

Statistisches Jahrbuch Berlin: 1961, herausgegeben vom Statistischen Landesamt Berlin.

Verzeichnis der im Lande Berlin anerkannten Lehr- und Anlernberufe: Stand: 1. August 1968, herausgegeben vom Senator für Arbeit, Gesundheit und Soziales.

Printed by Libri Plureos GmbH
in Hamburg, Germany